学前教育专业教育教研成果系列教材

幼儿教师应用文写作

（第2版）

主　编　赵惠岩

副主编　李宏娟　金晓峰　王晓娟　孙冬梅

北京理工大学出版社
BEIJING INSTITUTE OF TECHNOLOGY PRESS

图书在版编目（CIP）数据

幼儿教师应用文写作 / 赵惠岩主编. ––2 版. ––北
京：北京理工大学出版社，2021.9（2024.8重印）
ISBN 978 – 7 – 5763 – 0369 – 8

Ⅰ.①幼… Ⅱ.①赵… Ⅲ.①汉语–应用文–写作–
幼儿师范学校–教材 Ⅳ.①H152.3

中国版本图书馆 CIP 数据核字（2021）第188967号

责任编辑：李慧智　　**文案编辑**：李慧智
责任校对：周瑞红　　**责任印制**：施胜娟

出版发行 / 北京理工大学出版社有限责任公司
社　　址 / 北京市丰台区四合庄路6号
邮　　编 / 100070
电　　话 /（010）68914026（教材售后服务热线）
　　　　　　（010）68944437（教材资源服务热线）
网　　址 / http：//www.bitpress.com.cn

版 印 次 / 2024 年 8 月第 2 版第 3 次印刷
印　　刷 / 定州启航印刷有限公司
开　　本 / 787 mm × 1092 mm　1 / 16
印　　张 / 14.75
字　　数 / 348 千字
定　　价 / 48.00 元

应用文是人类在长期的社会实践活动中形成的一种文体，是人们传递信息、处理事务、交流感情的工具。随着社会经济、科学的高速发展，用于处理事务、沟通交流的应用文已经成为信息时代不可替代的重要传播手段和工具。可以说应用文写作能力已经成为 21 世纪学生走向职场、在职场中拼搏进取的必备技能。

为了向本、专科学前教育专业学生和幼儿教师提供一本凸显专业特色且实用性强的教材，由鞍山师范学院赵惠岩老师组织编写的《幼儿教师应用文写作》在 2018 年 8 月出版。随着产业的发展，研究的深化，时间的积淀，教材也需要一个不断完善的动态过程，因此在坚持"理论必须、够用，重在实践，强化应用"的原则指导下，我们对《幼儿教师应用文写作》进行了修订。《幼儿教师应用文写作（第 2 版）》遵循"学以致用，学而能用，边学边用"的原则，对接产业，对应职业；守正创新，与时俱进；科学规范，灵活开放；产教协同，凝聚合力，充分考虑到幼儿教师实际岗位需求，具有较强的实用性和操作性，更加贴近生活、贴近职场、贴近学生实际。

与原教材相比，本版教材更强调编写的创新性、规范性和科学性。在教材内容的安排上，根据行业的发展进行了更新，兼顾知识传授与技能培养并重，强化学生职业素养养成和专业技能积累。教材中每种应用文体都设计了"文体说明""格式要求""写作要求"等板块进行理论讲解；设置了"例文"及"点评"板块，从不同角度列举出大量写作实例，并对实例进行点评，使学生明确为什么要这样写，文章的哪些地方处理得当，哪些地方需要改进。在这些理论讲解与实例分析之后，教材又设置了"练一练"板块，给学生提供实战演练，让学生初试身手，在实践中提升该文体的写作水平。此外，教材还设置了"知识链接"板块，给学生提供更丰富的相关写作知识，拓宽学生的视野，借"他山之石"积累应用文写作经验。本书把理论与实践相结合，先理清概念，掌握写作要点，再结合具体范本进行写作练习，让学习者既知其然，又知其所以然，易学好用。

从教材体系上看，全书包括事务类文体写作、礼仪类文体写作、职业类文体写作、教师资格国考写作四大模块，介绍讲解幼儿教师工作过程中常用的 21 种实用文体的写作方法以及全国教师资格证考试"综合素质"科目和"写作能力"考查的内容和写作方法，具体内容如下：

　　模块一　事务类文体写作，包含如下项目：1. 通知；2. 启事；3. 计划；4. 总结；5. 评语；6. 家园联系册；7. 会议记录；8. 请假条；9. 申请书；10. 大事记。

　　模块二　礼仪类文体写作，包含如下项目：11. 邀请信；12. 感谢信；13. 演讲稿；14. 家长会发言稿；15. 述职报告；16. 求职信。

　　模块三　职业类文体写作，包含如下项目：17. 观察记录；18. 案例分析；19. 叙事研究；20. 教育小论文；21. 说课稿的写作。

　　模块四　教师资格国考写作，包含如下项目：22. 基本写作；23. 考场写作；24. 议论文写作；25. 其他文体写作；26. 真题范文。

　　本教材由鞍山师范学院赵惠岩老师担任主编，负责全书内容的编制工作。具体分工是：项目1～4、8以及参考答案由李宏娟老师编写，项目11～15由金晓峰老师编写，项目6、17～18由王晓娟老师编写，项目22～25由孙冬梅老师编写，项目5、7、9～10、16、19～21、26由赵惠岩老师编写。

　　本教材在编写过程中，博采众家之长，由于时间紧迫，没能一一取得联系，在此一并表示感谢！我们希望本教材成为一个开放式的园地，能始终站在学科研究和行业发展的前沿，随时反映幼儿教育最新发展动态。同时，本教材编写过程中难免会有不足和疏漏之处，我们期待教材使用者的意见和建议，我们定会从善如流，不断调整完善现有教材。

目 录

事务类文体写作

【知识目标】

通过本模块的学习，使学生掌握在幼儿园工作中通知、启事、计划、总结、评语、家园联系册、会议记录、请假条、申请书、大事记等文书的写作常识。

【能力目标】

通过本模块的学习，使学生具有撰写幼儿园工作中事务类文书的能力。

【素质目标】

通过本模块的学习，使学生树立正确的育人观念，提高学生知礼明德、知行合一的身心素质，形成严谨扎实、爱岗敬业的职业素养，从而进一步激发学生的创新思维和实践能力。

项目1　通　　知

【文体说明】

"通知"有两类：一是行政公文中的通知，是一种法定文书，适用于批转下级机关的公文，以及转发上级机关和不相隶属机关的公文，传达要求下级机关办理和需要有关单位周知或者执行的事项，任免和聘用干部；二是日常应用文中的通知，它不是法定文书，属于一般性事务文书，本书即指此类通知。

在幼儿园工作中，一般教师最常接触的是各种事项性通知和会议通知。而教师需要撰写的常常是事项性通知。这种通知一般用来布置任务、交代方法、传达信息、告知事项等，是一种行文较灵活的通知种类。

【格式要求】

"通知"的主体部分一般包括标题、正文、署名和日期等几项内容。

1. 标题

一般由"事由+文种"构成。如"放假通知""收费通知"等。

2. 正文：缘由+事项+结语

（1）缘由部分说明发文的根据、目的和意义等，可简写。

（2）事项部分是重点，把布置的工作或需要周知的内容分条列项地阐述清楚，以叙述为主，先主后次。

（3）结语部分有时会以"特此通知"等作结，也可省略。

3. 署名和日期

在正文右下角写发文单位，下一行写日期。

【写作要求】

（1）通知的事项要写得具体明确。通知最大的特点是告诉人们应遵守什么事项或贯彻执行什么事项，内容要写得直接，理由、事项和应采取的措施和办法一定要写得明确、清楚。写作中要秉承严谨科学的态度，用词恰当、准确、合理，不出现语法和逻辑错误。

（2）要写得切合实际，以便被通知的人执行。

（3）用语要得体。通知需要面向不同的人，因此它的用语往往是不同的。作为幼儿园工作者，有许多通知是面向家长的，要注意礼貌，体现尊重，语带温柔，避免生硬的命令式表述。现在，幼儿园都提倡"家园共建"，与家长的联系大大增加。许多幼儿园的通知在形式上也活泼起来，这样做的目的是让家长更好地参与到对孩子的共同教育中来。

【例文】

例文一

春游通知

亲爱的家长朋友们：

阳光灿烂、春暖花开，又是春游的好季节。为了开拓孩子们的视野、感受春天的美好、陶冶情操、激发孩子们热爱大自然的情感，我园定于本周四组织幼儿春游。

具体事宜通知如下：

一、春游时间：20××年4月1日上午

二、春游地点：大河岸

三、春游对象：幼儿园大班小朋友

四、春游费用：15元（包含车费、上午加餐费、摄影费）

五、活动安排：

（1）春游中，小朋友开展"关爱家园文明春游"的社会实践活动。

（2）体验共同春游带来的幸福快乐。

（3）穿插开展游戏活动。

六、注意事项：

（1）春游当天给孩子穿合适的衣服和合脚的鞋子。

（2）对孩子进行外出安全教育。

（3）幼儿园已经为小宝贝们准备了充足的水和食物，请爸爸妈妈们不必让幼儿带零食。

在此预祝小朋友春游愉快！

××幼儿园

20××年×月××日

点评：

这是幼儿园常用的活动通知，也是一篇事项类通知。这篇通知结构严谨、简短清晰，对时间、地点等重要事项交代得清楚，言至意达。同时，运用正确科学的育儿观来关爱儿童，细致入微，用词准确、亲切，充分体现了通知的科学性和人文性。

例文二

幼儿园"六一"活动通知

各位家长朋友：

你们好！

一年一度的"六一"国际儿童节即将到来。为了庆祝孩子们的节日，我园将定于20××年5月23日（周六）上午在××小学举行庆"六一"及园庆文艺演出。为了和孩子共度这个快乐的节日，请各位家长安排好自己的工作，抽出时间和孩子一起参加活动。期待您按时到来，欣赏孩子们的精彩表演！

家长配合：

（1）5月23日早上，幼儿在家吃过早餐后，家长于7:30送幼儿到××小学，节目8:00准时开始，因为每个孩子都有演出，为了不影响活动正常开展，请您按时送幼儿。

（2）根据班级老师的要求为幼儿化装，着装统一。

（3）您是孩子的榜样，请您在观看演出时务必注意自己的言行举止，尽量坐在观众席观看节目，不要来回走动，避免影响活动的正常进行。

（4）演出时请为孩子鼓掌加油。我们安排了专业人员摄影和照相，您帮幼儿拍照时请注意避免影响幼儿演出以及其他家长们观看节目。

（5）现场备有垃圾桶，请注意垃圾入桶。

××幼儿园

20××年×月×日

点评：

这是一篇教师与家长联系中常见的事项类通知。事项具体明确，切合实际。本着尊重、平等、合作的原则，争取家长的理解、支持和主动参与，并积极支持、帮助家长提高教育能力；引导家长言传身教，实现家园共建，形成合力，提升崇德明礼的素质教育。

例文三

秋游温馨提示

亲爱的家长：

（1）您乘车出发时间是：8:45，请于 8:20 前到本班教室集中。

（2）您的回程乘车时间是：14:15，乘车地点：停车场。

（3）您乘坐的是和平园区三号车。

（4）您中午用餐时间是：11:35，用餐地点：荔枝餐厅。

（5）班主任老师的手机号码是：

王老师：×××××××××××

刘老师：×××××××××××

××幼儿园　中一班
20××年×月×日

点评：

本提示题目让人看了亲切，分条列出集中、乘车、用餐等各个事项，条理清晰，尽心尽责，充分体现了幼儿教师的职业素养。

【练一练】

看下面的一则通知，指出并修改其中表达不清楚的地方。

通　　知

亲爱的家长：

您好！

我园于 9 月 16 日晚上进行中秋游园晚会，请您准时参加。

2020 年 9 月 1 日

【完成练习】

_____

_____

_____

_____

知识链接

常用的公文种类：

（1）决议。经会议讨论通过的重要决策事项，用"决议"。

（2）决定。对重要事项或重大行动做出安排，用"决定"。

（3）公告。向内外宣布重要事项或者法定事项，用"公告"。

（4）通告。在一定范围内公布应当遵守或周知的事项，用"通告"。

（5）通知。发布规章和行政措施，转发上级机关、同级机关和不相隶属机关的公文，批转下级机关的公文，要求下级机关办理和需要周知或共同执行的事项，任免和聘用干部，用"通知"。

（6）通报。表扬先进，批评错误，传达重要精神，交流重要情况，用"通报"。

（7）报告。向上级机关汇报工作、反映情况、提出建议，用"报告"。

（8）请示。向上级机关请求指示、批准，用"请示"。

（9）批复。答复下级机关的请示事项，用"批复"。

（10）条例。用于制定规范工作、活动和行为的规章制度，用"条例"。

（11）规定。用于对特定范围内的工作和事务制定具有约束力的行为规范，用"规定"。

（12）意见。对某一重要问题提出设想、建议和安排，用"意见"。

（13）函。不相隶属机关之间相互商洽工作、询问和答复问题，向有关主管部门请求批准等，用"函"。

（14）会议纪要。记载、传达会议议定事项和主要精神，用"会议纪要"。

项目 2　启　　事

【文体说明】

"启事"的本意是公开陈述事情，它是机关、企事业单位、团体或个人，需要向公众说明某事或希望公众协助办理某事时使用的一种告白文书。

"启事"的特点是：

（1）公开性。"启事"是通过各种传媒向社会广泛发布的文书，它面向大众，广泛告知，任何人都可阅读了解，无秘密可言，没有强制性和约束力。

（2）简明性。"启事"要求写得简洁明了，让人一目了然。

（3）单一性。"启事"的写法要求"一事一启"，内容单一具体，说明即可，不得掺杂任何其他与该事项无关的内容。

【格式要求】

"启事"通常由标题、正文、落款 3 部分组。

1. 标题

（1）由文种做标题，如"启事"，或前面加上修饰语，如"重要启事"。

（2）由内容做标题，如"招聘""征稿""招领"等。

（3）由告启人和内容组成标题，如"××幼儿园诚聘"。

（4）由内容和"启事"组成标题，即"内容＋文种"，如"招生启事""寻物启事""征文启事"。

（5）由启事者、内容和"启事"组成标题，如"××幼儿园招生启事"。

2. 正文

一般由"事由＋事项＋结尾"构成。开头写事由，要简洁。

中间写明事项，要详细、具体，不同启事要有不同的侧重点，比如"招聘启事"侧重说明招聘的对象、范围、条件要求，但"招领启事"为了防止被人冒领，只对失物做大致的描述即可。

结尾通常写告启人的要求、希望或某种承诺，还要附上联系地址、电话、联系人姓名等。

3. 落款

在正文的右下角签署告启人姓名、时间，如果是单位，最后加盖公章。

【写作要求】

（1）标题要醒目。启事标题尽可能做到简明、醒目、精练地概括启事的主要内容和性质，以引起人们的注意。

（2）启事的内容要符合国家的法律、政策，内容要简明，事由不宜过详，对特征、要求等重点要表述得准确清楚，做到"一文一事"。

（3）用语要礼貌。启事的文字要热情恳切，撰写启事要尽量使用通俗易懂的语言表述，让人乐于接受。

（4）格式要严谨，标题、正文、落款要完整，位置要固定，切忌凌乱、散杂，以免他人怀疑启事者的诚意。

【例文】

例文一

招领启事

本园于今日园庆活动后拾到背包一个，内装手机、信用卡等物，如有遗失者请到本园二楼办公室认领。

电话：×××××××

联系人：张老师

××幼儿园办公室
20××年×月××日

点评：

这则招领启事详略把握得很有分寸，对联系人、联系方式、招领地点交代清楚，而对捡拾的财物只轻轻一点，防止了冒领，把握了主动。同时，拾到背包后第一时间发布启事，寻找失主，体现了启事的及时性，彰显了拾金不昧的精神。

例文二

征稿启事

亲爱的家长：

　　为更好地做好家园共建工作，分享在育儿方面的经验和乐趣，丰富本班的网页，本班现真诚地向各位家长网上征稿。

　　征稿办法：

　　（1）登录××××××××××网址。

　　（2）从首页进入"中班"界面。

　　（3）单击"育儿乐"中的"分享"字样，即可进入上传界面，可上传育儿心得，字数不限，还可上传孩子在家的有趣图片。

　　十分感谢您对我们教学工作的支持和大力协助。

××幼儿园　中一班

20××年×月×日

　　点评：

　　这则启事传达了幼儿园新型教育的一个信息，体现出创新形式，积极与家长进行沟通，积极探索家园共建的新形式、新办法。在写法上，这则启事题目明确醒目，征稿的办法也清楚明了，态度真诚，语言简洁。

例文三

×××幼儿园招聘启事

　　×××幼儿园是一所公办幼儿园，系市级示范园，位于×××，近年来在社会各界的关心支持下不断发展壮大，现因教育教学工作需要，面向社会诚聘：

　　一、幼儿教师：1名

　　要求：（1）热爱幼儿教育工作，亲和力强，身心健康，积极进取，乐于奉献。

　　　　　（2）具有幼儿教师资格证书。

　　　　　（3）学前教育专业或艺术类专业，有专业特长的优先。

　　　　　（4）年龄在35周岁以下（条件特别优秀者可适当放宽）。

　　　　　（5）工资待遇面谈。

　　二、保育老师：2名

　　要求：（1）热爱幼儿教育工作，身心健康，积极进取，乐于奉献。

　　　　　（2）对幼儿的健康和安全有一定的理解和认识，有保育员证书的优先。

　　　　　（3）年龄在45周岁以下。

　　　　　（4）工资待遇面谈。

　　三、报名时间：从即日起至2021年2月5日止。

　　四、报名方式：到园门卫处填写报名表。

　　咨询电话：131××××××××

　　五、招聘方式：考核面试。

　　面试时间另行通知。面试时请携带报名表、学历证书、幼师资格证（或保育员证）、各类获奖证书等原件和复印件。

20××年×月××日

点评：

此则招聘启事是面向大众聘请英才，态度诚恳，语言简洁，要求明确，结构严谨。

【练一练】

请修改下面这则启事。

广播站招聘启事

广播站是同学们发挥口才特长的理想部门，也是同学们为学校服务的重要机构，现招聘普通话播音员2名。

要求：普通话流畅，操行优良，有合作精神，愿为学校做贡献。

需要面试。

【完成练习】

_____

_____

_____

_____

知识链接 ◤◤◤

生活中的"启事"和"启示"

1. 表现形态不同

"启事"是一种公告性的应用文体，是为了说明某事而在公众中传播信息，一般采用登报或张贴的方式，其形态是显性的；而"启示"则是启发提示，作用于人的内心世界，启迪思想或激活思维，其形态是隐性的。

2. 语素意义不同

"启事"用的是"启"的陈述义，即开口说话，它和"启禀""启奏"的"启"同义；而"启示"用的是"启"的"开导"义。

"启事"是为了公开声明某事而登在报刊上或张贴在墙上的文字。这里的"启"是"说明"的意思，"事"就是指被说明的事情。而"启示"的"启"，则是"开导"的意思，"示"是把事物摆出来或指出来让人知道。

"启示"是指启发指示，开导思考，使人有所领悟。可见"启事"和"启示"的含义截然不同，二者不能通用。无论是"征文启事"，还是"招聘启事"，都只能用"事"字，而不能用"示"字。"征文启事"写成"征文启示"是错的。

项目3 计 划

【文体说明】

　　"计划"是一种在开展某项工作或进行某一行动之前，预先拟订其内容、要求、指标、措施、实施步骤和完成期限的陈述性事务文书。

　　具体地说，在一定时期内，为了更好地完成工作、学习等任务，需要根据党和政府的方针政策、上级的指示精神以及本单位或者个人的实际情况，提出具体的要求，规定明确的目标，制定相应的措施，把这些内容写成书面的材料，就叫"计划"。

　　"计划"是个总称，人们通常说的规划、方案、安排、打算、要点、设想等同属"计划"，幼儿园工作中有各种不同的计划，比如学期工作计划、月计划、周计划、活动计划（方案）等。这是幼儿教师必须掌握的应用文体。

【格式要求】

　　"计划"没有固定的格式，常见的有条文式和表格式，也有兼备这两种形式的。条文式"计划"一般分为3个部分：

1. 标题

　　标题也就是"计划"的名称，写在第一行中间，字号要大一号，通常包括单位名称、计划内容、有效期限和计划种类，如"春蕾幼儿园中班秋季班级工作计划"。

2. 正文

　　这是"计划"的主体部分，从第二行空两格写起，条文式"计划"正文一般都分条分项写，但条文内容并不是毫不相关的，分条是为了条理清楚，一般应当包括以下几个部分：

　　（1）基本情况（也称"前言"），说明为什么要制订这份计划，即制订计划的依据、上级总的要求和本单位具体情况等，这是一段概括性文字，是制订计划的基础。

　　（2）目的与任务，即计划要达到的目标、指标和要求，具体规定要完成哪些任务，什么时候完成，数量、质量上的具体要求，目的要写得明确，任务要提得具体适当。这段文字可分条目来写，也可用小标题或段首概括的形式表述，这是"计划"的中心内容，要特别强调的是，目的和任务的提出应紧扣上述基本情况（前言）的内容，切忌二者脱节。

　　（3）措施和步骤，表明怎样完成计划，采取哪些办法，怎样利用有利条件，完成的时间、步骤和分工等，要分条分项列出，步骤要具体明确，措施要切实可行。

3. 署名和日期

　　在正文的右下方写明制订计划的单位（或个人）和日期，如果计划名称上已有，这里可省略。

　　至于表格式"计划"，一般分文字说明和表格两部分，也有的无文字说明，表格是"计划"的正文，说明文字是对表格中有些情况的说明，如交代制订计划的客观依据和实施的方法等，二者是一个整体。

【写作要求】

（1）要符合党的方针政策和法律、法规精神，以之作为制订计划的指导思想。个人计划应符合单位总体计划。

（2）要从实际出发，所订计划的目标既不能过高，也不能太低，个人计划应结合本单位和本人的实际情况，提出切实可行的指标和具体做法。

（3）要注意灵活性，制订计划时对人力、物力和财力不要满打满算，提出任务要留有余地，以防情况和条件的变化。

在执行计划的过程中，如果客观情况和条件发生了变化，或者发现某些内容不切实际，要及时进行调整、修订计划，使之更加切合实际，达到预期的目的和要求。

【例文】

例文一

2024年秋季学班主任工作计划

一、指导思想

本学期我们以《幼儿教育指导纲要》（以下简称《纲要》）为指导，新《纲要》是指导教师将《幼儿园工作规程》的教育思想和观念转化为教育行为的指导性文件。本学期我们将继续努力，深入理解《纲要》的精神，并落实到平时的各项活动中。

二、班级情况分析

本学期我班有30个小孩，其中男孩19人、女孩11人，有3个是本学期刚刚入园的新生。经过一年小班生活，我班大部分孩子能快乐地上幼儿园，快乐、大胆地和同伴一起玩耍，和老师进行交往，并初步学会了分享，合作意识也开始萌芽；具备了初步的生活自理能力，了解并形成了一定的生活、学习常规；语言表达能力明显增强，对阅读活动感兴趣，养成了每天餐点后自主阅读的好习惯，并建立了较好的阅读常规。但是也存在不足，文明礼仪是中华民族的美德，但是我班还有很多孩子不会主动向老师问好，希望家长也能配合，对孩子进行礼仪方面的教育。

三、班级目标

（一）思想品德方面

（1）教育幼儿要尊敬老师、尊敬长辈，在家不乱发脾气，做错了事能承认并有意纠正，能和同学们友好相处，做到在园在家一个样。

（2）遵守集体的各项规则，爱护幼儿园的用具、玩具以及幼儿园的花草树木，爱惜粮食、衣物，能把用过的物品整齐地放回原处。

（3）不拿别人的东西，捡到东西能交给老师或失主。

（4）学会自己的事情自己做，愿意为同伴和集体服务。

（5）结合本学期中的各种节日进行适时教育（教师节、国庆节等）。

（二）教育教学方面

（1）按照幼儿园教育教学的工作要求，认真制定教育教学目标与内容，为幼儿提供丰富适用的操作材料，培养幼儿动手能力，激发幼儿学习兴趣。此外还应及时、科学地做好对幼儿的观察记录与活动评价，以改进教学的弊病，提高教学质量。

（2）加强个别教育。要多与幼儿交流，了解幼儿的情况与需要，支持和鼓励幼儿参与，对于内向与问题幼儿，要注意正面引导，为他们提供交往的机会，使他们能融入集体活动中，从而培养活泼开朗的性格。

（3）根据本班幼儿的特点，努力为幼儿提供轻松、快乐的教育环境，采用活泼有趣的教学形式与方法，激发幼儿的学习兴趣，培养幼儿的语言表达能力。

（三）保育工作方面

（1）注意室内通风以及室内物品的消毒，防止流行性疾病及传染病的发生和蔓延。

（2）重视幼儿生活卫生习惯的养成。组织幼儿给自己的毛巾、杯子选择标记，巩固幼儿正确的如厕、洗手、吃饭、漱口、午睡的方法。对个别生活卫生习惯较差的幼儿，我们会与他们个别谈话，并经常提醒他们。

（3）注意观察了解幼儿的身体情况，对个别生病的幼儿进行全天观察并记录，适当让他们多休息，注意饮水。

（四）家长工作方面

（1）通过家园共育，向家长介绍一些保教常识以及班级工作安排、教学活动内容，等等。

（2）召开班级家长会，与家长交流信息。

（3）利用家园联系册、便条等向家长反映孩子在园的情况，并注意听取家长的反馈信息。

（4）在晨间接待与放学时，经常性地与家长取得联系，做到家园了解配合。

（5）做好家访工作，以纠正一些家长不正确的教养态度，家园合作，共同教育好孩子。

（五）安全工作方面

（1）坚持不懈地对幼儿进行安全和自我保护教育（每两周进行一次安全教育活动）。同时教师经常检查并消除教室内一切不安全因素，防止各种外伤和意外事故的发生。

（2）注意对班内异常幼儿的特殊护理。

（3）教育幼儿在玩滑梯时要学会简单的自我保护能力。

点评：

这篇计划深刻领会了《幼儿教育指导纲要》精神，以上学期的实际情况为出发点，以幼儿身心发展的规律为依据，制订新学期的工作计划。内容具体实在，格式完整规范，正文的主要部分分条述说、条理清楚。这样的计划便于执行、便于检查，有一定的借鉴作用。

例文二

××实验幼儿园大班第一学期教育教学第十九周计划

主题名称：快乐的元旦

1. 知道"元旦"是新的一年的开始。 2. 通过参加过新年的活动，体验新年的快乐与成长的喜悦。

集体教学活动：

活动一：新年 1（语）	活动七：新年 2（语）
活动二：过新年 1（音）	活动八：我会长大（健、科）
活动三：补漏动机（数）	活动九：透过瓶子看树叶（科学）
活动四：猫捉老鼠（健）	活动十：水鸟或挂彩灯（美）
活动五：猜男孩、猜女孩（社）	活动十一：（手工）
活动六：过新年 2（音）	

角落游戏建议：

1. 透过瓶子看。	4. 漂亮的铅笔盒（泥工）。
2. 猜男孩、猜女孩。	5. 我长大了（自画像）。
3. 新年花灯（结构）。	

其他游戏： 根据主题内容自己合理安排（建议进行相关的延伸活动和环境建设）。	生活卫生： 1. 天气转冷，鼓励幼儿坚持天天来园不迟到。 2. 教师翻晒被褥，搞好室内卫生。
环境： 利用自制的小饰品美化教室环境。	家长工作： 1. 向孩子介绍元旦的由来。 2. 和孩子谈谈过去一年的进步。

点评：

这是一份幼儿园常见的表格式计划，计划就"快乐的元旦"这一主题将要进行的各方面工作做了概括式的预想，简洁明了。游戏的选择和安排紧紧围绕着"新年"，寓教于乐，使孩子们体验新年的快乐与成长的喜悦。

例文三

中班家长工作计划

班级	中二班	幼儿人数	35 人	学期	20××学年第二学期
一、指导思想 为了做好家园沟通，共同培养幼儿大方、主动、自信的性格，提高他们的自理能力和心理承受能力，现制订本学期的家长工作计划。					

续表

二、具体措施

1. 通过"给家长的信""电话家访""班级公告""家园联系册""家长园地"等形式，及时与家长沟通、与家长交流，及时反馈幼儿的发展情况，使家长真正成为合作伙伴。

2. 精心组织和安排家长开放日、庆元旦等家园活动。

3. 每周根据工作重点布置家教园地，张贴介绍幼儿教育方面的小文章，及时更换家教宣传栏，向家长宣传科学的育儿知识。

4. 认真制作"家园联系册"，对幼儿的优点给予肯定，对改正幼儿的弊端寄予希望。

5. 对于个别较特殊的幼儿，如娇气、自理能力较差、胆小的幼儿等，进行个别交流，与家长共同寻求教育方法。

6. 每学期至少家访一次。

7. 对未来园一天的幼儿打电话询问，3天以上进行家访。

三、工作指导

1. 鼓励家长撰写家教经验文章，并在班级家教园地中张贴，交流家教经验。

2. 分发问卷让家长参与评价教师，评价学校，参与助教。

四、预期效果

争取家长对我们工作的理解、认可，能积极配合我们的工作，培养孩子良好的学习习惯，激励孩子学习的兴趣。

×× 幼儿园　潘××

20××年×月×日

点评：

这份表格式与条文式结合的计划，围绕"家园共建"主题，措施具体，各环节有机配合，积极沟通家长，邀请家长参与孩子的教育和成长，与之形成合力，助力幼儿成长。该计划条理清晰，措施明确，便于执行和检查。

【练一练】

1. 请修改下面这份计划。

开心幼儿园暑期工作计划

一、暑假

幼儿从2024年7月12日至8月28日放假7周，8月29日回幼儿园。

教师假期随学生。

干部和职工自7月15日起到8月26日放假43天，8月27日正式上班，在假期中，教职工8月5日下午2时返校一次。

二、值班加班安排

在暑假期间为了保证必要工作的进行和幼儿园的安全，各单位应加强治保工作，留有必要的值班人员和办事人员坚守岗位，处理日常事务，现将值班名额和补助方法说明如下：

1. 暑假期间设总值班，负责监督检查各单位值班、加班情况和全园安全保卫工作，每天按2人计算，补助43天。

2. 招生人员按实际招生天数每人每天补差5元，公差、开会一律不予补助。

3. 各职员、教师因工作需要加班时，本着既保证大家有适当休息，又注意节约开支的原则，从严掌握，各部门事先报计划，经上级审核同意后，作为安排加班的依据，事后考核加班的同时要考核完成的工作任务。假期完了，按实际加班时间经各部门领导批准后给予补助，无计划、不经批准一律不予补助。

4. 值班时间，各单位值班、加班按正常工作时间安排。

5. 白天值班、加班人员必须认真负责，坚守岗位，在值班的时间和范围内如发生事故，由值班人负责，必要时根据情节给予适当处理。

三、假前教育

假前对教工、幼儿认真进行安全、保卫、保密纪律、公共道德教育，严格要求幼儿、教工按期返校。

【完成练习】

_____

_____

_____

2. 根据"计划"的写作要求，撰写一份关于本班庆祝教师节活动的计划，活动地点在本班，活动时间为9月9日下午第二、三节课，活动的内容和形式自定。

【完成练习】

_____

_____

_____

_____

知识链接

如何高效完成自己的计划？

一、计划分解

绝大多数时候，当你发现自己未完成计划时，首先要思考的是：是不是一开始就出了问题？——我们在制订计划的时候，也许并不是真的了解自己到底想做到怎样的程度。例如：

● 每天看书；

● 每天看书1小时；

● 每天看书1小时、50页，并写不少于100字的读书笔记。

这3个计划哪个要更好一些呢？答案是显而易见的。所以，计划一定要分解到最基本的步骤。如果当你决定开始做的那一刻，还要费劲去思考细节问题，执行效率会大大降低。因为"思考"和"行动"对大脑来说是两套截然不同的工作。当你准备"行动"时，大脑会做好准备，这时如果"思考"横插一脚，就相当于被迫脱离了"行动"的状态，那就要在这两种状态间来回切换、调整。

二、让"所需"触手可及

对于重复性的工作，如果很难坚持下去，你该怎么办呢？传统的想法是，利用意志力，强迫自己做下去。但是这样做的弊端非常明显，你会很快厌倦从而产生抵触情绪，最后导致计划失败。更好的方法是营造一个良好的条件环境：当你产生意愿时，可以毫无阻力，立刻着手去行动。

例如：你想起今天下了班应该去健身了，可是运动鞋、健身衣、洗漱用品统统都放在家里，如果想要健身，得先回家拿上它们再去健身房。这时你会想：这么麻烦，还是等明天再说吧。但如果你提前带好了这些东西，当你意识到要健身的时候，健身用品就躺在你的包里挑逗着你，你再也没有任何理由不去健身房，结果就会完全不一样了。

三、先设立一个小目标，然后完成它

使我们对工作产生兴趣和热情的不是工资，而是成就感。成就感会让你强化自己的存在感，体会到自身的价值和意义。对大脑来说，成就感是最有效率的一种激励方式。在计划的执行中，我们同样可以依此照办，设定这样的小目标：

● 时间周期为1～2周，既不会过于频繁，也能及时收效；
● 稍微高于自己的能力，可以有效激发自己付出更多努力；
● 小目标之间相互关联、依次递进。

项目4　总　　结

【文体说明】

"总结"是通过对过去工作、学习或思想情况的回顾与分析，找出未来工作规律性认识的事务文书。

对于"总结"的含义，主要应抓住"工作回顾"和"找出未来工作规律"两方面加以理解。如果没有工作回顾，不成"总结"；如果"总结"找不出未来工作的规律或方向，也不是一篇好"总结"。

幼儿园常见的"总结"可以分为许多类别，如按工作阶段分，可分为月总结、学期总结、年终总结等；如按内容分，可分为保育员工作总结、教研总结、班务工作总结等。

为了更好地把握"总结"的特点，人们一般将"总结"分为全面总结和专题总结两个类别：全面总结内容涉及工作的方方面面，包括基本情况、成绩经验、教训缺点和今后改进意见等方面；专题总结是就某一项专门性工作写出的总结，这种总结的内容只围绕该专门工作展开，要求一定的思想深度，找出规律性的东西。

"总结"有以下特点：

1. 经验性

"总结"是在自身实践后进行的，因而"总结"是以回顾情况为主要内容。幼儿教师在撰写"总结"时应秉持实事求是的原则，所选用的材料必须是自身实践的事实。任何虚报情况，夸大或缩小事实，都会使总结失去意义。

2. 理论性

"总结"不仅要陈述工作情况，更要做理性认识揭示。好的总结能从自身实践活动中归纳出带有规律性的东西，从材料中提出正确的观点，这就要在正确理论指导下，对实践情况进行分析综合，把零散的肤浅的感性认识上升为全面的本质的理性认识，找出规律性的东西，作为未来行动的向导。

3. 简明性

"总结"通常为第一人称，要求用简明扼要的语言表达，往往做概括叙述，而不必具体描写，不必旁征博引，做直接议论，不必多方论证。

【格式要求】

1. 标题

"总结"的标题要根据写作目的和具体内容来拟订，原则上标题要简洁、醒目，突出总结的内容。

幼儿园常用"总结"的标题一般有两种：

（1）综合性总结的标题一般包含时限、内容和文种，如"2024学年上学期教学工作总结"，标题也可简单化，即只写内容和文种，如"个人总结""英语黄金班教学总结"等。

（2）专题性总结的标题一般比较灵活，或揭示观点，如"家园合作，拓展教育资源"；或概括内容，如"我是怎样做观察记录的"。为了使标题醒目、集中，突出主题，还可以采取正副题结合式，正标题为总结的主要观点，副标题表明总结的具体范围，如"学好我们的第二语言——英语志趣班总结"。

2. 正文

"总结"的正文，一般分为以下3个部分：

（1）概述基本情况。

这是"总结"的开头，这一部分简要交代工作的时间、背景，事情的经过等，为下部分进行分析研究提供基本情况，如"本学期大班的美术特色教学活动以发展幼儿手部的细小肌肉为主要目的，锻炼孩子们使用细腻的绘画技法，在画种上也比以前有了更多的变化，现总结如下"。

为了引起读者的注意，开头可以概括主要成绩，或说明总结目的，如某教师的班务总结以概括成绩开头："一学期过去了，我班幼儿得到了较全面的发展，语言表达能力普遍得到了提高，讲述时能围绕主题，有次序、连贯地讲述；幼儿不仅会评价别人、明辨是非，还初步学会了自己解决纠纷，独立性增强；在音乐活动中，多数幼儿都能用轻声的方法唱歌，唱歌的声音比较统一，音乐活动中能自己遵守常规，感受力得到了增强，听到音乐后能大胆表达自己的感受，并乐意用动作表达。以下是我们的具体做法。"

（2）介绍成绩和经验。

这是"总结"的主体部分，对工作中所取得的成绩和经验进行具体的阐述，并做分析综合，找出规律性的东西，这一部分内容常见的有以下几种结构方式：

① 横式结构，也叫并列式。具体来说，总结的各项内容并不是按时间或阶段顺序排列，而是按性质、范围排列，即把同一性质的内容归纳成一个部分，如某幼儿园的"大班班级工作总结"的主体结构是从班级工作管理方面、教育教学工作方面、家长工作方面、卫生保健工作方面这 4 个方面来总结。

② 纵式结构，也叫阶段式。一般是把工作分为几个阶段或步骤，再分别讲述每个阶段的经验教训，如某教师的"中班舞蹈教学总结"，按时间把内容分为"订计划""教学实施""考核"3 个阶段，逐一总结每一阶段的做法和体会。这种结构形式便于反映事物的发展过程，但要注意叙述说明要服从总结经验的需要，不能写成流水账。

一般情况是：时间跨度较大、内容较全面的总结，如学期总结、学年度总结选用横式结构，而某项活动、某个工作的总结多选用纵式结构。

（3）简述存在问题和今后努力方向。

这是"总结"的结尾部分，除为了推广而专门总结的成功经验，可以不涉及工作中存在的问题外，一般"总结"大体上都要指出存在的问题和今后努力的方向，通过总结经验，弄清存在的问题和教训，才能使我们对事物有比较全面的认识，才能对症下药，把今后的工作搞得更好。

今后努力的方向，是在总结经验教训的基础上，分析情况，明确方向，规定任务，提出措施，展望前景，表明决心。

3. 落款

以主要负责人的名义所做的总结，署名在标题下，若标题上出现了单位名称或负责人姓名，则可不另署名，总结日期可加括号放在标题下，也可不加括号放在文末。

【写作要求】

（1）要有新发现，要实事求是，在调查大量的材料中认真分析研究，从而归纳出过去没有或与过去不同的东西来，不能老生常谈。

（2）要找出带有规律性的东西。不能有了新发现就匆忙落笔，而应当经过反复研究和证实，找出其中能够揭示事物本质的带有规律性的东西，以指导今后的工作。

（3）既要全面，又要突出重点，要写好重点经验，不能眉毛胡子一把抓，更不能写成"流水账"，要有分析和概括，也要有具体的过程和情况。

（4）要叙议得当，以叙述为主，叙议结合。一般在交代工作的过程、列举典型事例时以叙述为主；在分析经验教训、指明努力方向时则多发议论。

（5）语言要简洁，条理要清晰，主要成果、重点经验要浓墨重彩，详细介绍。一般情况、次要问题一笔带过，语言表达简明扼要，不做不切合实际的修饰和描写，"总结"要做到条理清晰，一般不用倒叙、补叙等写作技巧。

（6）"总结"四忌：

一忌"报流水账"——阅者"生厌"。

二忌"华而不实，空洞无物"——阅者"不敢恭维"。

三忌"词不达意，条理不清，逻辑混乱"——阅者感到"困惑"。

四忌"马虎潦草，字迹不清，错字病句不少"——阅者感到"遗憾"。

【例文】

例文一

幼儿园班级专题工作总结

幼儿园"探索型主题活动"是幼儿围绕着一个主题，进行自主观察、探索周围现象和事物，教师适时、适度地予以支持和引导的一种系列活动。在"探索型主题活动"中，幼儿自发参与、自主学习、自由表达，获得了自身的发展，积累了许多有意义的经验。在小班幼儿的探索活动中，探索的内容应密切联系实际生活进行，让周围的环境冲击幼儿的视觉、味觉、听觉和触觉等感官。从幼儿好奇地发出第一个"为什么""怎么样"的问题开始，充满新奇和快乐的探索就已在他们心中拉开了帷幕。由此可见，在主题活动中，如何有效地利用身边的事物与现象，激发幼儿对事物的探究兴趣，这是个值得探讨的问题。我们在教育教学工作中不断探索，总结了几点不成熟的方法，现提出与大家探讨。

给事物赋予情感色彩，既使之变得生机勃勃、富有吸引力，又能使之以亲切的方式走进幼儿的童心，从而引发幼儿观察探究的兴趣与欲望。如拟人化的角色情感："苹果妈妈""橘子宝宝""树爷爷与树娃娃"等；又如事态情感：花儿被摘后——"花姐姐会怎么样呢？"看到蚂蚁搬家的长队——"咦，蚂蚁弟弟要把家搬到哪里去？"发现树叶间的蜘蛛——"蜘蛛大哥，你要小心哦。"……潜移默化的情感熏陶，事物变成可倾谈的伙伴，世界在幼儿眼里变得富有生气、多姿多彩，这能有效地激发幼儿观察事物的兴趣与欲望。

我们在幼儿熟悉的环境里发掘幼儿的新知。新知的刻意神秘化，可以刺激幼儿的探究冲动，并促使探究兴趣更广更深。如主题活动"不怕冷"中，我在幼儿的杯中放几块冰，请他们用调羹玩玩冰，再让他们猜测会发生什么结果，然后再验证。我刻意强化当冰遇到水后很快就融化的现象，提高幼儿参与探究的兴趣。日常生活中的教育素材无所不在、无时不有，如树叶为什么不像氢气球那样往上升？糖放在水里搅拌后藏到哪里去了？还有融化现象、花开花谢、日出日落等，都是可发掘的。对于幼儿，重要的是培养他们的好奇心，激发他们参与探究的兴趣。在教育活动中以乐为舟、以趣为径，把看似平常的事物变成趣味横生的探究对象，有效地培植、发展了幼儿的好奇心与探究欲，这正是现象神秘化的目的所在。

"在儿童的心灵深处，有一种根深蒂固的需要，那就是希望自己是一个发现者、研究者、探索者。"（苏霍姆林斯基）我在幼儿一日活动中，保证他们有足够的自由活动时间，让他们按自己的意愿自由自在地玩耍、游戏、探索，自主地与环境对话。班级自然角里养着几条金鱼，幼儿自由活动时总会去看看它们。一天，潘宏鑫跑过来对我说："有一条小金鱼死掉了。"这马上引起了幼儿的关注："金鱼为什么会死掉？"在热烈的讨论中，幼儿纷纷说出自己的想法。有的幼儿说因为小朋友没来幼儿园，所以金鱼就死掉了；有的幼儿说因为没有给金鱼换水，所以金鱼就死掉了。在幼儿的争论中，"金鱼"的主题便产生了，为了弄清"金鱼为什么会死掉"，我们引导孩子们一起查阅了有关资料，发现原来养金鱼的水是有特殊要求的，如果是自来水必须经过晾晒和沉淀，成为熟水以后才能使用。通过活动，幼儿了解了水与金鱼之间的生态关系，而且也获得一个经验：当遇到解决不了的问题的时候，可以和成人一起查阅相关资料。接下来，幼儿对金鱼吃什么食物开始产生了兴趣。他们先把米粒放到金鱼缸里，然后围在金鱼缸旁边观察金鱼的反应。可是金鱼没有吃下这些东西。"金鱼为什么不吃呢？是不是它们不喜欢吃这些东西呢？"我在旁边引导他们，一个小朋友建议从家里带一袋鱼食过来喂金鱼。第二天，小朋友把鱼食放入鱼缸，小鱼都争抢着张开嘴巴吞下鱼食。这下小朋友都欢呼雀跃起来，哇！金鱼吃鱼食咯！他们不吃饭菜的！

幼儿活动的随意性与无目的性的特点，需要教师细致观察、迅速反应，适时地给予指导，引导幼儿发现新问题，推进探究活动的深入。如有一次幼儿玩塑料瓶，开始他们把小玩具放在瓶子里，叮咚叮当地开心地摇晃，但没有持续多久，有些孩子就感到乏味，不想玩了。见此情景，我随即参与到活动中，目的是给活动注入"推动剂"。我抓起一个空瓶子，模仿孩子们有模有样地摇晃。一些孩子围上来笑眯眯地告诉我，要往瓶子里装东西摇才会响。我乘机启发："装什么东西发出的声音好听呢？"这下子孩子们发现问题了，他们纷纷尝试装木珠、石子、沙子、纸团等不同物品，变换着摇，感受着不同的响声，玩得更有花样、更尽兴了。这时，我又乘机发问："这些声音这么好听，还有其他好听的声音吗？"于是，"好听的声音"这一主题便形成了。当然，教师的引导要讲究技巧，介入只能使活动更深入，不能中断幼儿的活动，正如有句名言所说的，"最好的教育是不留痕迹的教育"。

"童年时期对世界的好奇、探究的欲望与冲动，可能对儿童将来走向科学之路产生神奇的影响。"作为孩子们的老师，能较好地把握身边的教育因素，培养他们探究事物的兴趣，并拓展兴趣，这对于孩子们今后走向科学之路，不是奠定了良好的基石吗？

点评：

一篇有价值、有指导性的总结，应该是认真分析工作中的成功经验和不足，辅之以调查大量的材料，从中认真分析研究，从而归纳出过去没有或与过去不同的东西来，实事求是，有所创新。这篇总结从"探索型主题活动"出发，结合教学实际，查阅大量资料，积极探索如何有效地利用身边的事物与现象，激发幼儿对事物的探究兴趣，形成学理思考，对今后教育教学工作有积极的指导作用，值得借鉴。

例文二

幼儿园小班工作总结

时间过得好快呀，随着四季的不断变化，转眼间，我和孩子们又一起走过了一学期。这一学期中，我们都不得不感叹岁月流逝的疾速，同时我们也惊喜地发现，每一点一滴的付出，所得到的回报也是令自己骄傲的。现在我对本学期的工作做一总结。

一、班级工作方面

作为一名幼儿教育工作者，要想负起教书育人的责任，首先必须具备良好的政治思想素质，树立正确的人生观。在这一年中我认真参加每一次业务学习。今年我担任了小三班的教育教学工作，我们班有 33 名幼儿，因为是小班的幼儿，所以在各方面都要从新的东西开始学，一学期下来，孩子们的进步都很大，看到他们的进步，作为老师的我们也很开心。根据期初的班务计划，我们开展了很多活动，有"小班组自理能力比赛""冬季运动会"等，活动的开展促进了孩子们各方面的发展，同时也增进了和家长之间的情感。在平时的各项教学活动中，我们对进步的幼儿给予及时表扬，对能力较弱的幼儿给予鼓励，有针对性地对个别幼儿进行鼓励教育，一学期下来我们班的孩子在各方面的表现都有很大的进步。还记得刚入园那会儿，孩子们哭成一片，哭着嚷着找妈妈，而现在跟我们老师亲密无间，相信通过本学期的培养，孩子们在下学期一定会有更大的进步。

二、教育教学工作

（1）在日常工作中，我能认真完成各项工作任务，课前认真备好课，准备好丰富有趣的教育活动，上课时平等对待每一个孩子，给每一个孩子充分展示自己的机会，注意给胆小的孩子多一些爱护，给注意力易分散的孩子多一些鼓励，给体质弱的孩子多一些照料，给能干的孩子多一些挑战。我在课后不断反思、不断总结，每月撰写教育随笔，并上传于教育博客，以此提高自身能力与写作能力。

（2）在教育教学活动中，为幼儿创设良好的机会与条件，提供充足的操作材料。在一日活动中，注意教给幼儿粗浅的、简单的生活知识经验，培养幼儿独立解决问题的能力。

（3）认真填写周计划、区域观察记录表、班级情况表及各种表格。

三、保育工作

对于小班幼儿，保育工作是放在首位的，家长们最为关心的问题就是自己的宝宝在园的情况——吃喝拉撒方面的。所以，在日常生活中我们老师观察幼儿从以下几方面入手：

（1）加强幼儿一日常规的养成教育，加强幼儿各种行为习惯的培养和训练，使幼儿的生活习惯、学习习惯在原有基础上有了一定的进步。

（2）强化幼儿健康意识，保证了幼儿进餐时心情愉快。注重培养幼儿好的进食习惯，不挑食，不偏食，进餐时不打闹讲话、不掉饭粒。

（3）加强幼儿午睡的管理及巡视，保证午睡时室内的空气质量。培养幼儿良好的午睡习惯，不吵闹，尽快入睡，会整理床铺，衣服折叠整齐放好。

四、安全工作

安全工作是重中之重，保证每一名幼儿的人身安全是每一位教师的责任。为了让家长放心，让幼儿能在一个安全的环境中生活成长，幼儿园开设了"安全教育"这门课，我觉得非常适合幼儿园的孩子们，能让他们增强自我保护意识，活动的设计十分贴近幼儿的日常生活。

五、家长工作

经过班级教师的共同配合，幼儿的身体及健康都得到很好的发展，并在此基础上同家长密切联系，听取家长意见，根据幼儿在家时的表现，对幼儿因材施教，同家长一起纠正幼儿不良的习惯。

六、认识不足，努力进步

回顾这一年中的点点滴滴，忙碌而又快乐。我觉得在班级的管理方面还有待加强，管理应该更规范、更具体。尤其在家长工作方面处事有时有些急躁，因为想把工作做得更完善，有时还是会有疏忽的地方，缺乏经验的累积。在接下来的工作中，我将努力改正自己的不足，向更高的目标迈步！

点评：

工作总结属于全面总结，可以从涉及的各方面去总结，也可以抓住重点来写。这里提供的例文从班级工作、教育教学工作、保育工作、安全工作、家长工作等方面进行总结，既对工作内容加以回顾，对取得的成绩加以总结，又切实分析了存在的不足，明确了今后努力的方向。全文格式规范，条分缕析，言辞恳切。

例文三

保育实习总结

转眼间两周的保育实习很快就结束了，在这两周里，我第一次直接接触了幼儿园的方方面面，也总结出一些经验。

先谈谈如何创设让幼儿感到温暖、宽松、愉快的环境。大部分幼儿对环境的适应性差，情绪易紧张，不稳定，幼儿教育学提出：环境在一定的条件下对幼儿的心理发展起决定作用。如何使幼儿情绪稳定，在幼儿园里如在家里一样，从不愿意去幼儿园到喜欢去幼儿园，我们从以下几个方面着手：

1. 建立充满爱和亲密的关系

幼儿在家里是"小皇帝"，刚到幼儿园，一种强烈的失宠感会使他们无所适从，易哭。老师应善于观察幼儿的心理，用爱抚、关切去对待每个孩子，使幼儿感到温暖，来园站在门口，主动招呼幼儿、接待幼儿，说声："×××你早!""×××你好!"并轻声问："你喜欢什么?"按幼儿的意愿让他们自己选择，对喜欢独坐的幼儿，先与其一起玩，然后慢慢用语言启发引导，逐渐使他和其他孩子一起游戏；对个别喜欢独揽玩具的幼儿，老师注意正面引导，让他明白"玩具应该大家一起玩"的道理。

2. 根据季节和幼儿年龄特点布置室内环境

整洁、美观、富有情趣的氛围是幼儿生活所必需的，老师用各种色彩在墙面上画上神态逼真、色彩鲜艳的"小猫钓鱼""龟兔赛跑"等，四周放置大型绒娃娃、绒动物，让幼儿抱抱亲亲，老师用碎布料拼做成的各式"奇妙的口袋"挂在墙上，里面放着"小卡片""小图书""小玩具"等，便于幼儿自取自放，让幼儿看看、认认、讲讲，既利于语言发展，又美化环境，幼儿不仅能看到，而且能摸到。我们还创设了自然角，如种植花生、黄豆、绿豆等，让孩子观察植物发芽、生长，在鱼缸里养小蝌蚪、热带鱼，在户外饲养小白兔、小鸡等，让幼儿在户外散步时去观察、欣赏，培养幼儿喜欢小动物的情感。

3. 提供丰富的教玩具

摆弄玩具是幼儿最喜欢的活动之一，通过摆弄玩具，可培养孩子的动手动脑能力。我们根据幼儿的年龄特点，做了各种幼儿喜欢的玩具，如"游戏盒""小鸭游水"等，并利用废旧物，如易拉罐、可乐瓶、碎布料，自制玩具，供幼儿选择。在游戏中，幼儿想玩什么就去玩什么，不加任何限制，老师只参与游戏，进行指导。

再谈谈如何培养幼儿生活自理和口语表达能力。早锻炼中，准备小毛巾，便于幼儿活动出汗时随时洗擦；提供自由饮水条件，幼儿可随时自己喝水；午睡时，为小便的孩子准备拖鞋，冬天为多汗的幼儿在胸背上垫上一块小毛巾，醒来再拿掉，减少感冒患病率；教师制作腈纶棉衣裤、棉背心、彩色小棉垫，便于幼儿冬天户外活动用。

幼儿的自理能力差，因为年龄小，对成人的依恋性强，我们以游戏的形式对幼儿进行培养，如培养先小便后洗手的习惯时，教师边念儿歌边示范："先小便，后洗手，擦擦肥皂搓搓手，手心手背搓一搓，搓好小手洗洗手，一二三，四五六，小手洗干净，洗好小手擦干手，手心手背擦擦干。"让孩子边模仿边念，在模仿中理解，学会正确的洗手方法。经过培养训练，幼儿的自我服务能力大大增强，如会自己搬椅子坐，会独立吃完自己的饭菜放好碗，会用小毛巾擦脸，洗手不弄湿衣服等。

这个年龄的幼儿说话不连贯，只会讲简单的词语和短句，所以遇到困难易哭、易撒娇，不能用完整的句子表达意思。教师利用一切机会对幼儿进行语言培养，采用个别指导与集体训练相结合的方法，特别利用星期一或星期五，星期一让幼儿讲述周末经历过的事，星期五启发幼儿想象，让他们表达出所做和所想玩的事，老师饶有兴趣地听，同时及时提醒，纠正他们的语句。

以上就是我在幼儿园这两周以来的心得体会，我相信在以后的实习、工作中一定会有所提高的。

——选自中国幼教网

点评：

这篇保育实习总结抓住感受最深的方面谈了几点体会，而且在每一点上都有具体事例说明，对实习生来说难能可贵，但本文的不足在于主要写的是实习单位老师的工作情况，而不是自己在实习工作中的情况。

例文四

个人工作总结

时间的脚步匆匆，在课改的春风下作为新课程实施的具体操作者，面对新课程赋予我们的更宽泛、更具有弹性的选择空间，我感到这是充满挑战的一个学期。开展课程改革的目的在于让幼儿更快乐、健康地成长，这是我一个学期以来努力的方向，以下是我在一个学期实践中的几点总结。

一、政治思想方面

本人热爱祖国、热爱中国共产党，作为新世纪的幼儿教师能时刻关注国际形势的变化，以"三个代表"重要思想引领自我，爱岗敬业，遵守幼儿园的各种规章制度，能认真参加政治学习，做好笔记，本学期主要学习了十六届三中全会精神、两会精神和《中国人民政治协商会议章程修正案》等内容。平时能严格要求自己，以师德建设年的要求时刻提醒自己，认真学习《中小学教师师德规范》，结合台江区优秀青年教师郑婕的先进事迹鞭策自己，时刻以"爱生敬业、诚实守信、服务家长、奉献社会"的标准严格要求自己。树立高度的责任心，认真对待幼儿园中新的教育形式，关注每一个幼儿和幼儿的每一个细节，以积极的情感态度面对幼儿，积极参加团组织的活动，在活动中能积极发表自己的意见和建议，时时以一个优秀团员的标准要求自己。

二、业务工作方面

1. 加强班级的管理工作，创设与幼儿互动的环境

结合大班幼儿的特点构建一个安全、愉快、宽松的外部环境，让幼儿在教师、集体面前想表现、敢表现、喜欢表现并能得到教师与同伴的积极回应。在环境的创设上，不再只是老师单方面的努力或者简单意义上的幼儿参与，而是让幼儿出主意，参与设计，参与材料收集、

布置，参与环境的管理，体现幼儿的思维、幼儿的发现、幼儿的操作、幼儿的记录。物质环境上，让幼儿有丰富的操作材料进行动手探索，在实践的过程中对已有的经验进行整合并获得新经验。本学年主要创设了数学区、科学区、语言区、特色区等。在数学区中投放更多的操作材料，并提供记录本，鼓励幼儿将自己的发现记录下来，培养记录的好习惯；在科学区中投放磁性、浮沉、轻重等方面的操作材料，让幼儿通过活动发现身边的秘密；在语言区重点提供拼音方面的内容，制作了有趣的拼音树、拼音小列车等，以游戏的形式巩固幼儿对拼音的认识。而特色区的创设能时刻进行改动，根据幼儿最近绘画的状况，请幼儿发表布置意见，教师再和幼儿一起动手布置，结合安全教育创设安全墙饰，将幼儿的谈话、绘画内容和教师的壁画结合，设计更生动的墙饰，让环境更好地与幼儿互动。作为班主任能做好班级财产的管理工作，按时领借材料，及时归还保管室，随时根据主题和幼儿园要求调整班级环境和墙饰。

本学期还结合大班幼儿自尊心强的特点设计了名为"夺宝奇兵"的竞赛墙饰，改变以往单纯点红点点进行表扬的形式，采用幼儿自评、一月一总评的形式。新的形式不仅调动了大班幼儿竞争的积极性，也使幼儿在每月的总评后有新的开始，让他们不会有一开始落后他人就泄气的想法，更加努力地争取进步，并将每月总评的结果和幼儿成长档案上及家园联系单上的星级宝宝评选挂钩，使幼儿更积极地参与其中，取得更好的效果，使家长也投入幼儿成长的进程中。

2. 教育教学方面

根据开放教育理念及幼儿全面平衡发展的理论基础，以挖掘幼儿潜能为教育模式的基本框架，以幼儿的经验、能力、兴趣、需要为出发点，在课程统整化、教材生活化、教学活动化的理念指导下，用主题统整的形式，将各领域的学习关联起来，园内园外活动并重，使幼儿在生活中学习，在与环境中人、事、物产生交互作用中获取各种经验而成长。本学期主要开展了"一切都在变""有趣的桥""绿色家园""各式各样的服装""运动和我"等活动。我能根据主题目标、幼儿的发展需求选择适合的活动，在开学初制订周计划并每周及时调整教学内容，严格按照周计划开展活动，完成教育教学任务。在活动中让幼儿自主地学习，并对幼儿的自主学习进行了研究和实践，努力探索幼儿自主学习所需要的条件和因素，总结教师在实践中促进幼儿自主学习所应具备的教育理念和教育策略，从而切切实实地促进幼儿的自主学习能力的发展。小组教学和个别教育相结合，让教师和幼儿、幼儿与同伴之间有更多的交流和对话。和社区对话，利用社区的环境开展活动，在本学期中利用白马河公园开展了"我和小树交朋友""学习雷锋好叔叔"的主题活动，在"绿色家园"的活动中，我能和幼儿一起动手制作环保小标志，并一起张贴到社区的宣传栏中，获得了较好的反响。

结合幼小衔接的特点开展数学和拼音的教育教学活动，采用一周一竞赛了解幼儿的学习情况，一周两教学使幼儿得到进步。对个别能力较弱的幼儿在平时的区角活动中进行个别辅导，并与个别家长进行交流，使每个幼儿都得到进步。本学期我主要负责数学方面的教育教学，本班的幼儿能熟练掌握10以内数的加减法，区分左右，认识时钟，根据算式编应用题，以及10以内数的连加连减。在学期末我们还开展了"我要上小学"的系列主题活动，在活动中让幼儿了解小学、了解小学生、了解小学生的学习情况，在平时的教育教学中模仿小学上课的形式，激发幼儿做一名优秀小学生的自豪感，养成良好的学习习惯。注重幼儿品德教育，无论在教育活动或生活活动中，我都从细节做起，从一点一滴培养幼儿的好习惯。在本学年中开展了"我是大班小朋友""向雷锋叔叔学习""从小爱劳动"等主题活动，同时还结合各种不同类型的活动对幼儿进行爱父母、爱家乡的教育，结合安全教育活动和季节的变化对幼儿进行健康教育，还更加重视"关心他人"情感的培养，培养幼儿从小爱他人、关心他人、关心社会的良好情感。

3. 爱的承诺方面

（1）平时能做到热爱学生，衣着整洁得体，语言规范健康，举止文明礼貌，注重自身的谈吐，以优美大方的形象带给幼儿美好的体验。结合主题活动，采取讨论的方式，和幼儿共同制定班级常规，督促、提醒幼儿按讨论过的常规活动，提高幼儿的自省能力，建立以幼儿为中心的自律班级常规，培养幼儿良好的倾听习惯和举手回答问题的习惯。

（2）及时撰写每月"爱的承诺"，根据家长的意见提出新的希望和要求。

（3）认真制作幼儿成长档案、社区成长档案和个人成长档案，能每月按时增添新开展的内容，及时拍照记录，给幼儿的成长、自身的成长留下痕迹。丰富幼儿成长档案的内容，改变以往单纯以幼儿绘画作品为主的形式，收集幼儿绘画、手工、数学、拼音、谈话、记录等多种活动的表现，并结合幼儿每月一评分发小红花，丰富幼儿成长档案内容，还能利用问卷调查、小表格等形式让家长也参与到幼儿档案的制作中。在社区成长档案中制作班级主页，除了能介绍最近开展的活动外，还能针对家长的疑难给予解答，根据季节和实际情况需要增添家教文章，如《幼儿心理健康的调查》《幼儿入小学注意》等；还请个别家长撰写家教文章，向其他家长介绍自己的家教经验。认真对待教师个人成长档案，每月及时反思，总结自己的学习心得和体会，制作个人主页，使成长档案更丰富。

（4）注意培养幼儿良好的生活习惯，如正确的睡姿、坐姿、站姿等，引导幼儿学会解决同伴间的小纠纷。教幼儿了解自我保护的常识和行为，如用眼卫生和换牙的注意事项等。根据天气的变化，提醒幼儿及时穿脱衣物、多饮水，对个别体弱的幼儿格外关心。

4. 特色教学方面

认真开展特色教育，在开学初制定好教学进度，画好所有范图，每周五按时开展活动。在活动中更加重视用笔和用墨的讲解和示范，使每个幼儿都能较好地发展，注意个别幼儿的指导，纠正其不正确的用笔姿势，注意对幼儿作品的讲评，请幼儿自己观察发现优秀的作品。对有进步的幼儿及时表扬，将每次的幼儿作品进行展示，并请家长提出自己的意见和建议，及时改进我们的教学工作。在期末布置幼儿特色展示区，将幼儿一学期以来的作品分别展示，让家长纵向比较了解孩子的进步，在期末撰写特色教育心得"教水墨画有感"，制作特色教育袋，整理特色教育的教材、范图、文章等内容，为今后开展活动做好准备。

5. 其他方面

（1）能认真开展年段长工作，带领年段教师开展教研和教育教学工作，在每次的教研活动中带头发表意见，总结年段教师的意见并进行交流。本学期与年段教师配合开展了年段班级家长会、家长开放日、"六一"海报的设计、"六一"游园活动、安全教育活动、毕业典礼等活动。

（2）本学期继续担任林××老师的指导教师，主要对其艺术教育教学方面的工作进行指导帮助。本学期在业务园长的带领下，开示范课"歌曲——勤快人和懒惰人""绘画——我喜欢的桥""绘画——海底的故事"，效果良好，年轻教师林××的汇报课也有很大的进步。

（3）本学期能认真对待幼儿园里的各项任务，在教师技能技巧比赛中获演讲二等奖、绘画三等奖、歌唱欢乐奖，指导幼儿郑××获市科协科幻画比赛一等奖，薛××获二等奖，张

×等5人分获幼儿园"爱妈妈"绘画比赛一、二、三等奖，林××等3人获幼儿园"元宵花灯制作比赛"一、二、三等奖。

（4）本学期还能根据幼儿的发展选择科研课题，从幼儿和教师的互动关系入手进行调查研究，撰写论文《教师在教育过程中与幼儿互动关系的研究》。

三、做好家长工作——家园合作、同向同步

（1）利用家园联系册向家长介绍幼儿每月的情况，及时了解幼儿在家的情况，家园同步开展教育教学工作。

（2）本学期我们能认真制作幼儿成长档案和社区成长档案，家长一起参与到制作的过程中，让他们更深刻地体验幼儿园教育的特殊性和趣味性，更加了解自己孩子的发展状况。

（3）通过及时更换家教之窗的家教知识，向家长宣传科学的育儿知识，本学期还承担了园社区宣传栏5月份的设计工作，能根据幼儿园的动向和家长的需要制作有效的宣传栏，为家长提供帮助，得到家长的好评。

（4）按时召开班级家长会和家委会，做好记录，能根据家长的意见和建议调整具体工作，在家委会的支持下开展好各种家长开放活动，如家长开放日、"六一"游园活动等。

总之，在这一年里我的工作取得了一定的成绩，但仍然存在许多不足，如脾气比较急躁，个别的家长也对我提出了意见和建议，在今后的工作中我会在反思中不断地改进和提高自己。

——选自中国学前教育资源网，略有改动

点评：

这是一篇全面总结（也叫综合性总结），格式较规范。首先总结"德"，即政治思想方面的表现；接着写"能"，即业务工作方面，分教育、教学、教研、家长工作等方面谈做法和经验。本总结比较全面，可惜没有把成绩突出出来，如果在业务工作方面能总结出一些规律性明显的东西就更好了。

【练一练】

下面是二年级学生写的一篇实习总结，有些地方不符合总结的写作要求，请找出并改正。

2023年幼儿园下学期助理教师总结

我在××幼儿园里实习，感到时间一晃就过去了，两周的保育实习生活让我觉得很辛苦、疲惫，但是，我能认识到自己以前的不足，并学习到了新的知识。

实习的第三天，正班主任就让我带幼儿玩游戏。在前两天与幼儿接触的时间里，我知道了中班的幼儿喜欢玩什么游戏，于是，在进行游戏时，一种成功的喜悦涌上心头。

在第四天，我给幼儿讲故事，看见他们认真的眼神、期待的表情，我大胆走上前去，在讲的过程中，他们笑了，就这样我开始喜欢给幼儿讲故事了，了解到只要大胆尝试就会有收获。

第二个星期，我给幼儿上了一堂体育课——"猫与老鼠"，结束后，我向老师请教自己存在的不足，老师说主要有三方面：不够了解幼儿在上课前的要求，未能使幼儿明白教案的目标，教案与上课内容不相符——跑题。这三点让我觉得很惭愧，因为对于一个幼师的学生来说，这算是失败。

柳暗花明又一村。一天，园长来找我，让我去录音，她对我说："班里的幼儿很喜欢你讲故事，如果你再次实习，欢迎你来这里与幼儿一起讲故事。"我听后，之前的种种不安都消失了。

实习期间，我努力了，并且学习到了不少知识。

【完成练习】

_____

_____

_____

_____

项目5 评 语

【文体说明】

"评语"就是教师对学生既真实又艺术的评价。作为幼师，我们需要把幼儿在园的情况告诉家长。因此，写好评语是每一位幼儿园教师必须学好的本领。一般来说，写评语要注意以下几个方面：

（1）以国家的教育方针为指导思想，结合平时多方位的观察、了解、考查的记录，客观公正地衡量幼儿。

（2）应实事求是、真实客观地反映幼儿的本真，既不投家长所好，只报喜不报忧，也不从个人好恶情感出发，只报忧不报喜。

（3）以正面教育为主：说优点，使其不骄躁；说缺点，不使其失信心。对幼儿，在肯定成绩的同时，适当指出不足，从严要求，勉励他们进一步努力；对暂时落后的幼儿，少贬多褒，尽量发现其闪光点，对缺点也应诚恳提出改进意见和期望，鼓励幼儿上进。

（4）根据实际，先写操行等级优与差的幼儿评语，然后再写操行等级中等的评语，以期有所比较与区别，同时也应参考前一期的评语。在横比、纵比中找出每个幼儿的进步和变化，摸清脉络，以利下一步教育有效实施。

（5）在评语用语上要字斟句酌，做到准确恰当，能起到激励作用。若用词刻薄，就会挫伤幼儿的自尊心，引起对立情绪，带来消极影响，也不便于接班老师和家长等了解幼儿实情。

教师要树立正确的儿童观，承认并遵循"儿童是发展中的人"这一观点，用发展的眼光看待儿童、评价儿童，评价是为了促进儿童向更好的水平发展，而不是给儿童定性。

（6）要怀着爱意表达期望，以情感动幼儿，平等地和幼儿说理，以理感化幼儿，从而引起幼儿觉悟，促其内化而自我进步。

【格式要求】

当前十分强调用第二人称来表达评语内容，并用充满爱心、饱含深情、以情带理、情理皆美的正面激励，加上妙语妙笔来写评语。

1. 改变人称，更新视点

给幼儿写评语，不能居高临下，用教训、指责的口气，要采用对话形式，多用商量、肯定、鼓励的语言，让幼儿对老师抱有亲近感，并使其心理活动处于积极状态。

2. 赏识幼儿，发现闪光点

幼儿的天真活泼可爱，老师要赏识，并在评语中表现出来。更应去发现暂时较差的幼儿身上的闪光点，并赏识他，以此激发他的自信心。

3. 转换角度，写好缺点

写评语总避免不了写幼儿的缺点，老师要依据幼儿的心理特点，转换角度，委婉地指出。

4. 抓住事例，体现特点

写评语，不一定要面面俱到，首先可抓住幼儿表现的具体事例，且突出其重点来写。其次，还可以把幼儿的兴趣特长与评语内容有机地结合起来，引起幼儿心理情感的共鸣，更能发挥评语的教育性。

例如：

（1）写给优秀幼儿的评语：此类幼儿的发展较均衡，能力和成绩也较突出，但大都具有"优越感"和"满足感"。评价这类幼儿应坚持高标准、严要求原则，在肯定优点的基础上，着重提出更高的奋斗目标，以激励其不断进取。

（2）写给中等幼儿的评语：这部分幼儿在班上人数较多，其优缺点不太突出，成绩也多徘徊不前，但其内心都渴求上进，评语中应及时鼓励，为其添加"动力"和"催进剂"。

（3）写给暂时落后的幼儿的评语：这些幼儿大多有强烈的自卑感，缺乏自信心，所以，他们期盼着能得到老师的更多关怀、同学的更多帮助，更希望老师能看到自己的进步，给予更多的鼓励。写评语时，应以浓浓爱意、殷殷师情侃侃说理。抓"闪光点"，以小见大，适当渲染"缺点"，尽量少贬斥，委婉点到为止。

【写作要求】

（1）寓贬于褒法。发现幼儿明显缺点或品行不端时，不是直截了当地在评语中写出来，而应当寓贬于褒。

（2）抑昔扬今法。写评语若能灵活地运用抑昔扬今法，就能激发幼儿积极向上，不断进步。如"你原来不敢大胆发言，这学期已有了明显改观，能主动询问老师和同学"之类的评语，就会起到明显的鼓励作用。

（3）希冀憧憬法。此法写评语，往往更易使幼儿看到自己的缺点，也乐意接受隐含的批评意见，明确努力的方向，激起上进心。

此外，评语还应突出以下四点：

（1）情感化。评语应动之以情，真正达到师生交流感情的目的，不可语言呆板，语气生硬，缺乏情感。

（2）全面性。评语不可单凭个人对幼儿的了解、印象，应参考其他任课教师的意见，从各个方面给幼儿一个公平全面的综合评价。

（3）针对性。有些评语往往过于笼统，千人一面。如"你尊敬老师、遵守纪律、按时完成作业"等，这样的评语价值不大。教师应做有心人，真正了解每个幼儿的个性特点，使幼儿通过评语更进一步地正确认识自己。

（4）具体化。评语不可泛泛空谈，如"你是一个优秀的幼儿""今后要继续努力"等，应具体写出在哪方面优秀、哪方面需要努力。

【例文】

例文一

大班幼儿评语

豪豪，你是个活泼好动、不善言辞、做事认真的孩子。课堂上你能较专注地听老师讲课，老师最喜欢听到你那响亮、有感情的回答。这学期你在各方面均取得了较大的进步，老师真为你感到高兴。你尊敬老师，与小朋友们能友好相处。每当别人有困难时，你也能热情地伸出友谊之手。老师希望你表现得更坚强些、自信些、大方些，成为一名勇敢的小男子汉，好吗？

可馨，你是个文静、秀气的小姑娘。上课时能较认真听讲，我们常可以听到你清脆的发言声。你尊敬老师，与小朋友们友好相处，乐于帮老师的忙，也乐于同大家分享快乐。你舞跳得很好，老师总忘不了"六一"庆祝会上你精彩的表演。经过一个学期的学习生活，你在各方面均取得了较大的进步。老师希望你今后做事时能加快动作，表现得更好！

翼翼，你的眼睛里充满乖巧和懂事。你每天都能微笑着来上幼儿园，并有礼貌地向老师、小朋友们问好，与小朋友能友好相处。上课能认真听讲，每当听到你正确的发言，总令我们感到欣慰。你虽然年纪小，但适应能力却很强，也很有是非感。但你平时还不够活泼，老师更希望听到你欢快的笑声，得再自信些，老师相信你！

颖颖，你是个文静秀气的小姑娘，踏实自觉是你的特点。课堂上你能认真地听老师讲课，然后细声细气地回答问题。你的脸上总是带着微笑，对人是那么有礼貌。你尊敬老师，与小朋友们能友好相处。也很喜欢上台表演，老师总忘不了"六一"庆祝会上你精彩的表演。如果你能表现得再活泼些、大胆些，就更好了！

宏宏，你是个活泼好动、顽皮又爱说话的小朋友。课堂上常能听到你洪亮清脆的发言。通过你自己的努力，这学期你进步了很多。但你有时上课还开小差，那可不好啊！你平时能尊敬老师，与小朋友们能友好相处。每当小朋友们有困难时，也总能热情地提供帮助。你的身体健康而结实，是个可爱的健康宝宝！老师希望你能慢慢地学会控制自己，争取更大的进步！好吗？

捷捷，你是一个聪明机灵还带点调皮的孩子。课堂上常能听到你响亮清脆的发言。老师喜欢你那种敢想、敢说、敢问、敢辩的课堂表现，但你若是能改掉随便说话的毛病，就更好啦！你尊敬老师，与小朋友们能友好相处。也能对别人提供帮助。老师希望你能学会控制自己，让自己变得更勇敢，成为一名棒棒的小男孩，好吗？

瑶瑶，你是个文静、不爱讲话、做事认真的孩子。课堂上能较认真思考老师提出的问题，能在课堂上听到你正确的发言，令我们很开心。你尊敬老师，与小朋友们能友好相处。这学期在各方面均取得了很大的进步。但你还欠活泼些，老师希望你多与小朋友交流，多听听别人的意见，争取更大的进步，好吗？

伟伟，你是一个聪明机灵的男孩子，喜欢开动脑筋思考问题，有一定的分析能力。老师喜欢你那种敢想、敢说、敢问、敢辩的课堂表现。你尊师爱师，平时乐意帮老师的忙。每当小朋友们有困难时，你总能热情地伸出友谊之手。你钢琴也学得很好，还经常给大家表演。老师希望你能发挥自己的聪明才智，更专心地听讲，争取更大的进步，好吗？

——选自 http://www.yejs.com.en/Htmllib/11279.htm

点评：

评语都以亲切的称呼开始，使幼儿及家长都能感到自然、亲切。对每个幼儿都能写出他们的个性特点，字里行间充满爱心、饱含深情，能起到正面激励的效果。

例文二

中班幼儿评语

你的个子长高了，本领也变大了。瞧！你能大胆地在小伙伴面前有动作、有表情地朗诵儿歌，讲述图片上的故事内容，还能不时地加入自己的想象，会动作正确地进行一定距离内的立定跳远，能小心地使用剪刀、胶水、彩笔等工具制作新年慰问礼物。老师还发现了你的一个独特本领，你就像"小博士"一样，已经认识了许多汉字。在新年即将来临的时候，老师提出一个对你的新年愿望：希望你能在课堂上和进餐时，注意适当地控制自己的音量，更加认真地参与到各种活动中。

你给老师的感觉就像一只非常乖巧、可爱的小白兔。瞧！短短的头发，笑起来一副甜丝丝的样子。在这学期中，老师明显地感觉到了你的进步和成长。你学会了辨认各种交通工具，并说出它们的用途，很乐意并认真负责地担任值日生工作；能根据音乐的变化以及游戏的规则，愉快地参与音乐活动；还会按照物体的粗细差异进行排序。看到你的成长点滴，老师备感欣慰。希望你能在今后更加大胆地表现自己，用自信的脚步走出未来精彩的每一天！

在老师心里，你像一只机灵的"小猴子"，不断带给老师惊喜和欢乐。会区分三角形、正方形和椭圆形等各种图形，能大方地与人交谈，正确地运用人称代词和常见的形容词，还能根据口令节奏精神饱满地做器械操。在小朋友心里，你是大家的好伙伴、好帮手。能积极地担负值日生的工作，热心地为大家服务，乐于接受别人的建议，愿意纠正自己的缺点。老师向你说一句悄悄话：希望你能在遇到任何困难的时候，先尝试着自己解决。最后，祝你在新的一年中再接再厉，拥有缤纷灿烂的每一天！

Happy New Year! 我们能干的小男孩！历数着每一个过往的日子，发现在你成长道路上洒下无数珍贵的点滴，成就着新一年中精彩的收获。你能较好地理解简短的文学作品中的主要内容，感受两种不同性质的歌曲，会双脚在直线两侧行进跳，懂得比较厚薄、粗细，理解之间的相对关系。希望在新学期中，能够更经常地看见你积极举手，大胆地发表自己的看法，就像天上的星星一样，不断地散发出自己独特的光芒！

新年来临，我们的小男子汉，当你昂着头、挺起胸、继续向前走的时候，老师想说：在这学期中，你的成长带给了我不一样的惊喜和欣慰。你能正确地说出教师节、中秋节、国庆节等节日，会大胆地利用几何图形进行想象添画，表现出自己独特的想象力，会连续进行拍球活动，还喜欢钻进"梦想建构城"构建自己未来的梦想。老师向你提一个小小的建议：希望你能在每次玩完玩具以后及时地把它们正确归位并能分类整理好。最后，祝你拥有更加精彩纷呈的新一年！

喜欢听你全神贯注地娓娓朗诵刚刚学习的儿歌，喜欢看到你钻进"蓝猫智慧城"聚精会神地摆弄着你所钟爱的拼图；还喜欢看到你精神饱满地做着器械操，积极愉悦地参与操后游戏；更喜欢看到你认真地制作慰问卡，包装慰问礼物，为马晚可送去最贴心、诚挚的祝福。老师为你感到骄傲，好孩子！如果你能更加开心地和小伙伴们一起分享你的所有成果，这一切将会成为你永远宝贵的收获！

你是老师眼中的"小电脑迷"，最喜欢钻到"电脑城"中，然后全神贯注钻研着。原来那里面也有着无穷无尽的小知识，让你依靠自己的能力学到不少的本领。不仅如此，你还能积极参加期末的复习表演活动，并大胆地评价别人的表演。能正确并整洁地完成书面操作练习，会运用多种手工材料和简单的工具参与到节日制作活动中。真了不起，好孩子！希望你在今后能够注意根据天气的变化来及时增减衣物，懂得爱惜自己的身体，成为一个更加健康强壮的男子汉！

你经常是来无影去无踪的样子，做事总是风风火火，平时的你精力旺盛，活泼好动，喜欢参加各种体育活动，喜欢在"梦想建构城"里搭建飞机，制作手枪、各种交通工具，喜欢在"电脑城"里摆弄着鼠标，展示自己的本领。新年伊始，希望今后你在做每一件事情的时候，都能够认真对待，坚持到底！知道吗，你的点滴成长，永远都是老师心中最宝贵的珍藏！

——选自 http://www.yejs.com.cn/Htmllib/11277.hm，略有改动

点评：

该老师很善于发掘每位幼儿的闪光点，在她的眼中每位幼儿都是可爱的、聪明的，在评语的最后，都能向幼儿提出殷切的期望，非常自然。

例文三

托班幼儿评语

你是个聪明的孩子，会念26个英文字母，更知道班里每个小朋友的名字，可惜言如金的你总不让我们听见你动听的声音。你更是个有个性的孩子，喜欢动不动就往地上躺，帮我们"擦地板"，虽然这是爱劳动的表现，可老师希望你以其他方式来表示，并祝你新的一年健康快乐！

聪明的华宇很喜欢唱歌，老师唱歌的时候华宇总是很专注地听着，所以华宇学会了很多儿歌，华宇还喜欢玩玩具，如果能与小朋友一起分享玩具会交到更多朋友哦！希望华宇新的一年变得更勇敢、更大方！

小铭铭是老师的开心果，你快乐，老师也快乐。看到你从学期初的哭闹着来园到现在唱着儿歌来园，看到你学会自己上厕所小便，看到你学会更多的词语，老师真的很开心。在新的一年老师祝你长得更壮，学得更多！

你的身手非常敏捷，你的速度非常迅速，老师总是满教室追着你跑，一会赶到窗边制止

你的爬窗游戏，一会扑到床边把你从床上抱下来，一会冲出教室把你追回来，你大大地提高了老师运动的机会。好奇的你很喜欢探索电视，总是帮老师开关电视，新的一年你停止对电视的探索，帮老师做其他事情，好吗？

大大的眼睛是你最明显的特征，可爱的你得到很多人的喜欢，你的进步是挺大的：会自己上厕所，会唱很多儿歌，会流利地说很完整的话。好好加油，老师相信你在新的一年会取得更大的进步！

你是个非常文静的小男孩，总是用你那双会说话的眼睛静静地盯着老师，让老师又爱又怜。你还是个爱干净的小男孩，不仅能自己吃饭，还能保持衣服及桌面的整洁，真棒！如果你遇事能用嘴告诉老师，而不是用哭声告诉老师，那会更棒哦！

你聪明活泼、可爱好动，能完整地演唱歌曲、朗诵儿歌，常常提些小问题考考老师，喜欢小朋友，但有时行为比较粗暴，更喜欢跟小朋友玩推椅子赛跑游戏，看得老师胆战心惊，希望新的一年你改掉一些小缺点，不再玩危险性的游戏，行吗？

你是个活泼听话的小孩，喜欢幼儿园的集体生活，喜欢跳舞做早操，喜欢玩玩具，更喜欢看电视，只是语言发展方面进步较慢，希望新的一年你快快长大，用更完整、更流利的语言跟老师交谈，好吗？

立勤，老师为你欢喜为你忧！看到你摇头晃脑地唱歌跳舞，老师欣慰开心；看到你动不动就推打小朋友，老师伤心生气。你的进步让老师高兴，你的调皮让老师头疼，你主宰老师的喜怒哀乐，新的一年，老师希望你更乖更听话！

聪明可爱的你总能让老师开怀大笑，你可爱的语言、可爱的表情、可爱的动作，让老师对你爱不完。这学期你的进步也挺大的：学会了很多儿歌，学会了自己上厕所，学会了自己吃饭。老师祝你新的一年身体棒棒，笑容多多！

活泼可爱的你是个爱笑的小男孩，即使你做错事，老师在批评你的时候，你也展露那天真无邪的笑容。你还喜欢跟老师开玩笑，踩踩老师的鞋子，用小脏手摸摸老师的裤子，是你乐此不疲的游戏。新的一年希望你保持天真可爱的笑容，把同老师开玩笑的精力放在学唱歌上，好吗？

娇小可爱的你让老师疼爱怜惜，聪明的你学会的事情可真多：会自己吃饭，能自己上厕所，能跟着老师唱歌跳舞做早操，还能有礼貌地跟老师问候与道别，真棒！老师衷心地希望新的一年你更勇敢、更大方！

可爱的宝宝，总是缺勤的你让很多老师想了又想、盼了又盼。你知道吗？老师想念你牙牙学语的天真表情，想念你充当小老师向小朋友发号施令的可爱动作，想念你听老师唱歌时的专注神情。想你，真的好想你！宝宝，下学期坚持来幼儿园，好吗？

——选自 http://www.yejs.com.cn/Htmllib/11280.htm，略有改动

点评：

该评语很全面地评价了每一个幼儿的发展情况。针对优点，能衷心地表扬，针对缺点，能委婉指出并提出改正的方法。

【练一练】

1. 请指出下列评语的不当之处。

　　王××，你是一个聪明的小朋友。但你的纪律实在是太差了，上课不能专心听讲，活动也不能遵守纪律，对老师也不尊重。此外，你多次迟到，影响了全班的考勤。希望你能改正。

　　2. 黑熙是一个很调皮的小男孩，上课经常捣乱，吃饭、午睡不守规矩，家长也不配合教育。但其他小朋友却很爱跟他玩。请为他写评语。

【完成练习】

_____

_____

_____

_____

知识链接

　　斯坦福大学著名发展心理学家卡罗尔·德韦克（Carol Dweck，美国艺术与科学学会会员、哥伦比亚大学威廉·兰斯福德心理学教授、斯坦福大学行为心理学教授）在过去的10年里，和她的团队都在研究表扬对孩子的影响。他们对纽约20所学校400名五年级学生做了研究，这项研究结果令学术界震惊。在实验中，他们让孩子们独立完成一系列智力拼图任务。

　　首先，研究人员每次只从教室里叫出一个孩子，进行第一轮智商测试。测试题目是非常简单的智力拼图，几乎所有孩子都能相当出色地完成任务。每个孩子完成测试后，研究人员会把分数告诉他，并附一句表扬的话。研究人员随机地把孩子们分成两组，一组孩子得到的是一句关于智商的夸奖，比如："你在拼图方面很有天分，你很聪明。"另一组孩子得到是一句关于努力的夸奖，比如："你刚才一定非常努力，所以表现得很出色。"

　　为什么只给一句夸奖的话呢？对此，德韦克解释说："我们想看看孩子对表扬有多敏感。我当时有一种直觉：一句表扬的话足以看到效果。"

　　随后，孩子们参加第二轮拼图测试，有两种不同难度的测试可选，他们可以自由选择参加哪一种测试。一种较难，但会在测试过程中学到新知识。另一种是和上一轮类似的简单测试。结果发现，那些在第一轮中被表扬努力的孩子中，有90%选择了难度较大的任务。而那些被表扬聪明的孩子，则大部分选择了简单的任务。由此可见，自以为聪明的孩子，不喜欢面对挑战。

　　为什么会这样呢？德韦克在研究报告中写道："当我们夸孩子聪明时，等于是在告诉他们，为了保持聪明，不要冒可能犯错的险。"这也就是实验中"聪明"的孩子的所作所为：为了保持看起来聪明，而躲避出丑的风险。

　　接下来又进行了第三轮测试。这一次，所有孩子参加同一种测试，没有选择。这次测试很难，是初一水平的考题。可想而知，孩子们都失败了。然而，先前得到不同夸奖的孩子们，对失败产生了差异巨大的反应。那些先前被表扬努力的孩子，认为失败是因为他们不够努力。德韦克回忆说："这些孩子在测试中非常投入，并努力用各种方法来解决难题，好几个孩子都告诉我：'这是我最喜欢的测验。'"而那些被表扬聪明的孩子认为，失败是因为他们不够聪明，他们在测试中一直很紧张，抓耳挠腮，做不出题就觉得沮丧。

　　第三轮测试中，德韦克团队故意让孩子们遭受挫折。接下来，他们给孩子们做了第四轮测试，这次的题目和第一轮一样简单。那些被表扬努力的孩子，在这次测试中的分数比第一次提高了30%左右。而那些被表扬聪明的孩子，这次的得分和第一次相比，却退步了大约20%。

虽然德韦克一直怀疑，表扬对孩子不一定有好作用，但这个实验的结果，还是大大出乎她的意料。她解释说："表扬孩子努力用功，会给孩子一种可以自己掌控的感觉。孩子会认为，成功与否掌握在他们自己手中。反之，夸奖孩子聪明，就等于告诉他们成功不在自己的掌握之中。这样，当他们面对失败时，往往束手无策。"

在后面对孩子们的追踪访谈中，德韦克发现，那些认为天赋是成功关键的孩子，不自觉地看轻努力的重要性。这些孩子会这样推理："我很聪明，所以，我不用那么用功。"他们甚至认为，努力很愚蠢，等于向大家承认自己不够聪明。

德韦克的实验重复了很多次。她发现，无论孩子有怎样的家庭背景，都受不了被夸奖聪明后遭受挫折的失败感。男孩女孩都一样，尤其是好成绩的女孩，遭受的打击程度最大，甚至学龄前儿童也一样，这样的表扬都会害了他们。

——选自《东西方教育》2017年第11期

项目6 家园联系册

【文体说明】

家园联系册是幼儿园与家长沟通的留言式手册。这种手册由教师和家长共同填写，反映幼儿在园生活和学习的情况，也反映家长对保教工作的意见和建议。写家园联系册的目的是便于教师与家长沟通，使家长及时了解孩子在幼儿园生活和学习的情况，配合老师做好幼儿的教育工作。

【格式要求】

1. 称谓

顶格写受文者姓名，一般写"××小朋友家长"，或是采用较亲切的称呼"××妈妈"等。

2. 正文

另起一行，空两格写联系原因，并请家长配合做好幼儿的教育工作。

3. 礼貌用语

一般使用"此致""敬礼"，也有省略不用的。正文下另起一行空两格写"此致"，另起一行顶格写"敬礼"。

4. 署名、日期

在正文的右下角写明班别、××老师和联系日期。

【写作要求】

写家园联系册是为了充分发挥这种形式对家园沟通的作用，它没有篇幅长短的限制，主要是为需要而写。

（1）写家园联系册，要充分尊重幼儿身心发展规律，以教育的眼光来审视和关注幼儿日常表现，尤其关注幼儿良好的思想品德的培养。

（2）尊重幼儿人格，严禁讽刺、嘲笑、挖苦幼儿，以发展的眼光看待幼儿，对幼儿的不足要进行综合分析，耐心引导。

（3）家园联系册的书写要注意因人施教，尊重幼儿发展的个体差异性，促进幼儿个性发展。

（4）尊重家长，主动与家长联系，认真耐心听取家长的意见和感受，取得支持与配合，多向家长宣传科学的教育思想和方法，帮助家长更新教育观念，掌握正确的育儿方法，坚持高尚的道德情操，不斥责、指责家长，在平等对话中有效解决幼儿成长过程中出现的问题。

【例文】

例文一

亲爱的家长：

您的孩子将在每周二和周五带回一本图画书，与您一起看。希望您和您的孩子喜欢这本书，并麻烦您提醒他爱护书籍。

当您和孩子一起看书时，下面这些建议将促进他的语言及阅读技能：选择一个你们都感觉舒服的地方看书；要求您的孩子讲一些有关新书的事；鼓励孩子并给予一定的表扬；如果您的孩子在一个字词上花很大力气的话，可让他想一会儿，然后给予适当的提示。

大一班　张老师
20××年4月3日

——选自方玥、陈青：《为需要而写》，《幼儿教育》（教师版）2005年第10期，略有改动

点评：

这段家园联系册上的话重在向家长传达科学的阅读方法以及与孩子一起阅读时需要注意的细节，对家长很有启示作用。

例文二

健健家长：

今天上游泳课健健好棒啊，第一个学会了打水。最近健健吃饭表现很好，上课也很听老师的指挥，还回答问题呐。希望健健以后总是这么棒。

中二班　陈老师
20××年×月×日

点评：

这段话很清晰地向家长反映了幼儿在园 3 个方面的表现，语气亲切，鼓舞性很强。对幼儿家长来说既了解了幼儿在园的进步情况，又对进一步教育好孩子有了信心。

例文三

特殊孩子的家园联系册选例

沟通背景：小洁是一个比较内向的女孩，在我们这个有着 20 个男孩、8 个女孩的寄宿集体中，她尤为安静，语言表达能力也比较弱，常常词不达意，因此，她很少与同伴进行语言交流。开学一段时间了，有几次周一返园时，小洁仍大声哭闹，不愿来幼儿园，这使家长和教师都十分担心。由于小洁父母经常出国，能与我们当面沟通的机会不多，我们就通过家园联系册进行沟通。

家园联系册内容：

亲爱的小洁老师们：

小洁的语言交流能力比较弱，有时不能很好地组织语言表达自己的意愿，希望老师能耐心地引导她。我们平时也很注意她这方面能力的提高。在家里，我们常玩这样的游戏：小洁问："小洁呢？"我根据她的状态说"小洁躺在床上"或"小洁在吃饭"。有时我还会用唱歌的方式跟她交流。不知道她现在在幼儿园里话是不是多一些了？

小洁妈妈

20××年 9 月 26 日

亲爱的小洁家长：

现在小洁已经能主动向老师提出一些简单的要求或表述一些想法，比如"小洁要洗手""小洁吃饭吧"。不过，正如您所说，她的语言组织能力一般，但是，别担心，我们会慢慢帮助她的。学语言需要一个环境，相信小洁在幼儿园的三年中，语言发展会越来越好。

小洁的老师

20××年 9 月 30 日

国庆节后，小洁妈妈又向我们反馈了节日中孩子的情况：

亲爱的小洁老师们：

节日这几天小洁在家过得很开心。她会主动要求出去玩，碰到小朋友也会主动打招呼。也许家里的环境比较有亲和力，所以她能很放松地与人交往。我想她与幼儿园还是有一种距离。小洁在进入幼儿园之前，曾在小区的幼儿园上过托儿班。一开始，她也不愿意去，不喜欢和小朋友们玩，但有位赵老师慢慢与小洁成了好朋友。后来小洁主动要求去幼儿园，而且特别听赵老师的话。我很希望孩子在幼儿园的时光能成为她最快乐的时光，能使她充分感受到被关心、被尊重，从而使她的情商和智商得到很好的培养，为以后的人生之路打下良好的基础。十分感谢老师对小洁的关心。

小洁妈妈
20××年10月8日

针对家长提供的这一信息，我们立刻召开了班组会议，制订了个别指导计划，即从小洁的情感入手，先让老师成为小洁的朋友。两周后，我们又与家长沟通：

亲爱的小洁家长：

您好！这两周，老师正在努力成为小洁的好朋友。睡前，老师会和小洁多说一会儿话。平时活动中，老师会多让她表达，再帮助她整理语句，让她复述。在今天的角色游戏中，小洁自己选择了"小菜场"。她先是对各种菜进行分类，然后大声吆喝"卖菜喽！快来买菜哟"，样子可爱极了！她的"生意"还十分红火呢！在结束时的讨论中，她还提出菜场里缺少蘑菇，所以，明天的游戏中我们还会增加蘑菇，让她过足游戏瘾。她今天还说在幼儿园真开心呢。但愿小洁下周仍能保持这样的情绪，但愿老师和家长的共同努力能让小洁重新喜欢幼儿园。我们一起加油！在此，感谢家长的配合与理解！

小洁的老师
20××年10月18日

在之后的家园联系册里，小洁家长又向我们反馈：

亲爱的小洁老师们：

小洁近来变化真大，回到家里常常自己玩娃娃家，有时还扮演医生、妈妈，自言自语，话特别多。我觉得小洁的语言表达能力进步很快，基本可以表达自己的想法了，我们真高兴！但是对幼儿园的生活、学习情况，小洁和我们交流得不多，她不主动跟我们说，我们也尊重她的意愿，没有多问。不过长期这样下去也不是个办法，希望老师能帮助我们一起建立小洁的自信心，让我们一起努力吧！再次感谢这段时间老师们认真负责的工作！

小洁妈妈
20××年12月31日

点评：

在与小洁家长的交流中，我们感受到家园建立经常性双向沟通的重要性。家园双方只有随时互通信息、交流看法，才能全面地了解幼儿的发展情况。在观念上取得共识，在行动上达成一致，才能更有针对性地解决幼儿的实际问题。

在小洁的案例中，家园联系册为这种经常性的双向沟通提供了很好的平台。

（1）积累幼儿日常活动资料。在案例中，小洁的老师持续地进行观察记录。通过对信息的及时把握与沉淀，更深刻地反思自己的教育得失，从而更客观全面地与家长交流。

（2）协调教育策略。家长对孩子的了解是教师最宝贵的教育资源。案例中，小洁妈妈不时地告诉教师自己和孩子的交往方式，孩子过去的生活经验，孩子假期在家的表现等，以帮助教师制定有针对性的教育策略，家园互助，帮助孩子更和谐地成长。

（3）取得家长的理解和支持。教师细致的观察、谦虚的态度、诚恳的话语时时打动着家长的心，拉近了彼此的距离，促使家长更积极地参与和配合幼儿园教育。这一良好关系的建立，最终得益的是孩子。

——选自《幼儿教育》（教师版）2005 年第 10 期

【练一练】

例文三中的幼儿园老师还利用休息时间拍摄孩子们在园生活、学习的录像，让远在国外的小洁家长更直观地看到孩子在园的情况。小洁家长看到录像后发来了电子邮件：

亲爱的小洁老师们：

在录像中，我注意到小洁总在摄像机前晃悠，而没有参加小朋友们的游戏。一个孩子最害怕的就是被人遗忘，尤其是小洁的理解力和表达力不及大部分孩子，很容易被大家忽略。我想小洁是很希望和大家一起做游戏的，我希望她某些能力上的欠缺不要成为她与小朋友交往的障碍，也希望老师们能引导并鼓励她多与其他小朋友交往，帮助她克服这个障碍，我们也会多创造机会让她与外界交往。

小洁妈妈
20××年10月31日

看到家长如此焦虑，老师们决定立刻给家长回信。请你来写一写。

【完成练习】

_____
_____
_____
_____

知识链接

在实际工作中，对不同的类型的家长，幼儿教师应采取不同的沟通方式。

1. 故意习难型

这类家长大多经济条件比较好，有知识，有个性。对待这样的家长要热情、真诚、主动，不能因为其要求多而不耐烦。比如，某幼儿园中，阿正小朋友的妈妈每次接孩子时很少进班，每次都在门口招呼一声就走，如果进来了，肯定是有问题。有一次，阿正的妈妈说："老师，你们是不是用凉水给孩子吃药，阿正回到家说老师用凉水给我们吃药，药到水里化不开。"我请她同我一起来到饮水间让她看看保温桶的水，我对她说："我们每天都打新的开水。"他妈妈有点不好意思地说："噢，那他可能有点不爱吃这药吧，又在说谎骗人了！"自此，家长渐渐地和老师的话多了，不再给老师挑毛病了，多了一些肯定和配合。

2. 过分呵护型

与过分呵护型家长沟通时，老师要用自己的真心、幼教经验、科学育儿的知识去换取家长的信任，这样家长工作中的难题就迎刃而解。比如说，某幼儿园中，东东的妈妈生怕孩子在幼儿园里饿着、渴着，所以每天接孩子时总带着吃的和饮料，导致孩子不好好吃饭了。针对这种情况，老师及时与其交流，同时把幼儿园每天的食谱指给她看，再找杂志和有关资料，让她明白营养过剩和不良饮食习惯的害处，渐渐地家长们明白了科学膳食的道理。

3. 对孩子要求过高、急于求成的家长

与这类家长沟通时，老师应多向他们解释孩子的年龄特点，让其明白过高过急地要求孩子只会适得其反，使幼儿丧失信心。比如，不少家长问："孩子念儿歌时总是手舞足蹈怎么办？"幼儿教师需要用专业的知识向他们解释孩子的思维是具体形象的，需要用动作来帮助自己理解儿歌的内容。同时，这还是一种很好的激发孩子学习兴趣的方式，平时给孩子讲故事也可采用这个方法来帮助孩子记忆。这样就能降低家长的焦虑，科学地教育孩子，达到家园共育的目的。

4. 对孩子期望较低、任其发展的家长

与这类家长沟通时，老师应客观地评价孩子，既有横向比较，又有纵向比较，使家长全面了解自己孩子的发展水平，从而对孩子提出合适的要求。除常规沟通外，老师还可邀请家长参与开放日活动，让家长直观地了解孩子的在园情况，促使他们反思自己的教育态度，改变原有教育观念。

5. 对孩子漠不关心、寄希望于老师的家长

与这类家长沟通时，应向他们宣传家园合作的重要性，使家长明白言传身教对孩子具有重要影响，从而主动承担教育责任。一方面，给他们提建议，告诉他们除了满足他们的物质要求外，不能忽视孩子的精神营养；另一方面，争取与家长建立友谊，真诚地请他们支持幼儿园教育，共同为孩子的健康发展而努力。

项目7　会 议 记 录

【文体说明】

会议记录是在会议过程中，由专门的记录人员把会议情况和会议内容如实笔录而形成的书面材料。会议情况包括：会议的组织情况，会议的内容，与会者的发言，会议成果等。会议记录具有原始性、凭据性、规范性和准确性的特点，记录的时候要遵循讲话的要点，即使是要点记录也要保持讲话的完整性，不能断章取义，也不得修改。另外，会议记录一般要使用统一的记录专用笺，并使用黑色墨水或签字笔进行记录，以便存作档案。

会议记录可以分为3种：

（1）详细记录：对会议的全过程、每个人的发言原话以及语态动作等，做详细的记录。

（2）摘要记录：对发言人的讲话只记要点和重要数据，与议题无关的话可以不记。

（3）重点记录：不对会议过程和个别发言逐一做记录，只记重要的会议事件和会议决议。

【写作格式】

会议记录由标题、会议组织情况、会议进行情况和尾部组成。

1. 标题

（1）会议名称＋文种的形式。如"×××幼儿园 2024 学年上学期教师代表大会会议记录"。

（2）会议内容＋文种的形式。如"关于开展'好习惯、好孩子'主题活动的会议记录"。

2. 会议组织情况

（1）会议时间。写明年、月、日、时，一般只写会议开始的时间。

（2）会议地点。要写清楚地点（哪栋楼、哪个会议室），以便日后查证和回忆。

（3）出席人。可以由记录人记录出席人姓名，但大型会议常由出席者自己签到。

（4）缺席人。重要会议要记录缺席人的姓名和缺席原因。

（5）列席人。特邀列席的人员应详细记录其姓名、职务。

（6）主持人。一般直书姓名。

（7）记录员。应写清楚姓名，重要会议往往有多个记录员，均需写清楚各自的姓名。

（8）议题。写法应根据会议的通知书写，如果通知不明确，可根据主持人的开场白归纳得出，有时不止一项，应分条列出。

3. 会议进行情况

（1）主持人的开场白。这是了解本次会议意图的主要依据，其内容有会议的目的、内容、时间的安排、议程和活动等，应着重记录。

（2）主题报告。这是会议的核心，如果报告人有发言稿，仅记录下报告的题目，注明原文见附件即可，否则就要详细记下发言要点，或录音、速记全文，会后再进行整理。

（3）讨论发言。按照发言顺序，将每个人的发言内容都记下来，这是会议的重点部分，应认真记录，发言人不能单写姓，也不能只写职务，必须直书姓名。

（4）决议。会上所做的决定，应将其梳理概括清楚，然后分条整理出来，会议的决定有时从主持人的总结讲话中得到，有时则需要记录员根据表决归纳概括得出。

4. 尾部

（1）结束语。在"会议进行情况"之后，另起一行空两格的位置，写上"散会"或"休会"字样，以示会议结束。

（2）署名。在"散会"的右下方签上记录者的姓名（有多人则都要签名），然后交主持人审阅，并请主持人签上名。

【写作要求】

1. 迅速

要做好会议记录，迅速是主要前提，记录员不但要书写快，而且要反应敏捷，要能迅速抓住发言的要点。

2. 准确

会议记录的准确，一是指准确地反映会议的全貌，二是要求准确地记录与会者发言的意愿，如果是详细记录，还要注意发言者的措辞、语气、风格等，尽可能都记录下来。记录不准确，就失去了记录的意义，甚至还会造成工作的损失。

【例文】

例文一

××幼儿园2024 学年新学期幼儿园各班级安全教育培训

时间：××××年×月×日

地点：幼儿园三楼会议室

出席：×××、×××、×××

缺席：×××（外出开会）、×××（因病）

列席：×××（实习教师）、×××（实习教师）

主持人：×××

记录人：×××

会议主题：新学期幼儿园各班级安全教育培训

1. 做好安全教育工作，普及安全知识

利用各类会议、小喇叭广播、报刊、网络、板报、标语等多种形式开展安全教育，增强幼儿安全防范意识和自救能力。

2. 教师每日工作内容

（1）坚持每天晨检。保证幼儿不带危险物品入园，如有要收回。严格幼儿安全制度，预防烫伤、外伤、药物中毒，预防异物进入耳、鼻及气管，预防幼儿走失。

（2）保证教室的通风、干净，保证区角材料的安全、卫生，定期消毒玩具。每天放学开消毒灯消毒。每月大搞卫生。

（3）及时预防传染病的发生，保证一人一巾一杯。

（4）严格书写交接班记录，及时清点人数和物品，与接班教师交代清楚。

（5）幼儿午睡时检查是否有危险物品，巡视幼儿是否有不良的睡眠习惯，如蒙头要及时纠正。

（6）户外活动时，教师认真检查活动场地的安全性，及时排除不安全因素，确保幼儿安全，活动后不遗忘幼儿物品。

（7）培养幼儿的自我保护能力，与家长密切配合，加强防范意识，让幼儿在具备安全意识的基础上，时时提醒自己或他人注意安全。

（8）严格执行幼儿园接送规章制度，把孩子交到其父母手中。

（9）下午班教师离园时在班内各处检查，如：水、电、门、窗。

（10）教师在工作中做到时刻高度警惕，把安全放在首位，眼睛不离开幼儿，孩子到哪，教师的眼睛就到哪。

散会。

记录员：×××

主持人：×××

点评：

这是一份重点记录，标题、会议组织情况、会议进行情况和尾部齐全，会议强调新学期幼儿园各班级做好安全教育工作的方法和途径，措施具体翔实。

例文二

音乐欣赏《喜洋洋》观摩课课后教学研讨实录

时间：××××年×月××日

地点：大（2）班教室

出席：授课教师姚老师及参加观摩课的本园教师

缺席：无

列席：无

主持人：张××

记录人：李××

议题：对姚老师音乐欣赏《喜洋洋》一课的情况和效果进行研讨评议

主持人：今天，姚老师就音乐欣赏内容组织了一节观摩课，首先请姚老师就课程目标的达成、教学环节的设计、师幼互动的情况和教学效果等方面谈一谈自己的想法。

姚：今天的教学活动目标主要有两点，一是让儿童通过倾听，感知音乐，体验音乐的欢快热烈；二是鼓励儿童用动作大胆表现音乐。为什么会选取《喜洋洋》这首民乐呢？因为马上要过新年了，本班正在开展庆新年的各种活动，而这首民乐可以充分表达人们在过年时的喜庆心情；同时，我个人认为乐曲就应该选经典的、有特色的、旋律和节奏易于儿童理解的。教学设计分为三个环节：倾听、感受和表达。我认为，今天成功的地方是为孩子营造了一个敢于根据音乐把自己的感受进行充分表达的空间，孩子很热情地参与到表达的活动中；不足的地方是作为欣赏活动，我忽视了儿童听的环节，急于让儿童用动作表现，所以，进行后面的表现活动时，孩子显得力不从心。

主持人：请大家谈一谈自己看完整个过程后的第一感受。

教师1：我的第一感受是园长第一个上研讨课，我们太兴奋了，我想我上研讨课时没什么可怕的了（大家轻松地笑了，一种宽松的氛围自然形成）。

教师2：姚老师的活动能够为孩子营造一个欢快热烈的气氛，与孩子所欣赏的音乐特点自然地融为一体。我认为教师的情感影响和乐曲本身的特点起到了积极作用。

主持人：这位老师实际上提到一个儿童欣赏的很关键的环节——选曲的问题，作为儿童欣赏的介质，老师们有什么看法？

教师3：我喜欢把一些国内外名曲作为孩子欣赏的曲目，我觉得这些曲目很有特点，而且非常容易引起听的人情感上的共鸣。

教师4：我认为应该选择那些节奏明显、易于儿童理解的曲目，有一些奏鸣曲、协奏曲虽然是名曲，但由于幼儿的生活经验、对音乐的理解力有限，他们可能理解不了，有些歌曲像《吉祥三宝》这样的，也可以作为欣赏曲目，歌词也是帮助儿童理解音乐的一个方面。

教师5：我觉得欣赏曲目的时间应该有一个限定，不能太长。

主持人：大家还有什么想法？

教师6：我认为姚老师的活动，让我对组织音乐欣赏活动有了信心。以前，我一直认为欣赏就是让孩子听，孩子会表达吗？今天我的看法变了，作为教师应该相信孩子。不过，我也有一个问题希望得到大家的帮助：让孩子把自己最喜欢的事用动作表达出来，每个孩子都想得不一样，而且我发现有的孩子在用肢体表达的过程中动作不美、节奏不准，教师应该怎么办？

姚老师：对这个问题，我有两点看法，一是关于美与不美的评价问题，通常我们使用成人的评价标准评定孩子的动作美不美、节奏准不准，但我认为，只要孩子是发自内心的自由的表达，就是美的，教师应该学会接受儿童独特的表达方式。二是对于一些程式化的肢体语言表达方式，可以在今后的活动中逐渐丰富，只要孩子对这件事物感兴趣，他的动作会逐渐变美，节奏会逐渐把握准，这不是问题的关键。

教师7：说到表达，我认为，在进行音乐欣赏活动时，可以给孩子一些更多、更广阔的空间，用动作表达只是一种方式，如果给孩子更多的表达空间，如绘画、手工等，欣赏的目标会实现得更好，孩子的发展空间会更大，更好地体现"纲要"的精神。

主持人：刚才姚老师在自评时说到，今天的活动听的环节不充分，导致儿童后面的表达力不从心，请问，您是如何发现这个问题的？

姚老师：我是从孩子的表现中发现的，不知大家注意了没有，此次欣赏活动，我让孩子认真听音乐只有一遍，其他几遍要么伴随教师的表演，要么伴随着儿童拍手，孩子在表达时异常兴奋，却忽略了音乐的存在。我问自己一个问题：音乐欣赏活动追求的目的到底是什么？此时我想起一位专家的话，"音乐欣赏是一门听觉艺术活动，我们在强调儿童表达、表现的基础上，不能削弱音乐欣赏本身的教育价值"，我觉得今天的活动在这个方面应该引发教师们进一步思考。

教师8：我一直在思考一个问题：孩子们在音乐欣赏过程中确实很兴奋，可以看出孩子很喜欢音乐活动，但是总感觉发展目标体现得不充分。姚老师的回答使我有一种茅塞顿开的感觉，教师在欣赏活动中应该在如何支持儿童倾听方面多研究一些方法。

主持人：刚才，大家都谈了自己的看法，实际上涉及三个问题：音乐欣赏的价值追求，关于音乐欣赏曲目的选择，儿童表达技能的教与不教的研究。希望今天的活动能够使大家对音乐欣赏活动的开展有一个较全面的认识，同时希望通过今天的研讨抛砖引玉，能有更多更好的欣赏活动呈现给孩子们。

散会。

记录人：李××

主持人：张××

（本记录所提到的课例见下页的附录）

点评：

这是一份规范的会议记录，而且属于详细记录，格式规范的四大部分齐全，标题清晰醒目，会议组织情况必备的八项内容——记录清楚，会议进行情况、会议动态都做了详细记录，尾部结语及签名都规范。

【练一练】

1. 请把"例文二"改成一份摘要记录。

【完成练习】

---

2. 组织四五个人的小组，以"我班如何开展本周的教师节庆祝活动"为主题展开讨论，轮流记录讨论内容，并形成一份会议记录。

【完成练习】

【附录】

音乐欣赏《喜洋洋》观摩课课堂实录

师：孩子们，让我们来仔细地听一听这首乐曲，然后做自己喜欢的动作进教室。（提醒小朋友们第一遍认真地听，第二遍随音乐进教室）

师：听了这首乐曲你有什么感觉？

幼：我听了很高兴，我听了想放炮。

幼：我听了感觉很快乐，我想跳舞。

师：这首乐曲的名字叫《喜洋洋》，是中国非常著名的一首民乐，表现人们高兴时的喜悦心情。

师：刚才××说最高兴的事情是放炮、跳舞、骑马，你们能用动作告诉大家怎么做吗？（请幼儿在前面做相应动作，其他幼儿相互学习，教师站在幼儿后面，当幼儿遇到困难时及时给予帮助。）

师：现在，我们把刚才的动作配上音乐，按照音乐的节奏来做动作好不好？

师：现在请小朋友猜一猜老师最高兴的事情是什么？我用音乐和动作告诉你们。（老师根据音乐的旋律和节奏，创编喝饮料的情节。）

幼：老师在喝果汁。

师：小朋友们有没有自己喜欢的饮料？我们一起来喝一喝吧！（幼儿在乐曲的伴奏下，用动作表现音乐。）

师：你们喝的是什么饮料啊？

幼：我喝的是鲜橙汁。

幼：我喝的是草果汁。

幼：我喝的是草莓汁。

师：小朋友都有自己高兴的事情，现在，请小朋友用动作表现出来吧。（幼儿随着音乐做不同的动作，表达自己对音乐的理解。）

师：现在老师最想做的事是买一份礼物，在新年的时候送给我最爱的人，猜猜老师今天买了什么礼物，送给谁的。（老师随着音乐的旋律和节奏表演购物。）

幼：老师的礼物送给小朋友，送给爸爸妈妈，送给好朋友。

师：请小朋友也去购物，先想一想你准备买什么、送给谁，用动作告诉我。

（幼儿结合自己的生活经验，各自随着音乐做不同的表达。）

幼：我买的是飞机，送给爸爸。

幼：我买的是福娃，送给老师。

师：我们用歌声把自己喜欢的礼物送给最爱的人吧。

幼：演唱自编歌曲《过新年》。

知识链接

速记小窍门

一般说来，有四条：一快、二要、三省、四代。

一快，即书写运笔要快，记得快。字要写得小一些、轻一点，多写连笔字。要顺着肘、手的自然趋势，斜一点写。

二要，即择要而记。就记录一次会议来说，要围绕会议议题、会议主持人和主要领导同志发言的中心思想、与会者的不同意见或有争议的问题、结论性意见、决定或决议等做记录。就记录一个人的发言来说，要记其发言要点、主要论据和结论，论证过程可以不记；就记一句话来说，要记这句话的中心词，修饰语一般可以不记。要注意上下句子的连贯性、可读性，一篇好的记录应当独立成篇。

三省，即在记录中正确使用省略法。如使用简称、简化词语和统称。省略词语和句子中的附加成分，比如"但是"只记"但"，省略较长的成语、俗语、熟悉的词组，句子的后半部分，画一曲线代替，省略引文，记下起止句或起止词即可，会后查补。

四代，即用较为简便的写法代替复杂的写法。一可用姓代替全名；二可用笔画少易写的同音字代替笔画多难写的字；三可用一些数字和国际上通用的符号代替文字；四可用汉语拼音代替生词难字；五可用外语符号代替某些词汇；等等。但在整理和印发会议记录时，均应按规范要求办理。

项目8 请 假 条

【文体说明】

请假条是请求准假不参加某项工作、学习、活动的文书。

【格式要求】

1. 标题

在正文上方的正中间，写"请假条"三字。

2. 称谓

在标题下第一行顶格写明向谁请假，即单位有关部门或领导。

3. 正文

另起一行，空两格写请假理由、请假起止日期等有关情况，结尾处常用"请批准""请予批准"等习惯用语。

4. 礼貌用语

一般使用"此致""敬礼"，也有省略不用的。正文之下另起一行空两格写"此致"，另起一行顶格写"敬礼"。

5. 署名、日期

在正文的右下角写明请假人姓名、请假日期。

【写作要求】

（1）正文要写清楚请假的原因，请病假一般要附上医院证明，若是因自己孩子的学校开家长会而要向工作单位请假，就要附上家长会通知证明等。

（2）言辞要恳切，有礼貌。

【例文】

例文一

请假条

刘园长：

　　我因重感冒头疼、头晕，医生让我在家休息，所以今天不能到幼儿园上班，请您准假一天（附病假条一张）。

　　此致

敬礼！

钟××
20××年×月×日

点评：

这是一张托人转交的请假条，请假理由充分，时间具体，并附有医生出具的休假证明（如果没有去看医生，但又的确很不舒服需要请假的，可不附医生证明），格式规范。但要提醒的是，一般应提前一天向主管请假，如果是突发事件，就要尽可能及早请假。

例文二

请假条

范园长：

　　我因孩子的学校开家长会，需要请假半天，时间是明天（10月20日）下午，请批准（附家长会通知单）。

　　此致

敬礼!

点评：

把请假理由说得简洁清晰、时间具体并附有家长会通知单，格式规范。

【练一练】

1. 请修改下面这张请假条。

请假条

王园长：

　　我有急事需请假，望批准。

【完成练习】

_____

_____

_____

2. 你80岁的奶奶于10月8日坐飞机从国外回来，你要请假去接机，这张请假条该怎么写呢?

【完成练习】

_____

_____

_____

_____

项目 9 申 请 书

【文体说明】

　　申请书是个人或集体向组织或有关部门、社会团体表达愿望和提出某种请求的一种书信。申请书有以下特点：

1. 申请性

申请书是为表达愿望而写的。申，就是申明、申述。请，就是请求对方答复、批准。在申述中，必须写明自己为什么有此项请求，同时，请求对方什么、要求什么，都必须写明确。

2. 单一性

一份申请书只能请求一件事，不能同时申请多件事，不可以把不同的要求写在同一申请书中。

3. 郑重性

申请除了表明自己的愿望外，在文字上要严肃认真，语气诚恳，实事求是。

【格式要求】

1. 标题

在第一行的正中，根据申请的内容标示具体名称，如"入党申请书""调课申请"等。

2. 称谓

即收信的对象，如"××党支部""××学会"等，也可以写给有关负责人，如"××园长""尊敬的园领导"等。

3. 正文

（1）阐述缘由。比如要求解决某个问题时，应说明当前的需要，如是申请加入组织的申请书，则应先写对该组织的认识，然后讲明要求加入的理由。

（2）提出请求。实事求是地具体讲出自己的条件，写明主观上的必需和客观上的可能。

（3）表明态度。这是实现后的保证。

4. 结语

这里相当于一般书信的祝福语，多是写上一些希望批准的话，如"请领导考虑到我的实际困难，予以批准""请组织上帮助我、考验我，使我早日加入中国共产党的组织"等。

5. 签署

在书信的右下角先写上"申请人"3 个字，再签上自己的名字，在署名之下，另起一行写上日期。

【写作要求】

（1）事情要真实。事情是申请的依据，不真实就失去了依据。

（2）语言要朴实。申请书是严肃的文书，文字上要求准确清晰、朴实无华，切忌言不及义。

（3）感情要充实。申请书写作的目的是希望对方能接受，要想让对方顺利同意，就必须让对方产生对你的同情，认为此项请求确实是你所需。

【例文】

例文一

参加会议申请

尊敬的园长：

　　我因在《××》期刊上发表了一篇论文，现收到期刊的邀请函，邀请我参加本月24—26日在深圳举办的学术论坛。我对这个会议很感兴趣，希望能从中得到新信息，使自己的教研水平更进一步，为我园的教学改革尽一份绵薄之力。

　　现向您申请前往参加此次会议，我愿意个人自费参加会议，并提前与搭档协调好班级工作，您一向很支持教师的科研工作，因此恳请您仔细考虑我的请求，尽早给予批示。

　　附：《××》期刊第四期，有本人所发论文

　　　　《××》期刊邀请函

　　此致

敬礼！

申请人：钟××

20××年×月×日

点评：

　　该申请缘由清楚，在申请参会的同时，也考虑到费用和本职工作处理的问题，也就是考虑到园长的难题，这样的申请显得更为真诚。另外，在申请的同时附上邀请函和期刊原件，申请建立于真实依据上，容易得到园长的慎重考虑，申请成功的可能性也大了许多。

例文二

参加普通话测试补测申请

尊敬的市普通话培训学校领导：

　　本人是××学校幼教专业三年级1班的学生，11月17日，当本人前往贵校参加普通话测试时，钱包不幸被偷，里面的准考证遗失，因此未能参加测试，同往的班级同学均能证明。现申请贵校给予一次补测机会，恳请贵校考虑我的实际情况，批准我的请求。

　　此致

敬礼！

申请人：严×

20××年11月19日

点评：

　　这是一篇简单的事项申请，题目清晰，理由阐述清楚明了，语气诚恳，请求具体，称谓和落款都符合申请书的格式。

例文三

幼儿园老师入党申请书

敬爱的党组织：

我志愿加入中国共产党，愿意为共产主义事业奋斗终生。中国共产党是中国工人阶级的先锋队，同时是中国人民和中华民族的先锋队，是中国特色社会主义事业的领导核心，代表中国先进生产力的发展要求，代表中国先进文化的前进方向，代表中国最广大人民的根本利益。党的最终目的是实现共产主义的社会制度。中国共产党以马克思列宁主义、毛泽东思想、邓小平理论和"三个代表"重要思想作为自己的行动指南。

作为一名幼儿教师，是中国共产党把我从一个不懂事的孩子培养成为一名具有大专文化程度的教育工作者，多少年来我也见证了改革开放所带来的巨大变化。我对党的认识，是逐步加深的。少年时代，在父母亲的言传和老师的指导下，幼小的心灵萌发了对中国共产党的敬慕和向往；中学时代，是我人生观初步形成时期，开始接受了马列主义、毛泽东思想；在党组织的培养教育下，我逐步树立共产主义的世界观、价值观和人生观；参加工作以来，我更是坚持在业余时间学习有关党的理论知识，认真学习和领会习近平新时代中国特色社会主义思想，在理论学习中改造自己的人生观、价值观和世界观，思想上有了极大进步。在进入教师队伍后，我踏实肯干，认真完成本职工作。在工作中，我任劳任怨，起到了模范带头作用。同时，在生活中，我接触到了许多优秀的党员同志，他们时刻以党员的标准严格要求自己，吃苦在前，享受在后，勤勤恳恳工作，从不叫苦叫累，我从他们的身上看到了党的优良传统和作风，进一步激发了我加入党组织的决心和信心。为此，我郑重地向党组织提交我的入党申请。

如果党组织能批准我的请求，我一定拥护党的纲领，遵守党的章程，履行党员义务，执行党的决定，严守党的机密，对党忠诚，积极工作，为共产主义奋斗终生，随时准备为党和人民牺牲一切，永不叛党；如果党组织认为我还不完全具备党员条件，这次不能接纳我入党，我决不气馁，尽快克服自己的缺点和不足，继续以党员的标准严格要求自己，充实、提高自己，以更饱满的热情投入以后的工作和学习中，以实际行动争取早日加入党组织。

请党组织在实践中考验我！

此致

敬礼！

申请人：
20××年×月×日

点评：

这是一篇恳切的入党申请书。首先，申请人阐述了个人对中国共产党的认识，言辞真诚，不流于形式。接下来从工作、生活等方面阐述个人申请入党的理由，结尾表明态度。题目清晰，理由阐述清楚明了，语气诚恳，称谓和落款都符合入党申请书的格式。

【练一练】

请把下面一份申请中表达不清楚的地方修改准确。

转专业申请

本人王莹现就读于我校文秘专业一年级，我从小就喜欢小朋友，但中考的时候一时犹豫，没有填这个志愿，现在看到幼教的同学学习那么多技能知识，十分羡慕，很希望像她们一样天天练琴练舞，请考虑我的想法吧，我会万分感谢的。

文一（1）班　王莹
2020 年 9 月 23 日

【完成练习】

_____

_____

_____

_____

知识链接

应用文写作常用语

一、开端惯用语

（1）目的式：一般使用"为（了）……"等介词结构，如公文中的通告、通知、规定等。

（2）缘由式：一般使用"由于……""鉴于……""随（着）……"等词语，如指示、请示等。

（3）根据式：一般使用"根据……""依据……""遵（按）照……"等词语，如计划、通告、办法等；

（4）概述式：一般使用"近来（日）……""最近……""经研究……"等词语，将基本情况、主要内容、观点、意见概括说明出来，如调查报告、总结等。此外，有"兹因""据核实""关于"。

二、称谓惯用语

第一人称："本""我"，后面加上所代表的单位简称，如部、委、办、厅、局、厂或所等。

第二人称："贵""你"，后面加上所代表的单位简称，一般用于平行文或涉外公文。

第三人称："该"，在应用文中使用广泛，可用于指代人、单位或事物。如"该厂""该部""该同志""该产品"等。在文件中正确使用"该"字，可以使应用文简明、语气庄重。

三、领叙词

领叙词是用以引出应用文撰写的根据、理由或应用文的具体内容的词。

常用的有："根据""按照""为了""遵照""敬悉""惊悉""……收悉""为……特……"。

四、追叙词

追叙词是用以引出被追叙事实的词。如"业经""前经""均经""即经""复经""迭经"等。在使用时，要注意上述词语在表述次数和时态方面的差异，以便有选择地使用。

五、承转词

主要有"为此""据此""故此""鉴此""综上所述""总而言之""总之……"等。

六、祈请词

祈请词用于向受文者表示请求与希望。主要有"希""即希""敬希""务希""请务""请""望""敬请""烦请""恳请""希望""要求""勿误"等。使用祈请词的目的在于造成机关之间相互敬重、和谐与协作的气氛，从而建立正常的工作联系。

七、商洽词

商洽词用于征询对方意见和反映，具有探询语气。如"是否可行""妥否""当否""是否妥当""是否可以""是否同意""意见如何"等。这类词语一般在公文的上行文、平行文中使用，在使用时要注意确有实际的针对性，即在确需征询对方的意见时使用。

八、受事词

受事词是向对方表示感激、感谢时常常使用的词语。如"蒙""承蒙"等，属于客套语，一般用于平行文或涉外公文。

九、命令词

命令词是表示命令或告诫语气的词语，以引起受文者的高度注意。如表示命令语气的"着""着令""特命""责成""令其""着即"等；表示告诫语气的"切切""毋违""切实执行""不得有误""严格办理"等。

十、目的词

目的词是直接交代行文目的的词语，以便受文者正确理解并加速办理。用于下行文的有"查照办理""遵照办理""参照执行"等。用于上行文、平行文的目的词，还须加上祈请词，有"请批复""请函复""请批示""请告知""请批转""请转发"等。用于知照性的文件，有"周知""知照""备案""审阅"等。

十一、表态词

表态词即针对对方的请求、问询，表示明确意见时使用的词语，又称回复用语。如"应""应当""同意""不同意""准予备案""特此批准""请即试行""按照执行""可行""不可行""迅即办理"等。在使用上述词语时应对公文中的下行文和平行文严加区别。

十二、时限用语

有"当即""立即""从速"等。

十二、结尾词

主要有"此布""特此报告""特此通知""专此批复""特此函复""函告""特予公布""此致""谨此""此令""此复"等；再次明确行文的具体目的与要求的词语，有"……为要""……为盼""……是荷""……为荷"等；表示敬意、谢意、希望的有"敬礼""致以谢意""谨致谢忱"等。

项目 10 大事记

【文体说明】

所谓"大事"，就是对一个单位、一个企业、一个行业、一个地区、一个政党、一个国家现实生活中对今后发展具有较大和较重要影响的事情。

"大事记"是按照时间顺序记录一定空间范围内发生的重大事件、重要情况，以供日后查考的实录性事务文书。它既是一个单位、一个行业、一个地区、一个政党、一个国家各个领域大事要事的简要记载，也是编纂资料、查证历史、总结工作的重要线索和依据。

大事记的基本特点有：

（1）纪实性。"大事记"属于实录性文书，编写大事记必须坚持实事求是的原则，依据客观事物本来面目记录，对尚未核实的数据和言过其实的内容，要予以剔除，大事记所记内容应当是经得起时间检验的真实可信的历史事实。

（2）时序性。"大事记"严格按照事件发生发展的时间顺序记录历史事实，确保事件的来龙去脉清楚完整、言之有序，以便查考利用。

（3）全面性。除专题性大事记外，"大事记"的选材讲求全面性，凡属于记载范围的重大活动和事件均应予以如实记录，以便为总结工作、查证历史、编纂资料提供简要准确的线索。

（4）永久性。"大事记"不仅是回顾和总结工作的重要依据，也是研究社会发展的重要史料，所以《国家档案局关于文书档案保管期限的规定》所附《文书档案保管期限表》将"大事记"的保管期限定为永久保管。因此，用于记载大事记的纸张和字迹材料必须符合国家的有关规定，以利于档案史料的长久保存。

"大事记"的主要功能有：

（1）"大事记"是日常管理工作的重要查考依据，忠实地记载着一个地区、一个单位的重要工作活动和重大事件，可以为研究工作、总结经验提供有价值的材料，有助于改进工作、提高管理水平。

（2）"大事记"具有重要的史料价值，是开展历史研究的可靠资料和重要线索，可以为编写史志、考察历史积累宝贵的史料。

（3）"大事记"具有拾遗补阙的功能，有些工作或事件在正式文件中没有反映，可以通过"大事记"记载下来，因此，"大事记"是本地区、本部门永久性档案的重要组成部分。

【格式要求】

"大事记"与普通公文不同，它是由若干事件集合而成的，就其整体结构而言，由标题、主体两个部分组成。

1. 标题

"大事记"的标题主要有以下几种形式：

（1）由编制单位名称、事由和文种构成，如"××大学'211工程'建设大事记"。

（2）由编制单位和文种构成，如"××区人民政府大事记"。

（3）由事由和文种构成，如《中华人民共和国科学技术大事记》。

（4）由编制单位、时间和文种构成，如"××市人民政府2007年大事记"等。

2. 主体

一般由时间和事项两个要素组成，时间按照公元纪年的年、月、日顺序依次排列；事项是指重要工作活动和重大事件，这些事项按照相对统一的标准选择记录。

按照党政机关综合性大事记的范围，以下事项应当列入"大事记"：

（1）上级领导出席本地区、本单位重大活动，或检查指导工作，并做出重大决策或重要部署、指示等情况。

（2）贯彻党和国家方针政策中采取的重大举措及发布重要决议的情况。

（3）本地区、本单位召开重要会议和做出重要决策的情况。

（4）本地区、本单位机构设置、体制变动、区划调整的情况。

（5）本地区、本单位主要领导人调动和任免的情况。

（6）本地区、本单位重大科技成果、发明创造及受上级机关褒奖的情况。

（7）本地区、本单位出现的重大社会动态的情况。

（8）本地区、本单位发生的严重责任事故和自然灾害的情况。

（9）本地区、本单位召开的重要会议的情况。

（10）其他需要记载的重要情况和事件。

【写作要求】

1. 客观准确

编写"大事记"立场要鲜明，观点要正确，要有正确的政治方向，要尊重客观事实，如实反映事物的本来面目，对选用的材料要认真考证，对不清楚的事要调查询问清楚之后再记录。

2. 完整全面

凡属对本单位有一定影响、对今后有考察价值的事件，都要准确记载，对涉及的人员、部门及各种数字应记录清楚，对时间跨度大的事件更要记载完整。

3. 条理清晰

严格按照时序记载，确保所记事项头绪清楚、要素完整，对持续发生或过程较长的事件，要做好阶段性记载，并在事件结束时做一次综合性记载。

4. 简明扼要

对每一事件发生的时间、地点、起因、经过、结果等，除时间、结果外，其他要素可酌情略写，做到大事突出、要事不漏、琐事不录、以时系事、不加评论，表述方式要条文化，不要文章化。

5. 专人负责

办公室要指定熟悉本单位情况的专人负责记载，记载者要留心观察，及时记载，一个时期（一个月或一个季度）或一个事件结束了，要将"大事记"送主管领导审核，如发现有漏记或错记的情况，应及时补记或纠正。

【例文】

"希望工程"大事记

1989年

3月　中国青少年发展基金会成立（简称"中国青基会"）。

10月　中国青基会宣布建立我国第一个"救助贫困地区失学少年基金"，实施"希望工程"，首批资助河北涞源县桃木疙瘩村小学张胜利等13名失学少年。

（以下略去1990—1995年内容）

1996年

4月　中国青基会决定建立"希望之星"奖励基金，向优秀希望工程受助生提供长期资助。

同月　胡锦涛致信"希望工程"工作会议，李岚清接见会议代表。

6月　3名"希望工程"受助生在美国参加第二十六届奥运会火炬接力活动。

10月　党的十四届六中全会通过的《中共中央关于加强社会主义精神文明建设若干重要问题的决议》中提出："要深入开展'希望工程''青年志愿者'和'手拉手'等活动，发扬互相关心、助人为乐的精神。"

11月　国家工商行政管理局发布《关于对在经营活动领域使用"希望工程"名义加强管理的通知》，这是国家政府部门为保护"希望工程"制定的第一个规章。

1997年

4月　中国青基会协助政府到本世纪末基本解决贫困人口的温饱问题和基本普及九年义务教育，郑重推出"'希望工程'国内最后一轮劝募行动"。

同月　国家商标局批准，"希望工程"获得我国首例以公益募捐为主要内容的服务商标注册。

点评：

这是一份专题性大事记，以年度为编写单元，将一年内发生的关于"希望工程"的事情逐月记录，如果一月之内有两件事情值得记载，时间要素以"同月"表示，避免重复；记述内容要做到线索清楚、简明扼要，记述语言要直截了当、简洁凝练；在记录有关内容时，如实载录事实本身，不做评价，更不能借题发挥。

知识链接

幼儿园大事记常用记载的内容：

（1）党支部和幼儿园行政的命令、指示、计划、决议、措施、会议及教师的任免和调动。

（2）工作方面的重大改革和重要措施制定、重要会议活动以及其他重要事项。

（3）科研工作的重大进展、发明创造及重大教学成果。

（4）幼儿园基本建设较大工程的施工、竣工日期及其建筑面积和经费使用情况。

（5）购置重要教学仪器设备和物资器材及总务工作方面的重大事项。

（6）领导体制与组织机构的变动及重要管理制度的改革。

（7）参加区级以上集会、活动（包括业务性集会和活动），以及参与发表各种声明等活动。

（8）幼儿园参加区级以上表彰大会及获奖情况。

（9）幼儿园教师参加区级以上表彰大会获奖情况。

（10）园外单位来园参观和本园外出参观的有关事项。

礼仪类文体写作

【知识目标】

通过本模块的学习，使学生掌握在幼儿园工作中邀请信、感谢信、演讲稿、家长会发言稿、求职信、述职报告等文书的写作常识。

【能力目标】

通过本模块的学习，使学生具有撰写幼儿园工作中礼仪类文书的能力。

【素质目标】

通过本模块的学习，有意识地培养学生和幼儿教师在工作中书面交际的职业道德、职业态度、职业作风等方面的隐性职业素养。

项目11　邀　请　信

【文体说明】

邀请信是团体或个人为邀请客人参加某项活动，提前向某人发出的文书，也作邀请书、邀请函、请柬、请帖。只是邀请信比请柬、请帖内容具体。幼儿园在举行庆祝"六一"、园庆、毕业典礼等活动时都会邀请家长参加，所以邀请信是幼儿教师在工作中常遇到的文体。

【格式要求】

1. 标题

正文上方居中写"邀请书"或"邀请函"，也可写明是什么活动的邀请函。

2. 称谓

首行顶格写被邀请的单位名称或个人的姓名，前加敬语。如"尊敬的×××先生/女士"或"尊敬的×××校长（局长）"。也可放到正文才写明邀请的对象。网上或报刊上公开发布的邀请函，由于对象不确定，可省略称呼，或以"敬启者"统称。

3. 正文

另起一行空两格，说明举行某项活动的基本情况，邀请客人的原因，具体活动时间、地点，活动的程序及注意事项等。

4. 结尾

尾随文末或另起一行空两格写。可以是表示祝颂的话，也可是表邀请或盼望对方光临的语言。

5. 落款

在正文右下角，写清发邀请书（信）的单位名称或个人姓名，下一行注明成文日期年、月、日。

【写作要求】

（1）有关信息的交代要清楚。邀请的内容、时间、地点，被邀请者的姓名、头衔必须准确无误。被邀请者的姓名应写全，不应写绰号或别名。在两个姓名之间应该写上"暨"或"和"，不用顿号或逗号。还应写明举办活动的具体日期（几月几日星期几）。

（2）措词讲究。用语要简短、热情、文雅，宜用期盼性语言表达。突出"请"意，避免使用"务必""必须"之类带强制性的词语，不能有半点强求之意。

（3）正文应简明扼要。时间、地点清楚明确。

（4）邀请信发出时间应在举行活动前10天左右，一方面表示礼貌，另一方面便于客人从容安排。

（5）如有需要注意的事项，要在"请柬"或"邀请书（信）"上适当的位置注明。如有签到卡，可随请柬附上。

【例文】

例文一

××幼儿园庆"六一"亲子活动邀请函

为庆祝"六一"国际儿童节，××幼儿园特意为宝贝们组织了一次大型的亲子活动，活动当天您和宝宝不但可以参加××幼儿园的老师精心设计的亲子游戏，还可以游玩××公园内相关的游乐场所，此外小小舞台上孩子和老师们的精彩表演也定会让您大饱眼福。

活动时间：5月28日 8:00—10:40

活动地点：××公园（如遇雨天另行通知）

活动对象：××幼儿园的宝贝及家长

咨询电话：×××××××（黄老师、张老师）

如此丰富多彩的活动，您还在犹豫什么？赶快报名吧。相信宝宝一定会度过一个终生难忘的儿童节。（由于此次活动需要凭票入内，所以请您仔细填写报名表后来园领取入场券）

××幼儿园

2024年5月20日

报名表

幼儿姓名	班级	性别	家长姓名	联系电话

点评：

用语热情，表达出期盼家长和宝宝参与的热切心情。活动的时间、地点、内容都交代得很清楚，注明"如遇雨天另行通知"，考虑较周全。

例文二

毕业典礼邀请信

您好！小宝贝长大了，带着我们的祝福就要毕业了。孩子的第一次毕业典礼是难忘的、温馨的，让我们为他们喝彩、庆祝吧！您一定要参加呀！您要以孩子为荣，他们真的很棒耶！

毕业典礼时间：2024年6月27日（周日）上午8:30

毕业典礼地点：××幼儿园阶梯教室

您不能缺席哟！您的光临是我们最大的荣幸！

××幼儿园

2024年6月18日

点评：

邀请信中点出了活动的意义，并表现出对孩子成长的喜悦，容易得到家长的共鸣。活动的时间、地点都很明确。

例文三

幼儿园中秋国庆活动邀请函

亲爱的家长：

您好！在这秋高气爽的季节，我们即将迎来中秋和国庆佳节。值此双节来临之际，××幼儿园全体教师诚挚地邀请您与孩子共度这美好时光，届时您将和您的孩子一起参与我们为您准备的"庆中秋、迎国庆"亲子活动。这是我园第一次盛大的亲子活动，各位爸爸妈妈请您暂且放下手头的工作，以愉悦的心情和您的孩子一起来享受美好的童真年代！我们的每一次活动都离不开家长朋友的支持与协助！诚邀您参与！

一、活动时间：2024年9月29日下午15:00—16:30

二、活动地点：幼儿园多功能厅

三、活动流程

1. 家长 14:50 来园、签到
2. 感动时刻，分享孩子的劳动成果
3. 家长和孩子一起观看中秋节的 PPT
4. 了解各族中秋习俗
5. 亲子活动：爸爸妈妈和我一起做月饼
6. 亲子作画：快乐的中秋节
7. 在音乐声中结束本次活动

预祝您节日快乐！您的光临是我们最大的荣幸！

××幼儿园

2024 年 9 月 21 日

点评：

邀请信中点出了活动的意义，并详细说明活动的各个具体项目，丰富有趣的活动项目容易吸引家长参与活动。活动的时间、地点都写得清楚明确。

例文四

经典幼儿园期末家长会邀请函

尊敬的家长朋友：

您好！

一个学期就要结束了，孩子们在这一学期里有哪些进步呢？在幼儿园里的表现怎样呢？相信这是家长最为关心的。为了让家长有更直观的了解，我班定于下周三下午举行学期末汇报会及家长会。

一、时间：2024 年 6 月 30 日（星期三）下午 2:15—4:30

二、地点：大二班活动室

三、活动内容：

（1）学期末汇报会

（2）家长课程

（3）学期末家长会

四、请您配合：

（1）请家长星期三下午2:15以前到园，带好笔和本。签好到后在教室外走廊等候，2:20我们的活动正式开始。

（2）在活动期间，请您把手机调到振动模式，以免影响到孩子的正常活动。

（3）今天晚上请在家做好孩子的工作，教育孩子在爸爸妈妈来了以后要跟平时表现得一样，不要在活动期间看家长，也请家长多鼓励孩子。

（4）活动结束后，您可以把您的意见与建议写下来，反馈给我们，您的意见与建议将对我们以后工作的开展起到更大的促进作用。

我们诚挚邀请您参加！谢谢您的支持！

经典幼儿园

2024 年 6 月 20 日

点评：

邀请信中点出了此次活动是让家长直观了解孩子这一学期的进步，并列出家长会的内容，还指出参加家长会需要做的准备事宜。活动的时间、地点都写得清楚明确，让家长能够更好地参与活动。

【练一练】

1. 请修改下面这份邀请函。

××幼儿园第一届趣味双语运动会邀请函

我园将在 11 月 20 日星期天上午 9:00 开展第一届趣味双语运动会，如不下雨将如期举行，要是下雨将推迟到下个星期天。欢迎各位家长能将宝宝带来参加我园的活动，您和您的宝宝都可以参加，幼儿园为小朋友准备了精美的奖品。

【完成练习】

2. ××幼儿园在"六一"举办"家园同乐"亲子游园会，上午 9:00 开始是开幕式演出，接着是庆"六一""家园同乐"亲子游园活动。每位家长有一张活动表，每参加完一个活动由该活动负责教师盖章。参加完所有活动后，拿活动表到园长办公室领取"六一"礼物。活动到 11:00 结束，下午放假。活动当天孩子要穿黄色园服及便于运动的鞋子，如果天气热可戴帽子。下雨的话就取消开幕式。另外，活动当天幼儿园不派车接送，不准备早餐。

请替××幼儿园给家长写封邀请函，并说明有关事项。

【完成练习】

3. 下面是一封邀请函，请根据要求进行修改。

邀请函

尊敬的家长朋友：

您好！

为了便于您了解孩子在园的表现，增进家园沟通，小二班将于 1 月 18 日下午 13:30 在班级教室举行家长开放周活动，诚挚邀请您拜访我园。因场地有限，我园无法提供停车位，希望您乘公共交通工具参加活动。给您带来不便，敬请谅解。

××幼儿园小二班

2024 年 1 月 12 日

注：家长凭此邀请函进入幼儿园。

请回答：

（1）注意事项中，画波浪线的句子从语气上看，属于（　　　）

A. 陈述句　　　　　B. 疑问句　　　　　C. 祈使句　　　　　D. 感叹句

（2）画横线的句子有一处用词不当，应把"_____"改为"_____"

（3）若有孩子当日忘记把邀请函带给家长，家长打电话向你询问，请用得体的语言向家长转述邀请函的主要内容。

知识链接

1. 邀请函的通用格式介绍

邀请函

尊敬的（　　　）先生/女士：

　　您好！

　　（　　　）单位将于（　　　）年（　　　）月（　　　）日星期（　　　）在（　　　）地，举办（　　　）活动，特邀您参加，谢谢。

署名或单位（　　　）
2024 年 8 月 18 日

2. 写作邀请函小贴士

写作邀请函可以根据使用的场合和情况设计不同的文种形式。

隆重的礼仪场合、邀请的事项单一，多用请柬；

参加学术研讨会、纪念会、订货会多用邀请函（信）；

邀请参与的事项较复杂或需要向被邀请者说明有关问题，则用邀请函（信）。

一般的会议发通知即可。

如有需要注意的事项，要在"请柬"或"邀请函（信）"上适当的位置注明。如联系人、联系电话、食宿或携带物品、文件要求、交通路线等。

"邀请函"三字是完整的文种名称，与公文中的"函"是两种不同的文种，因此不宜拆开写成"关于邀请××出席××活动的函"。

项目 12　感　谢　信

【文体说明】

感谢信是向帮助、关心和支持过自己的集体（党政机关、企事业单位、社会团体等）或个人表示感谢的专用书信，有感谢和表扬双重意思。写感谢信既要表达出真切的谢意，又要起到表扬先进、弘扬正气的作用。它广泛应用于个人与个人之间、个人与组织之间、组织与组织之间。

感谢信的主要特点：

1. 感谢对象要确切

感谢信要有确切的感谢对象，以便让大家都清楚是在感谢谁。

2. 表述事实要具体

感谢别人要有具体的事由，否则就会显得抽象空洞。

3. 感情色彩要鲜明

感动和致谢的色彩强烈鲜明，言语里充满感激之情。

【格式要求】

感谢信通常由标题、称呼、正文、结语和落款 5 部分构成。

1. 标题

感谢信的标题写法有这样几种形式："感谢信"——单独由文种名称组成；"致×××的感谢信"——由感谢对象和文种名称共同组成。

2. 称呼

开头顶格写被感谢的机关、单位、团体或个人的名称或姓名，并在个人姓名后面附上职务，然后再加上冒号。如果感谢对象比较多，可以把感谢对象放在正文中间提出。

3. 正文

感谢信的正文从称呼下面一行空两格开始写，要求写上感谢的内容和致谢者的心情。应分段写出以下几个方面：

① 感谢的事由。概括叙述感谢的理由，表达谢意。

② 对方的事迹。具体叙述对方的先进事迹，叙述时务必交代清楚人物、事件、时间、地点、原因和结果，尤其重点叙述关键时刻对方给予的关心和支持，便于组织了解和群众学习。

③ 揭示意义。在叙述事实的基础上指出对方的支持和帮助对整个事情成功的重要性以及体现出的可贵精神，同时表示向对方学习的态度和决心。

4. 结语

感谢信结尾处写表示敬意的话、感谢的话。如"此致敬礼""致以最诚挚的敬礼"等。

5. 落款

在结语的右下方写明感谢信的作者和年、月、日。如以单位名义写，要加盖公章。

【写作要求】

（1）内容要真实，感谢要恰当。感谢信的内容必须真实，确有其事，不可夸大溢美。感谢信以感谢为主，兼有表扬，所以表达谢意时要真诚。感谢对方时要恰当，不能拔高，以免给人一种失真的印象。

（2）用语要适度，叙事要精练。感谢信的内容以主要事迹为主，详略得当，篇幅不能太长，所谓话不在多，点到为止。感谢信的用语要求是精练、简洁，遣词造句要把握好度，不可过分雕饰，否则会给人一种不真实、虚伪的感觉。

对收信人为自己做的好事了然于胸，不要忘了什么；把对方给你带来的好处都写清楚，不要含糊其词；表示感谢的话要合乎双方往来的习惯，语气不应过于谦卑。谢意之外，如果允诺别人什么应切实可行，能说到做到。

【例文】

例文一

感谢信

××幼儿园全体教职工、小朋友和家长们：

你们好！

近来，河南郑州发生了洪涝灾害，时刻牵动着大家的心，大家积极响应幼儿园发出的捐款倡议，纷纷踊跃捐款，以此表达对灾区人民的深切关爱和支援。我园累计收到捐款 59 236 元，已汇到市教育局指定的救灾账户。在此，我园领导班子向全体奉献爱心的师生致以深深的谢意。

灾害无情人有情。在捐款过程中，我园也涌现出许许多多动人的事迹：党员带头多捐款；退休教师打电话来主动要求捐款；保育员也主动从微薄的工资中捐出 50 或 100 元；有的小朋友把买生日蛋糕的钱省下捐出来。托一班郑××小朋友捐了 1 000 元。

国家有难，匹夫有责。灾难的降临让我们懂得了什么是责任。这个责任就是发扬"一方有难，八方支援"的精神，人人尽其所能为灾区贡献微薄之力。经过这次劫难，我们会更加珍惜生命，学会彼此相爱。国家也会更加团结，更有凝聚力。中国加油！

此致

敬礼！

××幼儿园

20××年×月××日

点评：

这篇感谢信写法规范，内容真实，感动和致谢的色彩鲜明，言语里充满感激之情。详略得当，篇幅不长，用语精练、简洁。

例文二

感谢信

尊敬的××幼儿园领导和老师：

你们好！

在贵园的教育实习即将结束，在这段时间里，我得到了各位热情真挚的帮助和支持，教育实习任务得以顺利完成。值此离别之际，我想对贵园领导和广大教职工表示由衷的感谢！

首先，非常感谢贵园领导给我这样一个机会，让我在此学到了许多东西；其次，要感谢贵园的老师们，你们给我创造了一个温馨和谐的环境，让我体会到了这个大家庭的温暖。虽然还有些老师我叫不上名字，但你们所给予我的每一个微笑、每一个肯定的眼神都让我备感温暖。还要特别感谢潘老师、陈园长，你们对我的指导使我获益匪浅。

在实习的这段时间里，我真切地感受到了幼儿园的无限活力和蓬勃朝气。贵园先进的教学理念和管理方式令我这个实习生大开眼界。最让我敬佩的是贵园教师刻苦的工作作风、严谨的教学风格、崇高的敬业精神和博大的爱生心怀。今后无论我在哪里工作，你们的优秀榜样将永远激励我努力向上。

此致

敬礼！

刘××

20××年5月20日

点评：

这是一篇实习生对幼儿园的感谢信。内容是感谢各位老师在实习期间所给予的支持和帮助，言语里充满感激之情。若能结合具体事例，更显真情。

例文三

感谢信

敬爱的朱老师：

您好！

这一年来，您总是尽心尽力地给我们传授知识。晚上，连星星和月亮都安详地进入了梦乡，可您家的灯却还亮着。每天早上，您还起得那么早。

我身体差，从小体弱多病。由于这个原因，学习成绩赶不上。加上自由散漫惯了，对学习也不重视，各方面都随随便便的，不严格要求自己。升入三年级后，我进入了您的班，您看出了我的缺点，多次耐心地找我谈心，使我认识了自己的缺点。于是，我认真改正。首先，您要求我要练好字，要把字写得端端正正。以前，我连自己都看不清自己写的字。在您的教导下，我经过努力，终于把字写得端正了。您为了鼓励我，在我的家庭作业本上写上了 A+。您知道吗？这小小的一个 A+，给了我无穷的力量，使我信心百倍，也使我对学习越来越感兴趣了。

我的作文也是很差的，常常写几句话就算完成了。您发现后，总是循循善诱地给我讲解，教我怎样把作文写好。我的写作水平一次比一次提高了。现在，我的作文每次都被您挂在教室后面让同学们学习。我心里是多么高兴啊！老师，我每一点一滴的进步，都离不开您对我的教育。

老师，感谢您为我付出的心血，我决不辜负您对我的期望，长大以后一定要成为祖国的有用之材。

祝您工作顺利，身体健康，桃李满天下。

点评：

这是一篇学生对老师的感谢信。内容是列举具体事例，感谢朱老师在过去的一年里所给予的支持和帮助，言语里充满感激之情，更显真情。

例文四

感谢信

金鸡中学全体师生：

　　你们好！

　　日出金鸡红胜火，春来武水绿如蓝。在这大好春光的日子里，我们踏着春的旋律，和着京广线上列车的节奏，来到了人杰地灵的金鸡中学练兵。

　　"金鸡"的翅膀保护着我们这些刚刚学步的"小鸡"。一个月来，我们的教育实习工作得到了你们的大力支持和关怀。教育需要一定的物质条件做保证，尊敬的领导和工友为我们创造了很好的生活、工作条件。教学是"教"和"学"的双边活动，亲爱的同学们密切地配合了我们。教艺是永远遗憾的艺术，敬爱的指导老师不厌其烦地对我们悉心指导。班主任工作是培养人的全方位的系统工程，各班主任老师亲切地教我们如何"施工"……如果说，我们取得一点点成绩的话，那都是与你们的支持和关怀分不开的。

　　一个月来，我们深深地感到咱们学校具有名实相符的"金鸡"特色——注重磨砺师生红的政治思想、硬的业务翅膀、敢啼敢鸣的学风、不断抓食的进取精神以及吃的是糠、是泥，生的是蛋、是生命的精华的奉献品格。我们在这里分享到了幸福，也受到了陶冶。

　　我们多么想再在"金鸡"的翼护下学习、生活和工作啊！但京广线上列车的汽笛又呼唤我们归队、奔赴新的征途。在这依依惜别之际，让我们深情地道一声——感谢你们！现在乃至将来，我们都会说：我们教师生涯列车的第一站是从"坪石"开出！以后，我们还会托北上的列车捎来我们对你们的问候和祝福——

　　祝全体师生的人生旅途像京广线一样通畅！

　　祝咱们学校与金鸡齐鸣（名），共坪石长寿！

韶关教育学院中文系赴杜金鸡中学教育实习队
××××年×月×日

点评：

　　这封感谢信，首先在时令特征和地域特色中渲染感情，寻找独特的东西，使"感谢"有所依托、铺垫，"感谢"出来的东西也有个性和真情。开头诗句是仿写白居易的《忆江南》中"日出江花红胜火，春来江水绿如蓝"的句子，换入"金鸡"和"武水"，融入地域特色，使全文的抒发在时令和地域特色中得到渲染和烘托。后面行文中的"练兵""金鸡""京广线""列车""坪石"等词，都抓住地域特色，并融入双关的含义，写出了个性和真情。"一个月来……"一段，在地理人文中，挖掘该校的办学特色，用"分享""咱们学校"等词，使感情的抒发更为亲切和融洽。结尾部分，紧扣"京广线""金鸡""坪石"，化"祝颂"的抽象为具体，化客套为亲切。其次，避免套话、空话，避免常规格式的呆板，在个性中寓真情，在真情中见个性。这封感谢信把"教育""教学""教艺"的属性与该校领导、教师、学生对"我们"工作的关怀和支持结合起来，既避免了材料的罗列，又增加了一点理性色彩，并使"关怀"和"支持"不流于空泛，使"感谢"的主题得到拓展，不至于"直奔主题"。由于前面的铺垫和蓄势，结尾之前的"让我们深深地道一声：感谢你们！"就自然而然地抒发出来，同时也使感情得到强化。最后的"祝……"属于祝颂语，但又不像常规书信为了格式而添上去的"尾巴"。实际上，它是全文感情的一个升华。

——选自《应用写作》2003 年第 7 期

【练一练】

在本次的秋游活动中，中二班戴君小朋友的家长为全班拍了很多照片，并为每个小朋友都冲洗了集体照，请作为班主任的你写一封感谢信给戴君小朋友的家长。

【完成练习】

_____

_____

_____

_____

_____

_____

知识链接

1. 感谢信的种类

感谢信依据不同的标准可以有不同的分法。

按感谢对象的特点来分：

（1）写给集体的感谢信。

这类感谢信一般是个人处于困境时，得到了集体的帮助，并在集体的关心和支持下，自己最终克服了困难，渡过了难关，摆脱了困境，所以要用感谢信的方式表达自己的感激之情。

（2）写给个人的感谢信。

这类感谢信可以是个人，也可以是单位，也可以是集体，为了感谢某个人曾经给予的帮助或照顾而写的。

按感谢信的存在形式来分：

（1）公开张贴的感谢信。

这是可在报纸上刊登、电台广播或电视台播报的感谢信，是一种可以公开张贴的感谢信。

（2）寄给单位、集体或个人的感谢信。

这种感谢信直接寄给单位、集体或个人。

2. 感谢信与表扬信的区别

两者都是对别人的某种行为的肯定与表扬，但侧重点不一样。表扬信是侧重表扬某人，表扬某人做了什么好事，可以不是当事人自己写；而感谢信则是表达对某人帮助的感谢，是当事人自己写的。

项目 13　演 讲 稿

【文体说明】

演讲，是在群众集会或会议上就某个问题对听众说明事理、发表见解。演讲稿，是人们进行演讲之前所写的底稿。

演讲是生活和交际中常见的一种活动。它所体现的思维能力和口头表达能力（即我们所说的口才）是一个人的一种很重要的素质，它可以表达自己对现实生活的认识和看法，可以阐明自己的观点，申述自己做某事的理由。从某种意义上说，演讲不仅要求人想出来，还要求把所想的说出来，而且说得清楚明白，让别人也能了解他的所想，从而受到感染、得到教益。当然，也有即兴演讲，一些演讲名家能即兴表达自己的想法，但更多成功的演讲依靠的是优秀的演讲稿。

因此，作为演讲的书面表达形式——演讲稿的写作至关重要。

一般来说，一篇成功的演讲稿应考虑两方面的因素：一是对演讲主题或中心要有充分的把握；二是对听众心理的细心揣摩。这两点处理得好，不但说得清，也能让人听得明白。

演讲有很多类型，以演说体裁为依据划分，可以分为三个类别：

（1）叙述式。这类演讲是向听众陈述自己的经历、事迹，或转述自己看到、听到的事件（含他人事迹）时使用的。叙述当中，也可以议论和抒情。

（2）议论式。这种摆事实、讲道理的演讲最常见。既有事实材料，又有逻辑推断，立场坚定，旗帜鲜明。

（3）说明式。这种演讲是对听众说明事理，通过解说某个道理或某个问题来达到树立自己观点的目的。

【格式要求】

从结构上看，演讲稿可以分为 3 个部分：

1. 开头

演讲稿的开头是演讲稿的导入部分，一般要求开门见山、开篇点题，要起到提纲挈领的作用。

2. 主体

演讲稿的主体是演讲稿主要展开的部分。它针对演讲主题的具体情况加以展开，从多方面去阐明或证明演讲的主题。叙述式演讲应该把事情的实际情况或事件的详细过程叙述清楚。议论式演讲应当对论点进行充分的论证。说明式演讲要对事理进行详细的解说。

3. 结尾

演讲稿的结尾主要是收束全文。结尾要精彩，要余音绕梁，给人启迪，引人奋进。如果没有精彩的结论，演讲就等于只开花不结果。

【写作要求】

（1）要了解听众。注意听众的组成，了解他们的性格、年龄、受教育程度，了解他们的观点、态度、希望和要求，了解他们的思想状况、职业状况如何，了解他们所关心和迫切需要解决的问题是什么，等等。掌握这些以后，就可以决定采取什么方式来吸引听众、说服听众，取得好的效果。否则，不看对象，演讲稿写得再下功夫，说得再天花乱坠，听众也会感到索然无味、无动于衷，也就达不到宣传、鼓动、教育的目的。掌握听众的心理特征和认识事物的规律，恰当地选择材料、安排材料，能使演讲在听众心里激起波澜。换句话说，演讲稿要写得有波澜，主要不是声调的高低，而是内容的有起有伏，有张有弛，有强调，有反复，有比较，有照应。

（2）要有集中鲜明的主题。无中心、无主次、杂乱无章的演讲是没有人愿意听的。一篇演讲稿只能有一个中心，全篇内容都必须紧紧围绕着这个中心来写，这样才能使听众得到深刻的印象。演讲稿观点不鲜明，就缺乏说服力，就失去了演讲的作用。

（3）抒情和说理要有机地结合起来。好的演讲稿应该既有热情的鼓动，又有冷静的分析；既有所怒，又有所喜；既有所憎，又有所爱。演讲稿还要有真挚的感情，才能打动人、感染人，有鼓动性，才能做到动之以情，晓之以理。当然这种深厚动人的感情不应是"挤"出来的，而要发自肺腑，就像泉水喷涌而出。

（4）语言要准确、精练、生动形象、通俗易懂。不能讲假话、大话、空话。要善于运用口语，恰当地使用比喻、夸张、排比等修辞手法，深入浅出，把抽象的道理具体化、形象化，让听众听得入耳，听得明白。

（5）要注入强烈感情。演讲稿注入了演讲者的强烈感情，才能产生巨大的感染力和号召力。但要注意这种强烈的感情要以恰当的方式表现出来，并不是指多用感叹句，更不是喊口号。

【例文】

例文一

幼儿教师演讲稿——幸福的真谛

也许没人会留意到春天破土的那一丝新绿，也不会留意到那蓬勃的生机伴着希望的活力。因为那一点点绿意，太普通、太平凡了！然而平凡琐碎的400多天从我身边走过时，我却爱上了那一丝新绿，爱上了我所钟情和选择的幼教事业。正是那一丝新绿告诉我什么是幸福的真谛。幸福是什么？幸福是我们坚定不变的信念，幸福是我们对工作的无比热爱，幸福是我们对生活的无限向往。回顾这400多天的日子里，我有过成功的喜悦，也有过深深的思考，但更多的是收获。

记得刚来幼儿园工作时一位朋友曾经告诉我："你会在孩子的吵闹中度过每一天，最后你会在重复吵闹的某一天放弃这份工作。"我便带着这份困惑与迷惘开始了我的工作。汇佳相信每个孩子都是独立的、发展的个体，认为孩子应成为活动的主体，教师必须尊重儿童的合法权益与人格。我把这个理念应用在实际教学中，我要求自己做到平等地对待每一个孩子，我把孩子们比作幼苗、比作玉石，我悉心地浇灌他们、培育他们，呵护他们、雕琢他们。每天清晨我都带给每一个孩子全新的笑容，让他们开心地度过每一天。我把幼儿作为游戏活动的主体，在游戏的快乐中培养他们的乐观自信、积极向上。记得2002年11月，汇佳举办了"汇佳宝宝艺术节"活动，老师们都在考虑如何才能展现孩子淳朴天真的一面。当时正好赶上园里组织活动，参观"极地世界"。我们带领幼儿观看企鹅，并给幼儿讲述企鹅的故事以及极地的生活环境。这次活动不仅使幼儿增长了知识，而且为幼儿更好地参加"汇佳宝宝艺术节"舞蹈《小企鹅》的演出奠定了良好的基础。孩子们看完小企鹅回来后很喜欢学企鹅走路，我们便问孩子："艺术节要到了，你们喜欢给爸爸妈妈表演什么节目呢？"很多孩子都说："我们想演小企鹅给爸爸妈妈看。"我们尊重孩子，开始找音乐，编排动作，还加班制作服装。在编排动作的时候积极采用了幼儿的建议，有效地调动了幼儿的积极性。当掌声响起的那一刻，我听到了胜利的号角，我体验到了幸福，更重要的是在孩子那幼小的心灵中留下了美好的一页。记得很长时间过去以后，孩子们还会开心地对我说："老师，我喜欢Penguin。"

著名的教育家马卡连柯曾经说过："世界上没有一模一样的孩子，每个孩子都有他的个性。要重视个别教育，特别是幼儿的个别差异和因人施教。"

2003年8月，因工作需要我被调到汇佳幼儿园安贞园担任K2班的班长工作。这个班的孩子大都是3岁左右的孩子，通过几天的观察我发现大多数孩子活泼开朗，喜欢与人交谈，与小朋友一起游戏。但有一个小女孩不爱说话，很少和大家一起玩。有一次我看到她抱着玩具坐在角落里自己玩，我便走过去蹲下来轻轻地问她："妞妞，你在和维尼熊玩吗？"她听完我的话马上抓紧了维尼熊。我又靠近了她一点说："妞妞，老师不带走你的好朋友维尼，只是想摸摸它也和它做好朋友。"听完我的话，孩子犹豫了一下，我再靠近她一点说："你教教老师怎样和维尼做好朋友，我很喜欢你和维尼，我们一起玩好吗？"听完我的话，孩子犹豫片刻后轻轻地碰了碰我的手，从她那开心的笑容中我找到了我要的答案。从那以后，她常常和我靠近，摸摸我的辫子。我知道我和孩子间的距离慢慢拉近了。很快我又发现这个孩子其实并不是内向的孩子，她自己游戏时候的热情并不亚于其他孩子。我开始想办法，有一天区域活动的时候，我对所有小朋友说："维尼熊想请小朋友一起帮它搭一个漂亮的房子。"这时我注意到妞妞无助的眼神，我蹲下来拉住妞妞的手说："我相信妞妞可以和小朋友一起做。"当妞妞看着自己和小朋友一起搭起的小房子时，再一次开心地笑了。经过几次努力后，妞妞已经适应了幼儿园的生活，最重要的是顺利地度过了"焦虑期"，和老师们成为好朋友。在实践中我明白了爱是教育的基础，清楚地知道爱不是说出来的，更不是喊出来的，爱是通过脚踏实地辛勤劳动去实现的。

孩子们的天真，孩子们的火热，孩子们的爱，渐渐地取代了我心中原有的那份困惑与迷惘。我清楚地知道自己从事的是阳光下最亮丽的职业，我所走的是一条充满青春气息的绿色道路。我带给孩子们的爱应该是真挚的、无私的爱。就在2002年，我的父亲去世了，在他病重的时候我很遗憾没有足够的时间陪在他的身边。我知道孩子们需要我，需要我带给他们的每一天的每一个笑容。同时我也知道孩子的心灵是一方最纯净的沃土，孩子的世界是一个充满了"真、善、美"的童话。我告诉自己不可以把不开心的事情带给他们，我要带给他们的永远是一张善良、充满微笑的脸。每当走进幼儿园时我都要换一个角色，不再是女儿，而是孩子们最好的朋友，孩子们喜爱的老师。

生活对我们每一个生活在这个世界上的人来说，都是忙碌的，每一天都在重复着昨天的节奏，而我要告诉我的那个朋友，我喜欢上了那份吵闹，因为那是对我每一天的问候。我要在重复吵闹的每一天继续我的工作。谢谢你那一丝新绿，谢谢你让我体会到幸福的真谛！爱你，"一丝新绿"。

——选自参考资料网 www.ckzl.net，略有改动

点评：

"热爱幼教事业"是幼儿园常见的演讲主题。本文用了3个典型的事例说明自己对幼教事业的热爱，以时间为顺序，条理清晰，并注意首尾呼应。

例文二

幼师演讲稿——行走在童心的世界

李际霞

如果您选择舒坦、安逸的生活，在平地上走一辈子，那您临终时依然在平地上。而如果您不畏艰险在高峰上攀缘，尽管您只攀缘了半步，但您已经站在平地的高处了。带着创造一个激情生活的梦想，带着对教育事业的无限热爱，带着想成为一名理想幼儿教师的豪情，我踏入了××幼儿园，从此与幼教事业、与民办教育事业结下了不解之缘。

行走在童心的世界，我见证了××幼教发展的5年。还记得5年前，当我以一个共产党员的身份，以一个优秀毕业生的身份，以一个宁愿放弃所谓的铁饭碗的人的身份进入"×幼"时，曾一度令朋友、亲人替我感到惋惜，而我始终坚定自己的信念，成为一名普通的民办幼教工作者，这一切源于我对幼教事业的热爱；源于对"×幼"领导人对幼教事业同样充满激情的发展规划；源于对"×幼"人就业业创业的一种感动。5年前，××的民办幼儿教育已经发展得红红火火，幼儿园也如雨后春笋般遍地皆是，民办幼儿园之间、民办幼儿园与公办幼儿园之间的竞争已不言而喻。从事幼教工作5年的我，见证了××幼教从多、杂、低层次到高规格、高水平的发展，也是我成长的5年。

行走在童心的世界，我备感责任重大，选择幼教，我就选择了艰辛。曾有人这样写幼儿教师：我猜想，您期盼站在东方的山头，守望那破晓的朝阳；也清楚，您喜欢充满春色的小园，喜欢观赏那盛开的红杏；还了解，您惯常驻足花房的一角，凝视那钻土的小草。幼儿教师在人们的心目中是美丽、温柔、善良、优雅、和蔼的天使形象，而当我选择一个从无到有、从小到大、从不规范到高品质的民办幼儿园时，就注定了工作的艰辛，就注定了我不仅要做天使，也要做创业者，因为我知道，我不仅是在干一份工作，更是在干一番我所热爱的事业。为了幼儿园的发展，为了实现自己成为一名理想幼儿教师的梦想，多少次用沙哑的声音进行电话家访，多少次总结教育经验准备教具到深夜，多少次顶着烈日冒着严寒做招生宣传。这一切，我已经记不清了，但我知道，在我们的辛勤努力下，幼儿园的工作得到了认可：孩子越来越多了，我们的教育经验越来越丰富了，我们取得的成绩、获得的荣誉也越来越多了。

行走在童心的世界，我选择了宽容。一位哲人说过这样一番耐人寻味的话：天空收容每一片云彩，不论其美丑，故天空广阔无比；高山收容每一块岩石，不论其大小，故高山雄伟壮观；大海收容每一朵浪花，不论其清浊，故大海浩瀚无比。孩子就是孩子，面对孩子的失误、缺点，我选择了平静与理智，我和孩子们共同营造了成长的温馨家园。

行走在童心的世界，我备感骄傲与自豪，选择幼教，我就选择了微笑与欢乐。5年前，

当我第一次带班时，我就全身心地投入幼教工作中，成为孩子们亲密的好伙伴、家长信赖的好老师。还记得第一次家长公开课上，全班孩子家长到班上来听我上课，当时正值炎热的夏季，不知是天气太热，还是我太紧张，汗流满面的我连汗水也顾不上擦一下就继续上课，正当汗水一滴一滴地往下流时，薇薇跑到我面前来，她手里拿着一张方巾纸，对我说道："李老师，我来帮你擦擦汗！"我半蹲下，当薇薇踮起脚尖帮我细心地擦掉汗水时，我的眼睛湿润了。做老师的，当你的学生自然地流露出对你的关心与爱怜的时候，你难道不会感动吗？更何况那还是一个年仅5岁的孩子啊！

动人的故事让我对教育事业充满了遐想与快乐，与孩子相伴的每一分每一秒都是快乐无比的。新《幼儿园教育指导纲要（试行）》的颁发，特别是《民办教育促进法》的实施，更让我们迎来了民办教育的春天。作为一名民办幼教工作者，我倍感欣慰，在各级政府的大力支持、鼓励下，××的民办教育一定会发展得更好，我们也一定会取得更大的成绩。为了实现自己的教育理想，我昂扬向上！虽然幼稚，但理性选择了一条充满机遇与挑战的光明大道；虽然局限，但梦想中装满了孩子的欢笑，装满了对祖国教育事业的赤诚之心；虽然默默无闻，但正积蓄力量向另一个高度腾飞。

——选自 http://www.teacher910.com.cn/ja/zhzy/js yj/200502/1700 html，略有改动

点评：

本文以自己的经历、奋斗表达了对幼教事业的热爱。从无惧艰辛、满腔热忱的创业写起，写到对孩子的宽容之爱，再写到自己收获的感动。这些真人、真事、真情，为演讲增加了说服力。文章多处用了比喻、排比，气势连贯，增加了语言的震撼力。

例文三

开创更美好的明天
——竞聘班长和教师的演讲词
××县××幼儿园　李××

尊敬的各位领导、各位老师：

大家好！

竞争上岗是一个选拔人才、展示自我、锻炼自我的大好机会，能拥有这样的机会我感到非常荣幸。我竞聘的岗位是班长和教师，在我把握机会的同时，也认真地思考过。

教师，作为素质教育的具体实施者，如何教好书、育好人呢？我想，教师应该像阳光，用爱心、师德、知识和力量，去照亮每一个孩子的心田，让朵朵花儿竞相开放，而我正是一个在幼教百花园中精心呵护那一朵朵小花的辛勤园丁。

首先，通过多年的不懈努力，我认为我已经具备了一名幼儿教师应有的素质。

一、是孩子心目中的好老师

要做好一名幼儿教师，首要的素质是尊重孩子、热爱孩子，具有奉献精神。在日常生活中，我对孩子们一视同仁，不偏不倚，做到多鼓励、多肯定，及时发现每个孩子的"闪光点"，用爱心温暖每个孩子。当孩子有不幸和痛苦时，我的同情和开导使他得到了慰藉；当孩子有了错误和缺点时，我的公正和帮助使他们获得了信心。除了要传授知识、教给孩子做人的道理外，我还承担起"妈妈"的责任，负责孩子们的吃、喝、拉、撒、睡，我的脸上时常带着

甜甜的微笑。妈妈一样的关爱和体贴使孩子对我产生一种深深的依恋情感，从而觉得幸福、安全和满足。在孩子们心中，我是一个像妈妈一样的好老师。

二、是家长心目中的好老师

教师的职业是为社会服务、为家长服务、为孩子服务。"细微处见真情"是我做家长工作的感受。根据我的实践经验总结出以下几个"要"与"不"：要微笑、要具体、要坚持，不呆板、不说教、不间断。面对形形色色的家长，我总是虚心地听取他们的合理化建议，耐心地为他们排忧解难，热心地为他们提供帮助，将每项工作做到前面，照顾好每个孩子，让每个孩子高高兴兴地来、开开心心地走，使每个家长都感到放心、安心。在家长心目中，我是一个和蔼细心的好老师。

三、是教师心目中的好老师

高尔基有一句名言："学习是终身的职业。"作为一名教师，应把更多的精力投入学习中。在平时的工作中，我始终坚持努力学习业务知识和科学知识，提高自身素质和业务水平。在教育教学上，我经常学习各种幼教刊物，勇于尝试新教法，吸收新思想、新经验、新理论来不断充实自己。在活动中，充分发挥教师的主导作用，调动孩子们学习的积极性、主动性、创造性，激发他们求知的欲望，并做到了既面向全体，又照顾了个别差异，并随时将自己的经验体会以书稿的形式加以总结。通过努力，我取得了一些成绩。曾获园优质课奖、园优秀论文奖、园优秀教案奖、园优秀教育工作者奖，辅导幼儿绘画也多次获奖。

学会合作，是现代人的又一基本素质。一个优秀的教师，应善于把自我完善与集体和谐统一起来。在工作中，我始终以谦虚的态度取人之长、补己之短，并热心帮助他人，和同事之间相互学习、帮助和合作，促使我们共同进步、共同提高。在教师心目中，我是一个平和谦虚的好老师。

其次，在多年的教育工作中，我也积累了一定的班级工作经验，具备了一名班长所需要的素质。

一、具有较强的集体荣誉感

在工作中，我时时严格要求自己，吃苦在前、享受在后，从不计较个人得失，有了错误及时改正，处处以大局为重。

二、具有较强的责任感

班长的职能角色决定了其必须有高度的负责精神，也就是高度的责任感。要对每个孩子负责，对家长负责，对社会负责。在孩子们的一日生活中，我细心观察每个孩子的表现，及时向家长反馈，商讨教育措施，向家长宣传育儿经验。

三、具有协调教师之间、教师与家长之间关系的能力

我认为作为一名教师、一名班长必须能够事事想在前、做在前，能够带领班上孩子积极地开展活动，让领导放心，让家长满意。如果我能竞争上班长和教师岗位，我将做好以下工作：

（1）根据幼儿园工作安排和本班实际情况，制订合理的班务计划。

（2）定期召开班务会议，反馈一月以来的工作情况。

（3）团结班级成员，做到有事大家做，有忙大家帮。

（4）对园里分配给班级的临时任务能妥善安排好，并及时完成。

（5）为孩子创设轻松、愉快、温暖、和谐的教育环境，给孩子提供丰富的操作材料，充

分的动手、动口的机会，发现并强化孩子的闪光点，使其身心健康得到良好的发展。

（6）不断提高教育技能，抓住生活中每一个教育契机，做到教育的生活化，引导孩子主动地学习。以自己的言行去影响班上的孩子，起到良好的模范作用。

（7）认真学习《幼儿园教育纲要（试行）》，树立正确的教育观，统一教育思想，并转化为教育行为。

（8）帮助家长具备正确的儿童观、教育观、知识观，明确幼儿期教育重心是个性、能力的培养，使家长认同、熟悉我们的教育宗旨、目标和课程形式，并支持参与幼儿园的教育活动，保持教育的一致性。

"给我一个机会，您将收获一份满意。"假如我竞聘成功，我将不辜负领导和大家对我的信任、期望，以此为新的起点，积极为幼儿园做出新的贡献！

假如我竞聘失败，我也不会灰心和气馁，我会服从幼儿园安排。因为能够勇于参与竞争，对我来说就是一次自我挑战和磨砺意志的考验，一次难得的学习和锻炼，一次重新认识自我和展示自我的机会。我将加倍努力，虚心向有经验的教师学习，完成好本职工作。

最后，我愿以徐匡迪曾就教育提出的三句话和同事们共勉："教育是事业，事业的意义在于献身；教育是科学，科学的价值在于求真；教育是艺术，艺术的生命在于创新！"

谢谢大家！

——选自宝宝学校网，略有改动

点评：

这是一篇竞聘演讲，中心非常明确。从孩子、家长、同事3方面的评价论证自己是个好老师，再列举自己各方面的素质以论证自己有能力做好班长之职，材料充实。以名言警句结尾，既体现了自己追求的境界，又使演讲显得收束有力。

知识链接

1. 写作演讲稿在语言运用上应注意的问题

（1）要口语化。

演讲稿的"口语"，不是日常的口头语言的复制，而是经过加工提炼的口头语言，要逻辑严密，语句通顺。"上口""入耳"这是对演讲语言的基本要求，也就是说演讲的语言要口语化。演讲，说出来的是一连串声音，听众听到的也是一连串声音。听众能否听懂，要看演讲者能否说得好，更要看演讲稿是否写得好。如果演讲稿不"上口"，那么演讲的内容再好，也不能使听众"入耳"，完全听懂。

由于演讲稿的语言是作者写出来的，受书面语言的束缚较大，因此，就要冲破这种束缚，使演讲稿的语言口语化。为了做到这一点，写作演讲稿时，应把长句改成短句，把倒装句改成正装句，把单音词换成双音词，把听不明白的文言词语、成语改换或删去。适当运用俗语、谚语、警句等，使语言简练、深刻、富有哲理。同时也应用些幽默语言，使听众感到活泼风趣。如在一次公安部门的演讲会上，一个公安战士讲到他在执行公务中被歹徒打瞎了一只眼睛，歹徒说这下子他成了"独眼龙"，可是这位战士伤愈之后又重返第一线工作了。讲到这里，他拍了一下讲台，大声说："我'独眼龙'又回来了！"会场里的听众立即报以热烈的掌声。

演讲稿写完后，要念一念、听一听，看看是不是"上口""入耳"，如果不那么"上口""入耳"，就需要进一步修改。

（2）要通俗易懂。

演讲要让听众听懂。演讲稿的语言就要力求做到通俗易懂。列宁说过："应当善于用简单明了、群众易懂的语言讲话，应当坚决抛弃晦涩难懂的术语和外来的字眼，抛弃记得烂熟的、现成的但是群众还不懂的、还不熟悉的口号、决定和结论。"（《社会民主党和选举协议》）鲁迅也说过："为了大众力求易懂。"（《且介亭杂文·论旧形式的采用》）如果使用的语言讲出来谁也听不懂，那么这篇演讲稿就失去了听众，因而也就失去了演讲的作用、意义和价值。为此，演讲稿的语言要力求做到通俗易懂，用简单明了、群众易懂的语言，坚决抛弃晦涩难懂的术语和外来的字眼，抛弃听众可能还不懂的、还不熟悉的口号、决定和结论。

（3）要生动感人。

好的演讲稿，语言一定要生动。如果只是思想内容好，而语言干巴巴，那就算不上是一篇好的演讲稿。广为流传的恩格斯、列宁、斯大林的演讲，毛泽东的演讲，鲁迅的演讲，闻一多的演讲，都是既有丰富深刻的思想内容，又有生动感人的语言。语言大师老舍说得好："我们的最好的思想，最深厚的感情，只能被最美妙的语言表达出来。若是表达不出，谁能知道那思想与感情怎样好呢？"（《人物、语言及其他》）由此可见，要写好演讲稿，只有语言的明白、通俗还不够，还要力求语言生动感人。

怎样使语言生动感人呢？一是运用形象化的语言，运用比喻、比拟、夸张等手法增强语言的形象色彩，把抽象化为具体，深奥讲得浅显，枯燥变成有趣。二是运用幽默风趣的语言，增强演讲稿的表现力。这样既能深化主题，又能使演讲的气氛轻松和谐；既可调整演讲的节奏，又可使听众消除疲劳。三是发挥语言音乐性的特点，注意声调的和谐和节奏的变化。

（4）要准确朴素。

准确，是指演讲稿使用的语言能够确切地表现讲述的对象——事物和道理，揭示它们的本质及其相互关系。作者要做到这一点，首先要对表达的对象熟悉了解，认识必须正确；其次要做到概念明确，判断恰当，用词贴切，句子组织结构合理。

朴素，是指用普普通通的语言，明晰通畅地表达演讲的思想内容，而不刻意在形式上追求词藻的华丽。如果过分地追求文辞的华美，就会弄巧成拙，失去朴素美的感染力。

（5）要控制篇幅。

演讲稿不宜过长，要适当控制时间。德国著名的演讲学家海茵兹·雷德曼在《演讲内容的要素》一文中指出："在一次演讲中不要期望得到太多。宁可只有一个给人印象深刻的思想，也不要50个令人前听后忘的思想。宁可牢牢地敲进一根钉子，也不要松松地按上几十个一拨即出的图钉。"所以，演讲稿不在乎长，而在乎精。

任何文体的写作都要重视修改、认真修改、精心修改，写作演讲稿自然不能例外。例如，林肯在接到要他做演讲的通知之后，在指挥战争的情况下，亲自起草演讲稿，并把演讲稿念给白宫的工作人员听。直到演讲的前一天晚上，他还在旅馆的小房间里再次推敲修改这篇演讲稿。再如，1883年3月14日马克思与世长辞，恩格斯做了《在马克思墓前的讲话》的著名演讲。演讲草稿是这样开头的："就在15个月以前，我们中间大部分人曾聚集在这座坟墓周围，当时，这里将是一位高贵的崇高的妇女最后安息的地方。今天，我们又要掘开这座坟墓，把她的丈夫的遗体放在里边。"作者考虑后进行了修改，写成："3 月 14 日下午两点三刻，当代最伟大的思想家停止了思想。让他一个人留在房里总共不过两分钟，等我们再进去的时候，便发现他在安乐椅上安静地睡着了——但已经是永远地睡着了。"

两者比较，后者入题较快，演讲一开始就抒发了对逝者的无限敬爱和万分惋惜的心情，使现场的人们也沉浸在对马克思的缅怀与崇敬之中。正是这种认真的态度和精心的修改，才为他每次演讲的成功提供了有力的保证。

2. 演讲稿的开头方法

演讲稿的开头有多种方法，通常用的主要有 3 种：

（1）开门见山，提示主题。

这种开头是一开讲就进入正题，直接提示演讲的中心。例如宋庆龄《在接受加拿大维多利亚大学荣誉法学博士学位仪式上的讲话》的开头："我为接受加拿大维多利亚大学荣誉法学博士学位感到荣幸。"运用这种方法，必须先明晰地把握演讲的中心，把要向听众提示的论点摆出来，使听众一听就知道讲的中心是什么，注意力马上集中起来。

（2）介绍情况，说明根由。

这种开头可以迅速缩短与听众的距离，使听众急于了解下文。例如恩格斯在1881年12月5日发表的《在燕妮·马克思墓前的讲话》的开头："我们现在安葬的这位品德崇高的女性，在 1814 年生于萨尔茨维德尔。她的父亲冯·威斯特华伦男爵在特利尔城时和马克思一家很亲近，两家人的孩子在一块长大。当马克思进大学的时候，他和自己未来的妻子已经知道他们的生命将永远地连接在一起了。"这个开头对发生的事情、人物对象做出必要的介绍和说明，为进一步向听众提示论题做了铺垫。

（3）提出问题，引起关注。

这种方法是根据听众的特点和演讲的内容，提出一些激发听众思考的问题，以引起听众的注意。例如弗雷德里克·道格拉斯1854年7月4日在美国纽约州罗彻斯特市举行的国庆大会上发表的《谴责奴隶制的演说》，一开讲就能引发听众的积极思考，把人们带到一个愤怒而深沉的情境中去："公民们，请恕我问一问，今天为什么邀我在这儿发言？我，或者我所代表的奴隶们，同你们的国庆节有什么相干？《独立宣言》中阐明的政治自由和生来平等的原则难道也普降到我们的头上？因而要我来向国家的祭坛奉献上我们卑微的贡品，承认我们得利并为你们的独立带给我们的恩典而表达虔诚的谢意吗？"

（4）讲日常，说体会，唤注意。

从日常生活或切身体会入题可以借助某事件、某一比喻、个人的经历或一段笑话，唤起听众的注意，同时使它成为与题目有关的媒介，或与演讲的主要内容衔接起来的因素。

除了以上四种方法，还有唱歌式、释题式、悬念式、警策式、幽默式、双关式、抒情式等。

3. 演讲时吸引听众注意力提高开场效果的小技巧

提高演讲开场效果，妙笔生花的 14 条建议：

（1）视觉教具。

视觉教具可以迅速引起听众注意。它具有独特功效，讲话者通过它可将主题一览无余地展示给听众。

（2）个人经历。

以一个与自己相关的故事开场也不失为一个特点鲜明的选择。通过这种亲身经历可以迅速拉近你与听众的距离，博得听众的同情与好感，同时也使你的主题得到认可。

（3）情景资料。

如果你是在某个组织的 100 周年纪念活动上发言，那么你的开场将肯定与此相关，你的发言将立即被所有成员接受和认可，因为他们知道你的主题一定就是他们自己。

（4）下定义。

这些定义可谓俯拾皆是，在任何一本书当中，你都可以找到非常精彩的定义。例如："人类就像赛璐珞（玻璃纸）一样：一旦你投入他们当中，就很难被剔除。"越是与众不同的定义，听众就越难以忘记。

（5）夸奖你的听众。

但不要漫无目的地说一些不相关的阿谀奉承的谄媚之辞，在讲话中对你面前的这些听众偶尔插入一些真诚的评价，对他们积极的态度表示感谢。为了让听众能够喜欢你，首先向他们表达你对他们的好感。

（6）惊叹式陈述。

"我妈妈是世界上最长寿的人。"在为老年人做的一个关于健康问题的讲话中，以这样的方式开场一定会引起听众的注意。接下来你可以说，"至少她自己总是这样认为"。你要学会使用任何可能激发听众兴趣的方式，先吊起他们的胃口，然后再向他们进一步解释。

（7）时事背景资料。

大部分讲话的内容都不会空洞无物，讲话者的话题基本都与这个世界正在发生的事情相关。因此在做任何讲话之前，你最好先将讲话涉及的背景向听众交代清楚，这样讲话的内容则更易被听众所接受。尽量避免使用有争议的话题，因为你并不清楚台下听众对该事件的看法。

（8）权威言论。

当你发表言论的时候，如果你推出一位更高级别的权威言论，肯定会更容易引起人们关注。当然。这里所说的权威概念非常宽泛，上自举世公认的科学泰斗，下到你的部门主管。例如，一位教育工作者会时常引用具有传奇色彩的人类学家玛格丽特·米德的经典言论："孩子们应该被教会怎样思考，而不是思考什么。"

（9）引经据典。

在任何讲话中，引用都会非常频繁地出现。原因很简单：那些举世闻名的先哲已经被历史所认可，他们的言论因此而变得精练、睿智、易于记忆。因此一个引用可以比刻板的讲解更快地被听众所接受，只要它与你的话题相关且具有高度概括性。

（10）讲故事。

你也可以用一个故事拉开你讲话的序幕，故事独有的趣味性将使你的听众更容易记忆。美国前总统约翰·肯尼迪在竞选总统时就曾讲过一个乘坐出租车的故事。他在下车时本打算多付给司机一些小费，以便司机可以投民主党一票。突然他想起了父亲的某些建议，然后他就走下车，没有付任何小费，并且告诉司机要投共和党的票。

（11）惊叹式数据。

开场之初，讲话者既力求简洁，又要让听众吃惊，要收到这样合二为一的效果，你可以考虑使用惊叹式数据。比如，如果你的话题是关于医疗的高消费问题，你或许可以这样开场：

"你知道仅仅是治疗后背疼病的一项费用，全社会每年就要花费 200 亿美元吗？"但应注意，一次使用的数据不宜过多，因为人们每次只能记住一两个数字。

（12）接受听众的挑战。

不要担心因此会激怒听众。在任何一部成功的戏剧中矛盾都是中心，谈话中它亦如此。即使你的听众持不同观点，你也应将它们纳入你的话题。放心吧，你与听众的这种对立正是你讲话成功的体现；否则的话，这种场面也不可能出现。

（13）修辞性提问（即不需要回答的提问）。

通过修辞性提问，你可以以一种特殊的方式反复重申你的观点。修辞性提问会让听众进行思考。这些问题将可以引导你的听众进行思考，并在他们自己的大脑中回答你的问题。你以这种方式既集中了听众的注意力，又避免了采用那种一问一答的老套路，可谓一举两得。但在你组织好一个问题以前，先分析一下它的修辞效果：它会不会带给你的听众以思索？会不会令你的听众全身心地投入？

（14）关注听众的反应。

直接疑问句可以将你的听众直接引入话题。善于营造气氛的演说者通常都采用这种提问方式开场，因为他们都清楚听众更喜欢这种参与式的讲话。提问也是一种技巧，好的问题不但可以吸引听众，而且还可以缓解自己的压力。但如果你的问题无人回答，则会让听众对你失去信任。你必须通过自己的语调让听众感觉到你在期待他们的回应——这时你可以适当地停顿一会儿。但你必须不断地随机应变，有时你需要自问自答，在听众没有失去耐心前迅速做出判断给自己圆场。你所提出的问题既要有趣又不要太难。

（15）对听众进行问卷调查。

这是另一种与听众进行沟通的有效方式。在会议前或后的午餐或者晚餐上，都是与听众进行交流的绝佳时机。可以提出与演说相关的问题，与听众在演讲前就已经展开交流。只要你仔细设计问题，就会从中发现非常有价值的信息，帮助你集中话题，以满足听众的特殊需求。

（16）做比较。

某位演讲者在进行一个关于日常消费的演讲时，用同一国家两个不同地区的消费水平进行比较的方法，来说明地区发展不均衡的问题。这样的比较给听众留下更形象的印象，从而使自己的观点得到体现。比如，在 2000 年 9 月 19 日的《纽约时报》中简·布罗迪写了一篇题为《在朋友的帮助下，大熊猫奇迹生还》的文章。文章讲述了一个刚出生的体重只有 150 克重的大熊猫，在它的重达 90 千克的母亲的呵护照顾下生存下来的故事。文章称，这样悬殊的体重差距，即便大熊猫妈妈翻个身也能把大熊猫宝宝压死。作者打了个比方："如果人类中存在这个比例的母子的话，那么一位重 60 千克的母亲将生出一个只有 70 克重的婴儿。或者说，一个 3 千克重的婴儿的母亲将可能重达 2 800 千克。"这些比较使人们很容易理解在大熊猫母子之间存在的巨大的体重差异。

（17）妙用笑话。

使用笑话作为演讲的开场有很好的效果，但必须找到最佳时机，应该是这个笑话正好适合当时的情形，而且你能够讲得绘声绘色、惟妙惟肖，刚好起到锦上添花的作用。如果有很强的驾驭能力，甚至可以将笑话贯穿于演讲的始终。

一位演讲者在进行关于"井蛙之见"这个极易落入说教性俗套的话题时，以一个鸵鸟的故事开场，她说："有两只鸵鸟准备甩掉它们的同伴。可是它们跑不快。因此它俩决定藏起来。"

然后她看了看台下的听众，说："你们知道鸵鸟是怎样藏的吗？你们知道如果你在那种情况下会有多么脆弱吗？"听众立即笑了。她已经成功地道出了关键所在——鸵鸟政策可能会非常危险。

【练一练】

请写一篇师德演讲稿。

【完成练习】

_____

_____

_____

_____

项目 14 家长会发言稿

【文体说明】

班级家长会是幼儿园家长工作的一个重要组成部分。家长会可以让家长进一步了解幼儿园工作，增加家园沟通，交流双方的教育经验和方法。一次成功的家长会必然包含一份优秀的家长会发言稿。要开好班级家长会，教师要具备良好的基本素质，还要有良好的语言表达能力、丰富的教学经验和扎实的教育理论功底。同时，教师要对本班的每个幼儿都了如指掌。最后，教师要全面了解幼儿家庭及家教状况，而家长会发言稿就集中体现了以上要求。

【格式要求】

1. 标题

一般写明是某班家长会发言稿即可，如"中一班家长会发言稿"，也可以加上时间，如"大二班上学期家长会发言稿"。

2. 开场白

表示欢迎家长的到来。

3. 介绍班级概况

简要介绍班级幼儿人数，男女生比例，幼儿总体发展水平，教师个人的工作经历、教学能力及特长等。如果上一次已经说过了，就可以省去这一步，可改为介绍当今幼教的趋向。

4. 介绍幼儿一日生活情况及家长关心的问题

包括幼儿各方面的表现及学习的内容，教师的教育教学理念，特别要突出幼儿进步大的方面。一是让多数家长感到幼儿园教育的成功，树立家长的教育信念；二是让家长看到自己孩子发展的希望，同时也给孩子一种自信的感觉；三是让家长进一步理解和信任教师，为家园沟通、进一步做好家长工作奠定良好的基础。

5. 介绍下一阶段的家园工作计划

家园工作计划包括幼儿园教学计划安排、幼儿发展目标、要求家长配合教育的内容及其注意事项。教师在介绍家园工作计划时，不能只是照本宣科地念班级教学计划，而应有重点地选择若干项能代表下一阶段幼儿园教育工作重点的内容，通过举例生动地进行描述，并明确地提出需要家长配合教育的内容及要求。

6. 再次感谢

用简短、真诚的语句对家长的到来及家长对幼儿园工作的支持表示感谢。

7. 小组或个别交流、汇报展示、亲子活动

【写作要求】

（1）条理要清晰。事情要说完一件再说另一件，不要想到什么说什么。

（2）目的要明确。每次家长会都应该有不同的目的。各个阶段有不同的教育目的，要说清楚希望家长配合做什么。如新生家长会要让家长了解幼儿园的制度，配合老师使幼儿尽快适应幼儿园的生活；而大班下学期的家长会应主要和家长讨论如何做好幼小衔接的教育。

（3）态度真诚、有礼，忌在家长会上公开批评幼儿。

【例文】

例文一

大班上学期家长会发言稿

各位家长：

你们好！

首先，我代表大四班的3位老师对你们的到来表示热烈的欢迎，并感谢你们能从百忙之中抽出时间来参加这个家长会，这让我们感受到了你们对我们工作的理解和支持，对您孩子的一种关心。正是有了你们的信任、理解、支持，我们的工作才能顺利开展。在此，我真诚地对你们说一声："谢谢，真诚地谢谢你们的热情支持。"同时，更希望你们能一如既往地关心与支持我们的工作。

一、总结前阶段的工作

虽然我刚接手这个班级不久，但是在这之前，我就对我们这个班级的小朋友印象很深，感到大家都很活跃，知识面也很广。这个学期一开学，这样的感觉就更加强烈了。现在就家长最关心的孩子成长情况，来说说孩子近阶段在园的表现。

1. 动手能力方面

自从小朋友们进入了大班后，在自理能力方面有了很大的进步，都会自己穿脱衣服和鞋子，还经常争当值日生，主动帮助老师收拾碗筷、擦桌子、搬椅子等，动手能力也强了，能

独立绘画、做手工、折纸、做泥工等。

2. 学习能力方面

大班的各科内容都有了一定的难度，但小朋友们现在能自己看图创编故事，我们经常利用课余时间请小朋友自编自讲故事和朗诵儿歌，虽然不是比赛，却提高了幼儿的语言表达能力，而且还培养了幼儿大胆在同伴面前表现的能力。数学方面，上阶段我们主要让幼儿通过各种生动有趣的形式，了解相邻数的概念，学习2、3的组成等。许多家长能积极配合我们老师，在家里教孩子做算式，使我们的教学活动能顺利进行下去，为以后的教学奠定基础。

3. 情绪情感方面

这学期开学初，我们就制作了小组长和小老师的牌子，让孩子们实行"挂牌上岗"，这样有利于增加他们的荣誉感和责任感。开始是请每个幼儿轮流当一回小组长，一轮结束后，请幼儿说说自己什么地方表现得好，哪些地方还需要改进，这样的目的在于培养他们自我反省的能力，使以后的表现更好。接着，我们就实行"竞选上岗"，让小朋友自己来说说"我为什么可以当小组长""什么地方表现好"，这样能锻炼他们的胆量，培养他们做事的自信，更能让幼儿有表现的机会。这两个月下来，我们班上的每个孩子都在进步，这让我们感到骄傲，具体有：

各方面发展都较好的是：黄××、钱××、李×、彭××等，特别表扬的是王××会写很多字，在幼儿学习情况的那个本子上，都是她自己记录的。这些孩子有良好的学习习惯，他们自控能力强，上课能认真听讲，回答问题积极主动，平时很自信，能较好地完成老师交代的每件事。

上课发言热烈积极的小朋友有：王××、沈××、张××、李××、陈××、惠××、吴×、胡××等。课上，这些孩子特别认真，他们积极举手，大胆发言，有一定的表现力。对数学感兴趣的有：杨×、邹××、沙×、郑××、蒋××、徐××等，这些孩子在数学操作中速度较快，正确率较高。

对语言感兴趣的有：殷××、康×、徐××、王××等。这些孩子平时喜欢看书，喜欢听故事，因此也常常能说出一些好听的句子，语言表达能力相对比较好。

进餐情况有进步的小朋友有：陈××、闵××、高×、王×、戴××等。这些孩子较前段时间相比，进餐的速度有了很大的提高。

爱劳动的小朋友有：陶××、陈××、张×、徐××、顾××、陶××、王×、缪×、徐××等。他们积极争当值日生，擦桌子，搬小床，显得很能干。

积极参与集体活动的孩子有：徐××、钱××、吴××、王×、徐×、徐××等。他们在活动中是非常积极的，喜欢和同伴愉快地游戏。

关心别人、有爱心的孩子有：许××、葛××、钱××、朱××、邵××、陶×等。这些孩子很有爱心，常常喜欢帮助别人。

当然，也有个别孩子由于自控能力相对较差，特别是升了大班之后，觉得自己长大了，上课时没坐相，不认真听讲，对教师教的内容不能较好掌握。下了课，特别喜欢和别的小朋友一起追逐打闹。这些现象，我相信家长也会很重视，希望在我们的共同引导下，他们也能取得较大进步。

二、家长发言

我们知道现在的幼儿教育与以前的幼儿教育有了很大的差别，幼儿园的教育已经远远不能只满足于对孩子们的保育方面，更重要的是对幼儿潜在能力的开发。据研究表明0~6岁是孩子智力发展最迅速的阶段，在这个阶段存在着许多关键期，如语言发展关键期，动作发展、情绪情感发展关键期等。我们认为升入大班后的学习情况与孩子们以后升入小学的成绩息息相关，相信家长们也非常重视。现在孩子在大班开始慢慢养成一个良好的学习习惯，可以终身受益，还要开始培养孩子的创造能力，让孩子有自己发现问题、通过探索从而自我解决问题的能力。如果家长直接告诉他，直接把答案告诉孩子呢，孩子往往只能记住一时，过后很容易遗忘，我们要授之以渔，而不是授之以鱼。下面请在这方面做得好的家长谈谈他们在家里的育儿经验。

三、下阶段工作打算

从我们与家长合作以来，许多家长非常注重孩子的教育，也非常配合我们开展各项工作，在这里我要感谢你们对我们工作的大力支持。特别是家园联系册，这学期各位家长都能把孩子在家的表现及时反馈给我们，认真填写好，而且老师布置的要求家长帮助孩子收集的或制作的一些东西，都能不折不扣地完成。现在，我们对原有的课程做了改革，开展了更加多元化的综合主题教育，这样也会增加家长参与的部分，如每个主题的调查表、区域活动材料的收集等，这些都可以让孩子拓展知识面，让孩子在玩中掌握要学的东西，所以希望家长们还是一如既往地配合我们。本学期还增加了一本记录本，上面是要记录你的孩子的所学、所思、所看、所想，请你们及时记录，按时上交，这样也有利于我们及时了解孩子的学习情况等。另外为了孩子的安全，请各位家长配合我们的工作，早上送孩子请不要进入教室，送到教室门口就可以了。

四、几点要求

（1）让孩子养成倾听的好习惯。

（2）在日常生活中，让孩子多学习交往的技能。

（3）培养孩子良好的行为习惯，礼貌待人。

（4）帮助收集一些种子、盆景、小动物等自然角材料，继续丰富自然角。

（5）多关心孩子，多和孩子交流，多看看家长园地。

（6）入园前检查孩子的衣服口袋有没有什么危险的东西或者是吃的东西。

总之，只要我们家园配合好，相信你们的孩子也会越来越聪明能干。我们也真心希望家长能给我们一些好的建议，你们想让孩子参与些什么活动，你们想参与幼儿园的什么活动或者我们老师有做得不好的地方等，你可以把自己的想法直接告诉我们，也可以以书面的形式交给我们，我们一定尽力改进我们的工作。我想，只有大家献计献策，我们的活动才会更丰富多彩。

——选自中国幼儿教育网

点评：

写家长会发言稿一定要突出要点。因为对着家长讲话时不可能把讲稿拿在手上照着读，只是在不记得下面讲什么内容时看一看。第一部分是介绍孩子的情况，以表扬为主。让家长了解孩子的进步，也让家长从中知道老师上一阶段的教育是有效的，从而使家长信任老师，愿意配合教师做好下一步的工作。例文采用对比的方法，让家长清晰地感受到孩子的进步。老师在这里表扬了绝大部分的小朋友，因为即使很调皮的幼儿也会有他的优点，这也是家长乐于听到的。也要点出问题所在，引起家长的重视，便于家长观察自己的孩子有没有这种情况，及时和老师沟通，共同做好教育工作。例文还请家长介绍采取了哪些有效的教育对策取得了良好效果，由于是结合教育实例进行分析，家长们都比较关心。但并不一定要求有这个环节，可根据情况增删。

例文二

中班下学期家长会发言稿

尊敬的各位家长：

你们好！

非常高兴你们能在百忙之中抽时间来参加今天的家长会，在这里我代表我们班级的3位老师向各位家长长期以来对我们工作的大力支持表示衷心的感谢！

一、班级情况

这学期，由于我们班的顾老师已经退休了，所以幼儿园又调来了一位吴老师，吴老师担任我们班级的保育工作。吴老师虽然也是一位年轻的老师，但已经当上妈妈了，对孩子很有耐心，吴老师对孩子比较温柔，生活上也很关心孩子，所以虽然相处时间不长，孩子们也开始喜欢吴老师了。班级共35人，其中女生14名，男生21名。我班幼儿总体上智力发展比较均衡，生活习惯比较好，喜欢上幼儿园，乐于参加各种活动，动手能力比较强，自理能力普遍较好。但幼儿之间的个别差异也较大。

二、介绍本学期工作计划

班级工作：

这学期我们加强了对孩子餐点的管理，要求孩子安静用餐。这学期孩子已经使用筷子吃饭，希望您在家中也能配合好，坚持让孩子用筷子吃饭。另外，这学期除了值日生以外，还多了一个小桌长（这要感谢小天天的妈妈，给我们做了漂亮的标记），每桌选出一个小桌长。当然，小桌长是这张桌子吃饭表现最好、桌面最干净的孩子，小桌长先吃完，然后将碗放到桌子中间，每个孩子吃完饭后，将一些剩下的饭菜倒到小桌长的碗里，小桌长要检查这个小朋友的桌面是否干净，然后才可以将空碗送到指定的地方。我们已经实施了一个星期，效果很不错，几个小桌长很负责任，尤其是乐乐、能能，总是坚持到最后，每个孩子都吃完了，桌面都干净了才离开。我们希望在家中，家长朋友也有意识地培养孩子良好的就餐习惯。

在教学方面强调以下问题：

1. 重视孩子能力的培养

我班幼儿在刚入园时，大部分幼儿的自理能力很差。如不会吃饭，不会穿脱衣服、鞋子，不知道自己的水杯或毛巾号等。经过幼儿园的训练和生活，很多幼儿不仅学会了自己的事情自己做，而且还有部分幼儿能够帮助父母干力所能及的事。每个孩子在各方面都有了一定的进步。

2. 重视孩子素质的全面发展和提高

在幼儿园，我们更重视幼儿的全面发展。现在很多家长的教育理念也比较先进，知道孩子不是会认多少个拼音，会计算10以内甚至20以内加减法，就表示这个孩子有多聪明。

《幼儿园教育大纲》里明确规定，潜移默化的生活与游戏才是幼儿的主体，能使幼儿从中得到更多的经验积累，并让他们在此基础上有所发展，有所提高。在幼儿园，幼儿一天的生活学习基本上都在这个班级范围里,孩子的性格、能力都对他能否适应集体生活,能否展现出自己的个性特长,能否得到更好的发展影响很大。所以我们的活动主要以培养幼儿兴趣、提高幼儿能力和培养幼儿的习惯为主。

3. 重视对孩子的赏识教育

我们对班级幼儿进行赏识教育,认同幼儿的做法,每天在学习、纪律、用餐、礼貌、午睡等方面对幼儿进行表扬。用小星星粘贴来奖励他们,每当有了五颗星星,就可以得到老师的一个礼物,一个小纸鹤,效果非常好!在这学期,我们要求孩子将在寒假里学的故事在全班小朋友面前讲,锻炼孩子的口头表达能力让他们在集体面前大胆地展示自己,现在班级大部分孩子都讲了一个故事。

另外,我们将根据幼儿的兴趣、需要及发展制订适宜的、可行性强的教育计划。本学期的主题计划有:"拜年了""手儿巧""亲亲热热一家人""找春天""小蝌蚪游啊游""小小蛋儿把门开""南通娃娃""造房子""小小消防员""玩水""有趣的伞""多彩的扇子""健康宝宝"。在选编幼儿课程内容时,我班将从幼儿的实际发展水平和生活经验出发,根据幼儿不同特点,采用多种教学形式,灵活掌握教育方式。

家长工作:

1. 逐月安排

2月:家长和孩子一起自制灯笼,参与幼儿园灯展。

准备寒假的生活照片带入园,布置专栏"多彩的生活"。

3月:3月8日半日亲子活动——"亲子才艺展示"。

专题讨论(一)——孩子睡前有不良习惯怎么办?

4月:对家长半日开放正常活动。

专题讨论(二)——孩子在家不爱吃饭怎么办?

5月:亲子制作——消防车。

专题讨论(三)——如何培养孩子收拾玩具的习惯?

6月:亲子活动——观摩英语活动及区域游戏。

专题讨论(四)——孩子该看什么电视或片子?

在教室外的"家长园地"中我们也将向家长介绍一些好的教育文章,并告知家长我们的教学进度,同时我们非常希望能在"家长园地"中看到各位家长对孩子教育的心得,如果我们每个人能说出自己的教育心得和别人分享,那么我们就能找到适合自己孩子的教育方式。

2. 建立家庭活动小组

现在的孩子几乎都是独生子女,很多家长也反映孩子在家除了看电视,很少有其他事做。如果把幼儿园的群体生活延伸到家庭活动中,对孩子的身心发展一定会有帮助。所以,我们也将征求家长的意见,以自愿或住处靠得近为依据,让孩子们的家庭通过组合建立家庭活动小组。我们通过协调、帮助使家长们轮流担任组织者,开展一些家庭活动(生日会、讲故事、折纸、包饺子、剥豆等活动)和外出活动等。提醒家长要注意做好孩子的安全防护工作,也不要铺张浪费。这个话题早在小班乐乐爸爸就提出来了,当时我们考虑到家长之间还不是很熟悉,现在我们通过一年半的相处,许多家长之间也熟悉了解了。这里我们也要表扬乐乐爸爸,每次在家园联系册上都会给我们的工作提出一些好的建议,让我们的工作开展得更好。

三、家长配合工作

我们的工作要做好，更重要的是得到各位家长的支持，因此希望各位家长能配合我们做好一些工作。

（1）为让幼儿能参加晨间活动并不耽误正常的教学活动，希望各位家长尽量让孩子在 8:30 前到园。如果因为一些特殊原因迟到，请您轻声地和孩子道别、和老师交谈，不要影响其他孩子的正常活动。下午放学时间为 4:20，由于本学期幼儿园要求每位老师要参加每天下午 4:30 开始的锻炼活动，到时候每个班级必须走掉一个老师，另外第二天的活动准备也要在前一天完成，所以希望家长在 4:40 前尽量将孩子接走，如果因为一些工作等原因，可以考虑上晚留园班。

（2）如果您的孩子在家出现情绪不稳或身体不适时，请您在送孩子入园时及时告诉老师，以便我们能多关注孩子，避免意外事故的发生。

（3）在家早晚穿脱衣服可让孩子自己完成，并指导鼓励孩子把衣裤叠放整齐，让孩子的自我服务能力得到锻炼。

（4）教育孩子遵守幼儿园的作息制度、请假制度。

（5）日常生活中督促、帮助孩子勤剪指甲等，养成良好的个人卫生习惯。

四、家长提出问题讨论

今天我们留一些时间用来给每位家长讨论，比如您在教育孩子方面有什么问题觉得特别困惑的可以提出来，我们班的许多家长的教育理念是很新的，教师也要与家长共同成长、分享经验，建立新型的家长与老师之间的关系。

感谢各位家长对我们工作的支持，以后有问题也希望能及时与我们沟通，今天的家长会就到这里，再一次感谢各位的参加。

——选自中国幼儿教育网，略有改动

点评：

这是一篇上中班后第一次开家长会时所用的发言稿。这篇发言稿条理非常清晰，着重向家长介绍了老师的教育教学方法以及本学期的教学计划，重点突出，目的明确，容易取得家长的认同，进而配合老师的工作，并安排了问题讨论环节，方便家长交流经验。

例文三

幼儿园中班家长会发言稿

一、开场白

首先由我代表××幼儿园中一班的 4 位老师，欢迎各位爸爸妈妈在百忙中抽出时间参加我们的家长会。

二、介绍班级情况

1. 教师

王××：学历大专。个性直率开朗，教育特色是寻求创新的教学方法，启发幼儿心智。

钱××：学历大专。个性活泼，擅长电子琴、体育，教育特色是培养幼儿良好习惯。

鲁××：大专在读。个性温柔，英语棒、美术好，教育特色是重视幼儿自我服务能力的培养。

朱××：学历高中。个性率真。细心的朱老师注重对幼儿能力的培养，妈妈味浓厚。

2. 幼儿

班中现有幼儿29名，其中新生4名。

三、上学期情况回顾

1. 班级荣誉情况

获园广播操比赛第一名。

获园环境创设比赛第一名。

俞×小朋友获园围棋兴趣组围棋比赛一等奖。

王××老师获杭州市优秀教育案例比赛二等奖。

鲁××老师获园教师书法比赛一等奖。

2. 幼儿发展情况

由钱××老师介绍并举例说明幼儿动作发展：王××、杨××、叶××。

幼儿个性形成：俞××、姚××。

幼儿语言发展：王××、王×、林××。

幼儿英语口语：谭××、王××。

幼儿单项技能：讲故事谭××，绘画黄××，手工戚××，唱歌叶××，体育沈××。

3. 家长配合情况

由鲁××老师介绍并举例说明配合教学：李××妈妈。

积极助教：汪××妈妈。

及时反馈：杨××妈妈、黄××妈妈。

四、本学期情况预报

1. 集团

××教育集团成立"笑笑猴"童装有限公司。

参与《中国民办教育（学前版）》的编辑并成立编辑部。

2. 幼儿园

招生形势喜人，班班爆满。今年也从各级高等教育院校引进各类优秀师资。

3. 教育教学

从本学期开始实施建构式课程、生活课程、种植活动。

本班教育特色：① 继续实施思维体操计划；② 结合上学期开展情况进行感觉统合训练的升级。

五、补充事宜

由朱××老师介绍

1. 强调接送制度

接送卡：幼儿来园家长取回，接送幼儿时一定要交到老师手中，接幼儿时一定送到家长手中。举例：接送制度松懈引起的绑架事件。

接送时间：周五15:30以后。

2. 不佩戴金银首饰

3. 衣物绣上名字

4. 爱心大征集活动，帮一帮贫困家庭，献出一份爱心

六、家长互动

1. 小游戏"宝宝蹲"

2. 话题讨论"宝宝又要买玩具了"

描述案例：南南和爸爸妈妈上街，妈妈正看衣服看得开心，南南却吵着要买"卡布达"，无奈，妈妈只得给南南买了一个。可没走几步，南南又看上了一辆大汽车，吵着又要。妈妈刚给南南买过一样玩具，想想家里又有那么多类似的汽车，想劝说南南不买了。可倔强的南南不但不依，还又哭又闹起来，妈妈尴尬得脸都红了。

家长讨论：您在教育孩子过程中是否也遇到过这样的问题？您是怎么看待、怎么处理的？

教师小结并指导：要善于对孩子的不良要求说"不"。孩子的要求是无止境的，尤其在我们这样一个幼儿园里，孩子的条件都不错，不了解生活的艰辛。不妨鼓励孩子自己理财，在每次出去前和他订下"君子协定"，有时候家长拼命地限制他还不如直接把权利给孩子，让他自己做主。

——选自教育资源网，略有改动

点评：

这是一篇家长会发言稿的提纲。熟悉家长会的流程、语言表达能力强、善于临场发挥的老师可采用这种方式为家长会做准备。一来条理清晰，二来有一定的灵活性，结合例子来说会比较生动。

知识链接 \\\\\\

1. 幼儿园互动式家长会形式及如何才能开好一场互动式的家长会

一是以幼儿园为核心的互动，目的是通过教师有针对性的指导，帮助家长学习一些合适的教育方法，并内化为正确的教育行为。在这种家长会上，教师应当好组织者和引导者。

二是以家长为核心的互动，目的是让家长畅所欲言，分享家庭教育经验，互相学习，共同进步。在这种家长会上，教师是发起者和参与者，要想方设法激发家长的主体意识，让家长大胆表达自己的想法。

那么，如何才能开好一场互动式的家长会呢？在互动式家长会中，家长的需求是否较好地得到满足，合作的主动性和积极性是否得到充分的激发，是双向互动能否顺利开展的关键。

因此，在具体操作时，教师需把握好以下几点：

（1）根据家长需求确定内容。

首先，把握家长的常规性需求。比如，对托班和小班的家长，我们在开学前的家长会上阐述"如何帮助孩子愉快入园，尽快适应集体生活"，这是他们所需要的。其次，了解家长的特殊需求。如有些家长反映孩子好像被忽视或不会交往，我们便邀请受欢迎幼儿的家长交流经验，并召开辨析式讨论会，让家长在辩论和分享中分析问题、获得教育技能。

（2）根据内容创设环境。

互动式家长会可根据不同主题创设环境，开展隐性教育。如开"幼儿营养健康"专题家长会前，我们在主会场旁设置了营养知识展区，利用多媒体提供营养达标数据等资料，让家长了解相关知识，为随后参与活动奠定基础。我们还播放轻音乐，营造温馨轻松的氛围，让家长安静地观看展板上的内容。

（3）运用各种形式增强互动氛围。

在互动式家长会上，教师可将讲座、辨析、问答、问卷、观摩等多种形式进行组合，灵活运用。比如，在上述的"幼儿营养健康"专题家长会上，我们先安排专家讲座，接着提出一些容易混淆的问题，并设小奖品鼓励家长回答，然后由专家解答个别家长的疑问，给出指导意见。在活动中，家长由专心做笔记到简单参与，到最后积极举手参与，表现出极大的热情和积极性。通过听、说、看多种感官交替运用，在宽松有趣的氛围中度过了短暂而有意义的时光。

（4）运用语言技巧提升沟通效果。

在互动式家长会上，教师要恰当使用语言技巧，营造气氛调动家长的积极性。比如，教师要善于倾听家长的发言，并围绕中心问题做简单小结，分析要有针对性。同时，教师要注意语速，语气要诚恳。教师必须指出孩子或家长的不足时，应尽量用婉转的方式，不要伤了家长的自尊心；当家长们的意见发生分歧时，教师要善于用调节性话语缓和气氛，"求同存异"。

（5）运用多种方法引导家长发言。

对愿意发言的家长，教师应引导他们围绕话题积极表达。对不愿意发言的家长，教师可先了解其困惑，鼓励他们在会场上提出。有的家长有想法但不善于表达，教师可建议他们事先准备好书面材料，在会场上结合材料发言。有了方向，家长也就愿意尝试、乐意表达了。

（6）及时给予家长反馈。

家长会后教师及时给予家长必要的反馈是十分重要的，这是今后有效互动的关键。例如，在针对儿童肥胖问题召开的家长会上，家长提出了"如何控制饮食""怎样让孩子吃得更健康、更有营养"等问题。会后，我们马上查阅资料、咨询专家，整理总结资料反馈给家长，供他们参考。此举很受家长欢迎，他们都说反馈信息"既科学又有针对性，而且有具体的操作方法，能真正解决孩子存在的问题"。

（7）认真反思并总结经验。

家长会后，教师应及时了解家长对活动的想法、建议，认真记录、反思，将这次会议中的不足作为下次会议的注意事项。同时，教师还可以通过重新翻阅会议笔记和观看会议录像，了解家长的心理特点、教育观念和教育行为，进一步分析如何更好地激发家长的兴趣，引起他们的共鸣，使他们更大程度上参与互动，进而拓展家长会工作的思路，以增强家园教育的合力，促进幼儿更好地发展。

2. 幼儿园互动式家长会沟通技巧及破冰游戏

一般，我们每个学期都会召开家长会，学期初的家长会目的主要是跟家长介绍一下新学期工作安排，有师资变动的班级需要做好与家长的衔接工作，给家长一个了解新老师的过程；学期中/学期末的家长会最直接的目的是向家长反馈孩子近段时间的表现、进步或者存在的问题以及工作总结，幼小衔接家长会主要是跟家长讲一些注意事项或者需要家长配合的工作等。

以往，在家长会召开期间，老师们不可避免的一个现象是，当你向台下家长提问时，有时得到的是冷场，有时会成为老师的"一言堂"的现象。

这时，老师们就要想办法调动家长的积极性，也就是以游戏的形式或者循序诱导的话语带领大家跟着老师的节奏往下进行。

沟通技巧：

首先，家长会开场篇，目的是调动家长积极性，把气氛活跃起来。

游戏一："下雨"

教师引导：感谢各位家长百忙之中抽出时间来参加我们的家长会，在正式的开场之前，我知道大家工作了一天也比较辛苦，比较累了，所以我们先来玩一个放松游戏"下雨"。听名字就能感觉到游戏的清凉，正好可以滋润一下最近干燥的天气。

游戏玩法：各位家长听我口令，当我说"小雨"时，拍拍肩膀，放松一下肩膀；当我说"中雨"时，拍拍手，放松一下手；当我说"大雨"时，拍拍腿，放松一下腿；当我说"暴雨"时，跺跺脚，放松一下脚。游戏规则听明白了吗？

注意事项：刚开始，可以按顺序，节奏缓慢一点。

当家长们熟悉了身体各部位后，老师可以打乱顺序或加快节奏，最后将要结束时可以说："中雨，继续中雨，持续中雨，还是中雨。"（家长们一直是练习拍手状态）这时，老师就可以把游戏收回来了："谢谢各位家长们热烈的掌声，我相信这个掌声既是对我的肯定和鼓励，也是大家对自己孩子的肯定和鼓励，更是对自己的一种肯定和鼓励。"

游戏二："做一个乐于鼓掌的人"

教师引导：感谢各位家长百忙之中抽出时间来参加我们的家长会，首先做一个简单的自我介绍（一般老师介绍完自己，或者刚问完好，家长们一定会献上掌声）。谢谢各位家长刚才热烈的掌声，说到"掌声"，我想请大家看一下"掌"这个字，上方是高尚的"尚"字，下方呢？手掌的"手"字，于是有人说，乐于鼓掌的人都是高尚的人，所以接下来我想请大家鼓掌体验做一个高尚的人，今天我们也一起来学几种新的鼓掌方式。

接下来，家长会中场游戏篇，目的是调动家长参与的积极性，加强家长间的交流互动。

游戏三："前方作战，后方支援"

教师引导：刚才我讲了许多，孩子们在园能够充分锻炼各方面的能力，比如团队合作能力，接下来，我也想请各位家长也来感受一下团队合作的魅力和竞赛意识的锻炼，当然也可以请我们现场的小朋友们加入。从中间我们分为两队，左边一队，右边二队，每一队派代表到前面来。

游戏玩法：队长喊"前方作战"，两队所有队员一起说"后方支援"。这时，老师就可以发号口令了，比如说："三只鞋子。"队员们就要迅速给队长递上三只鞋子，哪队快，哪队得一分。

好玩的口令参考：两副眼镜；四只花袜子；两件绿色外套；四根黑色鞋带（家长们的手忙脚乱，万众一心还是很有趣味性的）。

最后，家长会结束篇，目的是调动现场气氛，引起共鸣。

游戏四：煽情篇

教师引导：今天，我们相聚在这里，不管学到了多少，分享了多少，交流了多少，其实我们都有一个共同的目的——为了我们天真可爱的孩子们。接下来的时间，我想请大家闭上眼，静静地听我读一篇文章，读完后，我相信大家心里会有更多的感触。

散文朗读《我们能拥有孩子多少年》（背景音乐参考《雪之梦》）。

游戏五："鼓掌共鸣"

教师引导：今天，我们相聚在这里，不管学到了多少，分享了多少，交流了多少，其实我们都有一个共同的目的——为了我们天真可爱的孩子。大家希不希望我们的孩子越来越好？（希望）那接下来，我们以一个互动结束今天的家长会。

游戏玩法：当我问"大家希不希望我们的孩子越来越好"时，大家要依次边拍手边回应我："好！很好！非常好！越来越好！明天会更好！""后天呢？""后天好得不得了！"

3. 体验式家长会沟通技巧及组织

体验式家长会指的是打破家长会的传统模式，使"一言堂"的单调乏味不再出现，充分调动家长的主动性、积极性，让家长在体验中感悟，在感悟中思考，在思考中提升。

（1）换位体验，让家长学会与孩子平等对话。

体验游戏：全体家长变成"孩子"，教师化身为孩子的"家长"。家里开饭了，"家长"一边给"孩子"盛饭，一边板着脸训斥"孩子"："你看你，吃饭不像吃饭的，还在说话。""邻居家的小明比你强，今天又得了一个五角星。""这个不吃，那个不吃，你要吃什么？"

"孩子"开始时有些闷闷的，好像不知所措，而"家长"的训斥还在进行。有些"孩子"开始抗议"我没有说话"，"家长"立即厉声喝道："我说话你还犟嘴？""孩子"似乎想到了自己平时的语言，渐渐变得垂头丧气了，懊恼的表情出现在一些"孩子"的脸上。

效果分析：换位体验游戏，让家长穿越时空，变成了孩子，当他们以孩子的身份亲身体验吃饭时被训斥的感受，他们才知道自己的孩子受过多大的委屈。

白天孩子总是在幼儿园，家长没时间和孩子交流，于是，想着利用吃饭的时间和孩子说说话，可说着说着，就情不自禁地说到了别人家的孩子如何优秀上来，这其实是家长教育功利性的体现。现在通过体验游戏，体会到孩子经常被这样训斥，会伤害自尊，使孩子产生逆反心理。家长们恍然大悟，纷纷表示以后吃饭时，要和孩子好好交流，一起享受温馨时光。

（2）心理体验，让家长了解一些简单的幼儿心理学。

体验游戏：教师对家长说："现在我们来玩一个游戏。大家不许说'老虎'，如果你们说了'老虎'，就会变成'老虎'。"

老师说完上面这段话后，请全体家长说出实话，现在头脑中想得最多的是哪两个字，大家不约而同脱口而出："老虎！"

效果分析：幼儿心理学告诉我们，幼儿是最容易受暗示的。心理体验游戏让家长认识到，不想让孩子做某件事，最好的方法是淡化，不提这件事，而不是在孩子面前一遍又一遍重复着不许做这件事。孩子的自制力有限，越是限制孩子，孩子因为逆反心理，反而越要去尝试这件事，结果适得其反。

心理体验游戏还告诉家长，幼儿心理学是一门大学问，现在的家长都有一定的文化素养，不妨学一点幼儿心理学、教育学，以便更好地和孩子交流。

（3）角色扮演体验，家长不可替代孩子的成长。

体验游戏：将家长分成两组：一组家长蒙上眼睛，扮演失明者，另一组家长扮演搀扶的好心人。在老师的带领下，一个搀着一个，走过一段有楼梯的路。很多情况下，搀扶的家长总是很用心，眼睛被蒙上的失明者却总是犹豫着，甚至摸索着，一定要自己摸到墙壁才肯向前跨出一小步。老师虽然没有让大家比赛，但搀扶者总是很着急，想要争第一，总想拉着失明者快一点向前。

效果分析：成长中的幼儿生理、心理都还不成熟，如果说孩子是游戏中的失明者，那么搀扶着孩子前进的人就是我们的家长。通过这个游戏，我们明白，任何家长都不能代替孩子的成长。孩子让家长搀扶，是对家长的信任，但家长不能因为这种信任，就剥夺了孩子摸索的过程。

（4）联想式体验，让家长发现孩子是天生的创造者。

体验游戏：在地上画两条线，让家长从这根线走到那根线，可以走、跑、青蛙跳，每次方法都不一样，别人用过的方法不能再用，如果用了相同的方法就要受罚。

家长们开始向前走、后退着走、横着走、单脚跳、双脚跳，再后来，秧歌步、翻跟头、弹簧步等都来了。

效果分析：如果不是亲身体验，家长可能不会相信，最后走出了 70 多种花样，家长们惊叹：人的潜能和创造力是无限的。教师引导家长们相信幼儿的创造力更是无限的，我们一定要给孩子创造出理解、支持、引导的发展空间。

体验式家长会能解决家长平时所面临的对孩子教育有心却用不到点子上，有劲却使不上力的困惑，让家长们认识到，关心孩子的最好方式就是和孩子交朋友，为他们创造宽松和谐的成长空间。

项目 15　述 职 报 告

【文体说明】

述职报告是随着我国干部制度改革的不断深入，从"总结""汇报"等文体中逐渐独立出来的一种新型应用文体。各级干部在一定任职期限内，都应以"述职报告"的形式，向上级主管领导及下属员工报告自己的工作实绩、存在问题和下一步工作设想，这是完善干部监督机制、克服官僚主义、提高干部思想政策水平的有效做法。

【格式要求】

述职报告的写作格式：标题＋署名＋成文日期＋称谓语＋正文＋落款。

1. 标题

（1）文种式标题：只写"述职报告"。

（2）公文式标题：任职时限＋职务＋文种名称。

（3）文章式标题：正题＋副题。如《推进社区建设，发展社区服务，努力构建社会主义和谐社区——殷西市社区服务办公室主任×××述职报告》，这里用正题点明中心内容，副题表示文章种类。

2. 署名

如果标题是四元素全称标题，已经包括职务和姓名，就不必再署名，否则在标题之下应有包括职务和姓名的完整署名。

3. 成文日期

级别较高的述职报告，应在署名之下或直接在标题之下标注成文日期。成文日期也可标注在正文之后。

4. 称谓语

不论是书面还是口头述职报告，都要有称谓语。向上级提交的，如"××党委""××组织部"等；向大会或代表们报告的，如"各位领导、各位同志""各位代表"等。

5. 正文

引语+主体（基本情况、经验、不足）+结尾。

（1）引语：引语简要说明何时开始任职、岗位职责和目标、本人的自我评价等。例如，履行职责情况：从 1998 年 7 月份政府换届以后，我担任常务副市长，主要协助市长处理政府的日常事务，具体分管秘书处、机关事务管理局、体改委、民政局、信访局、档案局、地方志办公室、旅游局、老龄委、残联和计划委员会。回顾总结两年多来的工作，主要有以下三个方面……

自我评价常用这一类说法："在上级的正确领导下，依靠全体员工的共同努力，我较好地完成了各项任务，取得了一定成绩。"

（2）主体：这是述职报告的核心部分，具体写法和总结一样，即包括所做的主要工作、基本经验、体会、存在的缺点、问题失误和教训，对今后工作的设想、意见、建议，今后应采取的工作态度（请参看总结的结构与写法）。与总结不同的是，要突出"我"做了什么和如何做的。这部分要具体、充实，有理有据，条理清晰。

在例文《殷西市社区服务办公室主任×××述职报告》中，作者从三个方面汇报了由他领导完成的各项工作：深化社区管理体制改革，大力发展社区服务，加强社区组织和工作队伍建设。汇报时使用了大量的具体数字，并配以图片、录像等，既突出了自己的工作成绩，又显得实事求是、诚恳务实。这份述职报告没有具体分析有哪些不足，而是用了表示希望的方式："各位领导、各位委员，我诚恳地欢迎大家对我的工作提出批评，一定虚心接受大家的意见和建议，并在实践中认真改进，努力工作，为构建社会主义和谐社区做出更大贡献。"这种方式也是常见的。

（3）结尾：结尾的尾语常有以下两种写法：

表态式：用简短坚定的语言，表明工作信心和今后任职打算及努力方向。

公文式：用公文常用尾语，如"以上是我的述职报告，请审阅"。在大会宣读时，可以用"我的述职报告就到这里，请同志们批评指正""如有不当之处，请指正"等。

6. 落款

在述职报告正文结尾的下方写明述职人的姓名以及述职日期或成文日期（年、月、日）。如果前面已经署名，此处也可不写。

【写作要求】

1. 充分反映自己的工作实绩

述职报告是领导者或负有一定职责的个人的工作总结，应如实报告自己"做了什么"和"做得怎样"，充分反映出自己任期内的工作实绩和问题，如办了哪些实事、结果如何、取得了哪些成绩、还有哪些不足等。在这些工作和取得的成绩中"我"所起的作用，是起出主意当参谋的作用，还是帮助支持他人或部下工作的作用；是起组织协调的作用，还是亲自指挥独立工作的作用。只有讲清楚个人所起的作用，才能看出述职者与政绩的关系，才能正确评价述职者的功绩，避免写成谈心得、谈体会的思想汇报。

2. 突出重点，详略得当

写作述职报告一般应把自己完成的最主要的工作放在前面，不能面面俱到，把述职报告写成"流水账"，要突出重点。力求做到语言精练、文笔质朴，既言之有物，又简明扼要。可以采用"条款式"，逐项叙述，先谈成绩后谈不足。

【例文】

推进社区建设，发展社区服务，努力构建社会主义和谐社区
殷西市社区服务办公室主任×××述职报告

各位领导、各位委员：

2004年2月我被任命为殷西市社区服务办公室主任，现将我任职两年多来依法行政、履行职责的情况报告如下，请予评议。

两年来，我们认真落实中央和市委、市政府的部署，特别是胡锦涛总书记提出的要"从建设和谐社区入手，使社区在提高居民生活水平和质量上发挥服务作用，在密切党和政府同人民群众的关系上发挥桥梁作用，在维护社会稳定、为群众创造安居乐业的良好环境上发挥促进作用"的要求，与各区县政府和相关部门密切配合，积极探索实践，推动全市社区建设工作不断向前发展。

我们重点抓了3个方面的工作：

一、深化社区管理体制改革

全市240多个社区普遍建立了党组织和社区自治组织，完善了社区代表会议制度、社区财务管理制度、社区自治章程、居务公开等各项制度。同时，把物业管理委员会纳入社区管理体系，加强了对物业管理企业的指导和监督。

二、大力发展社区服务

我们从居民最关心、最迫切需要解决的问题入手，把发展社区服务作为社区建设工作的核心来抓。

（1）完善服务设施。目前，全市各区县均建成1 000平方米以上的区级社区服务中心，16个街道建成800平方米以上的街道社区服务中心，220个社区建成了100平方米的社区服务站。"社区老年福利服务星光计划"实施三年来，在城镇社区建设完成180个"星光老年之家"，建立社区卫生服务中心38家、社区卫生服务站195个，基本形成了覆盖全市的基层卫生服务网络。社区商业、文化、体育等服务设施也逐步完善。

（2）开发服务项目，拓宽服务内容，满足社区居民不同层次的需要。目前，社区服务内容已涉及14类180项，涵盖了居民生活的方方面面，居民基本生活服务不出社区的目标正在实现。

（3）利用社区服务信息网和96156热线呼叫系统等手段，创新服务方式，整合服务资源，形成集政务咨询、事务咨询和便民服务于一体的服务平台。平均日点击量1 000次，日接服务需求电话近500个，服务满意率在95%以上，社区服务质量和水平进一步提高。

三、加强社区组织和工作队伍建设

（1）根据居委会组织法的规定，去年本市举行了第五次居委会换届选举，这是社区规模调整后的首次居委会选举。除部分社区有拆迁等特殊情况外，其他社区都进行了换届选举，共选举产生了 224 个社区居委会，居委会成员的年龄和知识结构明显优化，整体素质显著提高。

（2）认真做好社区专职工作者招考录用和培训工作。有 350 人通过全市统一考试取得了社区专职工作者执业资格证书，其中 322 人当选为社区居委会成员。按照《社区专职工作者岗位培训方案》的要求，对当选的社区居委会成员进行了统一的培训和考核，初步建立起持证上岗制度，提高了社区工作者专业化、职业化水平。

（3）社区组织和志愿者队伍也不断壮大，全市共有社区社团 48 个，社区服务志愿者队伍80 多支，登记注册志愿者 3 000 多人，在服务居民、繁荣社区文化生活等方面发挥了积极作用。

各位领导，各位委员，我诚恳地欢迎大家对我的工作提出批评，一定虚心接受大家的意见和建议，并在实践中认真改进，努力工作，为构建社会主义和谐社区做出更大贡献。谢谢大家！

述职人：×××

2006 年 10 月 28 日

点评：

这是一个负有领导职责的工作者的述职报告，因而文中大多用"我们"为主语，显示出"我"在领导班子中的主导作用。报告以诚恳的语言，实事求是地回顾和评价了已完成的工作，并且用大量数据突出了取得的成绩，有说服力。

知识链接

1. 写述职报告应注意的 4 个问题

（1）防止把述职报告写成"单位工作总结"。

述职报告应讲自己、讲本职工作，要分清哪些属于单位或别人的工作成绩，不能写；哪些属于自己的工作成绩，应该写。要注意区分集体领导与个体业绩之间的关系，不要过多地讲"我们单位"或"我们班子"。

（2）防止把述职报告写成"经验介绍"。

不能光讲自己做了哪些工作，献出了哪些锦囊妙计，取得了哪些成果，被上级组织和领导表彰、推广、肯定，对存在的不足或问题也要讲深讲透，不可避重就轻，并从主观上找原因、担责任。做到既要报喜，又要报忧，便于上级和群众正确评价自己。

（3）防止把述职报告写成"单项成果展"。

既要讲自己所做的开创性工作以及所取得的成绩为单位取得荣誉、地位所起的作用，也要讲抓基础性的工作以及对单位全面建设所做的贡献。二者不可偏废。

（4）防止把述职报告写成"思想汇报"。

述职报告主要讲自己在其位谋其政，如何尽职尽责、忠于职守、履行职责的情况，不要大谈思想认识转变之类的内容。

2. 述职报告的写作技巧

述职报告属事务性公文的范畴，是对干部本职工作完成情况的检验，也是考查干部能否很好地履行职责以及是否称职的手段。述职者要对自己在前一段时间或整个任职期内完成的工作，做一个综合的、自我评述性的汇报，突出表现德、能、勤、绩 4 个方面，表现履行职责的能力。

述职报告能够比较全面地反映述职者的基本情况和工作能力，有利于组织或上级领导进行各方面的考核；述职报告作为重要的业绩材料，有利于群众对述职者进行监督和批评；述职报告是述职者对自身的检查，可以做到"吾日三省吾身"，能够不断提高自身素质。随着我国干部人事制度改革不断深入，述职报告已经成为各类人才精英充分展示自己才华的一条重要渠道。写好述职报告，应做到"四要四忌"。

（1）要实事求是，切忌华而不实。

述职报告一定要讲真话，讲实话，讲心里话。无论称职与否，都要与事实相符，既不要自吹自擂，也不要过分谦虚。述职报告一般要当众宣读，一些同志为了面子，为了获取领导和群众的好感，对自己的工作成绩大肆渲染，夸大其词，只讲自己的优点和所取得的成绩，对工作中存在的问题和不足采取回避态度。其实，任何人无论做什么工作，即使非常尽职尽责，缺点、错误也不可避免。而且，每个人所取得的成绩并非一己之功，是全体同人密切配合、共同努力的结果。作为一名合格的国家干部，应摒弃私心杂念，以群众利益为重，上不欺领导，下不瞒群众，正确处理好个人与集体、主观与客观的关系，时刻保持清醒头脑，分清功过是非，做任何事都不要抢头功，做到实事求是。在肯定自己成绩的同时，也要敢于承担责任，使述职报告真正全面地体现出自己的德、能、勤、绩四个方面的情况。

（2）要突出重点，切忌报流水账。

平时的工作材料是琐碎的、分散的、零星的，述职者在动笔之前，要对材料进行筛选和整理，选择主要工作，抓住主要政绩来写，不要事无巨细，一概罗列。如果为了评功摆好，照顾各个方面的关系，把述职报告写成啰啰唆唆的"流水账"，就会让人不知所云。述职报告的写作目的是说明工作是否称职，因此，要将履行职责的过程、取得的成绩或出现的失误及对工作的认识表述出来，要对履行职责的情况和取得的成绩进行深入的分析和研究。

要解释棘手问题的处理方法，特别是要交代清楚对群众迫切关心的问题是如何认识和处理的，剖析工作失误的原因，做到一切从实际出发，对得与失做出客观公正的评价，真正体现述职者的道德素质、政治理论素质以及处事决断、开拓进取的精神。这些内容写得恰切适度，能全面反映述职者的工作能力和基本素质，让领导和群众清楚地了解述职者称职与否，从而对述职者做出恰当的评价。

（3）要情理相宜，切忌考虑个人。

述职报告在叙事说事过程中，要有适当的感情色彩。但是个人情感不要融入过多，以免造成不良影响。述职者要对自己以往所从事的工作进行归纳、概括、提炼，围绕履行职责的实际情况进行认真全面的反思，肯定成绩，找出差距。要与群众面对面地交流，以坦诚的胸怀虚心听取各方面的意见，特别是工作中群众反映较大、意见较为突出的问题。另外，述职报告要如实阐述群众的反映，面对事实，将自己的真实想法公之于众，这样群众会感到亲切，而且也能加深群众对自己的理解和信任。然而，有一些竞争上一级职务的述职报告，述职者过多地考虑个人的利益，过于看重取得的政绩，热衷于锦上添花，缺乏面对错误与失败的勇气，这不仅脱离了群众，也严重违背了述职报告的宗旨。

（4）要语言朴实，切忌虚饰浮夸。

述职者要有驾驭语言的能力，崇尚朴实，给听众以豁然开朗的感觉。朴实之美历来备受人们推崇。在述职时，用朴实的语言叙事说理，不仅缩短了与群众的距离，也密切了和群众的关系。有些同志为了显示自己才学，述职报告的语言艰深难懂、洋里洋气，群众听起来如"雾里看花"，摸不着头绪，反而弄巧成拙。述职报告的实用性，决定了它的语言必须具有真理般的自然质朴。述职者面对的听众文化层次有差异，这就要求叙述时语言表达通俗易懂，多采用质朴无华的群众性语言，直陈其意，决不哗众取宠，也不能用一些生僻的字眼，故作高深。

3. 述职报告与工作总结、工作报告的联系与区别

联系：述职报告是工作总结、工作报告的一种特殊形式，它们在写法上有某些相似之处。

区别：工作总结、工作报告一般是单位的、集体的，也可以是个人的。其写作角度是全方位的，即重大的工作业绩、出现的问题、经验教训、今后工作的设想都可写。述职报告一般不与本单位的总体工作业绩相掺杂。

项目 16　求　职　信

【文体说明】

求职信又可称"应聘信"，是求职者写给招聘单位请求获得工作职位的信函。

求职信的特性首先是自荐性。求职者与招聘单位的负责人从未谋面、互不相识，现在要做"纸上的会见"，要善于推销自己。好的求职信可以拉近求职者与招聘单位负责人之间的距离，获得面试的机会能更多一些。其次是针对性。求职者应对招聘单位有所了解，针对自己的实际能力和招聘单位职位所需的要求，投其所好。正所谓："知己知彼，百战百胜。"再次是竞争性。求职是一场没有硝烟的"战争"，尤其是一些有名的公办的省市一级幼儿园，人才的竞争格外激烈，在求职信中应将你的长处淋漓尽致、实事求是地表现出来，以求在竞争中取胜。

【格式要求】

求职信一般由 6 个部分组成。

1. 称呼

这是对阅信者的称谓，一般用"××幼儿园园长"，比较庄重。

2. 开头

一般私人信件的开头是问候语，求职信大可不必。开头写原因或目的。开头一定要能使阅信者有兴趣看下去。

3. 正文

这是求职信写作的重点。一般包括 3 个方面的内容：

（1）交代求职的原因、目的。

（2）写明应聘什么职位。

（3）介绍学历与相关经验，阐述自己的长处和优势，写明自己具备任此职的条件。尤其要注意表现自己的有关长处，突出对求此职位有价值的成绩。

4. 结尾

主要强调求职者的愿望与要求。比如"希望有一个面试的机会""静候回音"等。然后写上"此致""敬礼"。

5. 附件

附件不宜过多，选最能证明自己才能的资料复印件，还可以附上联系方式等。

6. 落款

署名写"申请人：×××"或"求职者：×××"即可。日期写在姓名的下一行。

【写作要求】

（1）有的放矢。有效的求职信都具有很强的针对性，针对公司的某一具体职位而写。特别提醒：在求职材料的封面、求职信的右上角清楚写明求职单位和求职岗位，用这种形式来强化求职的针对性。

（2）设置两个左右的兴趣点。写出你自己最关键的经历、好的成绩、最重要的特长以及自己的愿望、心情和信心等，表明你所特有的教育背景、技能和个性特征将会为招聘单位做出的特殊贡献。

（3）特长词句加黑加粗。在求职信的格式上，对需要特别强调的词语用另外一种字体打出，更能吸引招聘者的目光。

（4）加个小故事或者事例。通过这些小故事反映出你的自信、责任感、不轻言放弃等人皆推崇的品质，这正是招聘单位所需要的。

（5）逆向思维，胜人一筹。求职应聘不附和、不随俗、不从众，是有主见的表现。

【例文】

例文一

求职信

尊敬的领导：

您好！

非常感谢您抽空阅读此信。我叫李××，将在今年6月份于广东××学院学前教育专业毕业。

我性格开朗热情，富有爱心、耐心、细心，热爱幼教事业，在××市幼儿师范学校学习掌握了幼儿教学知识和技能技巧的基础上，继续到广东××学院再深造。

在校期间，我学习刻苦勤奋，认真学习各门功课，苦练基本功，掌握了弹、唱、跳、画、讲等技能技巧，学习成绩优秀，多次获得奖学金。能熟练操作运用 Word、Excel、PowerPoint 等办公软件，也掌握了 Authorware、Photoshop 等现代多媒体教育技术软件，能进行多媒体教学。同时我也积极关注学前教育的最新理论，如参加奥尔夫音乐教学法的培训，参加"华德福教育""儿童英语教学方法的理论与实践""树立正确儿童观做优秀幼儿教师"等为主题的讲座。

除了掌握牢固的理论知识外，我同时注重个人综合素质的培养与锻炼，积极参加学校里的各项活动，如校运会、艺术节等。在担任班里的团支书时，带领全班同学搞过多项活动，由于我班同学表现突出，因此班集体被评为"优秀团支部"。我曾在学生会的学习部、社会实践部担任干事，参与策划过如英语角、演讲比赛等多项活动。丰富多彩的校园活动不仅充实了我的大学生活，更重要的是锻炼了我的人际交往能力、沟通协调能力、组织能力、语言表达能力以及高效的办事能力等。

随着社会竞争的日益激烈，对人才的要求也越来越高，为了毕业后能更好地适应社会，我多次参与了社会实践，例如到沈阳市××幼儿园、辽宁省××幼儿园实习。

在实习期间，我把学到的教育理论知识和技能，具体运用到幼儿园的实践中去：主动大胆地组织幼儿一日生活活动；乐于与每位幼儿沟通，关心爱护幼儿；组织幼儿布置新年活动室环境；虚心向老师请教，不断提高自己的教学质量，充分展现了自己理论与实践相结合的综合业务水平，得到了实习单位的赞赏。

我相信，本着我的爱心、耐心、细心以及对幼教事业的热诚，我一定能够成为一名优秀的幼儿教师。

请相信，您的信任和智慧加上我的热情和能力，贵园的明天将更加灿烂！

此致

敬礼！

李××

××××年×月×日

附件：

个人简历

基本信息	姓名	李××	政治面貌	共青团员	照片
	性别	女	学历	本科	
	出生年月	19××年8月	所学专业	学前教育	
	健康状况	良好	毕业院校	沈阳××学院	
联系方式	联系电话	138×××××××、024-××××××××			
	邮件地址	lingling@163.com			
	联系地址	沈阳市××路××街××号××房			
自我评价	爱心、耐心、细心、童心				
	真诚、热情、积极、乐观				
	良好的沟通协调能力、组织能力、适应能力、学习能力				
教育经历	2014年9月—2016年5月		沈阳××学院		
	2015年9月		奥尔夫音乐教学法培训		
	2011年9月—2014年6月		××市幼儿师范学校		

续表

社会实践	2015 年 12 月　　沈阳市××幼儿园实习
	把所学的教育理论知识和技能，具体运用到幼儿园的实践中去。主动大胆地组织幼儿一日生活活动。乐于与每位幼儿沟通，关心爱护幼儿。组织幼儿布置新年活动室环境，虚心向老师请教，不断提高自己的教学质量
	2015 年 10 月　　辽宁省××幼儿园见习
	2015 年 9—12 月　　××音乐厅礼仪接待
	2014 年 4 月　　××市××幼儿园实习
	2013 年 10 月　　××市××幼儿园见习

能力专长	特长	擅长与幼儿沟通，喜欢手工制作、环境布置、画画
	计算机水平	熟练操作 Office 软件和能运用 Photoshop 等现代化多媒体教育技术软件进行多媒体教学
	英语水平	通过全国大学生英语运用能力考试，能熟练进行日常交流

获奖情况	荣获 2016 届优秀毕业生奖学金
	荣获 2014—2015 学年度优秀学生奖学金二等奖
	评为 2014—2015 学年度"三好学生"
	学生会优秀干事
	荣获最佳环境布置手工创意奖
	2015 年参加学校运动会入场式表演获得第一名

所获证书	教师资格证书
	普通话水平测试二级甲等证书
	全国职业资格秘书中级证书

点评：

　　这封求职信态度诚恳，既表达了对所求职位的渴望，又表现出自己的信心和努力方向。所列个人材料真实、具体，有较强的说服力。语言简洁明快，文明典雅，礼节周到。

【练一练】

　　1. 请指出这篇求职信存在的问题

求职信

尊敬的领导：

　　您好！

　　首先衷心感谢您在百忙之中浏览我的求职信，为一位满腔热情的毕业生开启一扇希望之门。在此，我谨以一个应届毕业生的真实一面接受您的审阅和挑选。我叫周××，是一名即将于2024年7月毕业于××市××学院学前教育专业的学生。借此择业之际，我怀着一颗赤诚的心和对事业的执着追求，真诚地推荐自己。我热爱学前教育专业，在校期间，通过刻苦学习和广泛涉猎并努力夯实自己的专业基础，提高自身的综合素质，系统学习了学前专业的理论与实践知识，对专业知识的掌握较为扎实。在教学及寒暑假实习期间，努力吸取经验，使理论与实践进一步结合，为以后的工作奠定了一定的基础。在课余时间，我还学习计算机知识，熟悉 Windows 11 操作系统，学会了使用 Photoshop、CorelDRAW 等绘图软件，熟练使用网络，能够快速地在网上查找所需要的资料，为更好地进行以后的工作和学习打好基础。在校期间我一直担任学生干部，具有一定的工作能力及组织协调能力，具有较强的责任心，能够吃苦耐劳、诚实、自信、敬业。我有很强的动手能力，并且脚踏实地地努力办好每一件事。大学 4 年使我得到了锻炼，获得了成长，同时也更清醒地看到了自己的缺点和不足。我还太年轻，缺少人生阅历，更要从点滴学起，勤勉奋进，充实自我，发展自我。在课余时间，我积极参加各项社会活动。因为我深知，在现今社会中，空有理论是远远不够的，需要将所学理论应用到实际中去。过去并不代表未来，勤奋才是真实的内涵，面对实际工作，我相信，我能够很快适应工作环境、熟悉业务，并且在实际工作中不断学习，不断完善自己，做好本职工作。

自荐人：周××

2024 年 4 月 10 日

【完成练习】

2. 请你写一封求职信，向下面这家幼儿园应聘

招聘启事

随着我们幼儿园规模的不断扩大，需要身体健康、富有爱心和责任心、善于学习、勇于开拓并具有良好师德风尚、业务精干的幼教老师加入我们的队伍。欢迎有志于幼教事业的朋友加盟！

招聘条件：女性，大专以上学历，有教师资格证书，在音乐、舞蹈、绘画、英语、计算机等教学方面有特长。

有意应聘者请将自荐信、简历、各类证书及身份证复印件、本人近照、联系方式寄往××幼儿园。

辽宁××幼儿园

20××年5月5日

【完成练习】

_____

_____

_____

_____

知识链接

1. 求职信写作的8个要求

（1）忌面面俱到，篇幅太长。

不少求职者认为，为了让用人单位充分了解自己，求职信应当全方位地介绍自己。殊不知这样做恰恰会让用人单位并不关心的内容淹没自己那些有价值的闪光点。而且，面对那么多的求职信，用人单位的工作人员也不会拿出太多的时间来仔细研读你的求职信。所以，一封求职信不应求长，要求精，一般写出和你的求职目标相关的内容，表明你在所求职位上已具备的相关知识、能力或特长即可。

（2）忌辞藻华丽，哗众取宠。

一位求职者在求职信中这样写道：

"我希望这样的人生，它在经历了无数场风雨后成为一道最壮丽的彩虹，请用您的目光告诉我海的方向，我渴望成为你们中的一员，我渴望奉献我所拥有的一切，请用真诚的心灵拥抱我最热烈的胸怀。"这些文字确实很美，但打动不了用人单位，相反，却给人一种作秀、幼稚的感觉。所以写求职信不要用过多的形容词和修饰语，要尽量用简洁直白的动宾结构的句子，即便情感迫切，也要有节制地冷静地抒发。

（3）忌谦虚过度，自我贬抑。

一般来说，求职者应是在综合评价自己能力的前提下去选取自己的求职目标。若自己的能力基本能胜任求职目标，则去求职；若不能胜任，当然就不该去求职，也就无须写求职信。所以，既然你写了求职信，就不应该有过于谦虚的言词。然而有的求职者却认为自己刚刚走出校门，一再强调自己有些方面能力不强，唯恐不能胜任工作。试问：既然你担心自己不能胜任，为什么还要来求职呢？其实，有些能力不强，你不说，用人单位也不会高估，因为你毕竟还没有走上社会，还没有进行系统的实践锻炼。更有甚者，有的求职者还要自我贬抑一番。

如有一封求职信中这样写道：

"我刚刚从学校毕业，很多方面还有很大的欠缺，特别是社会交际能力和自我约束能力挺差，不知能否把工作干好。"这样一写就未免显得过于自卑。要正视自己的实际工作能力与你的求职目标所需要的工作能力之间的差距，也要充分相信，你若求职成功，必将会付出更大的努力以缩小这种差距，这样就可使用人单位相信你的自信心和进取心，从而放心接受你。

（4）忌过分自信，自视太高。

自信是优点，但过于自信就成了缺点。有的求职者根据自己在学校时的良好表现，就推断自己一定能胜任求职目标。如有一位毕业生在求职信中讲了她在学校里各科的优异成绩之后，写道："根据以上这些成绩，我认为我能胜任这份工作，我一定可以比我的前任做得更好。"实际上，不少用人单位更看重的是经验和能力。

另有一位毕业生在求职信中写道：

"如果您是独具慧眼的伯乐，那我就是一匹即将扬蹄驰骋的千里马！"还有的求职者干脆用千里马的告白做求职信的标题。这未免自视过高。即使自己真的有能耐，也应该用一种让人更能接受的方式表达。

（5）忌倾诉悲苦，希求同情。

有的求职者在求职信中大谈自己坎坷的命运、悲苦的家庭等，其目的是唤起用人单位的怜悯之心，希望用人单位同情弱者。命运的坎坷、家庭的不幸应当是日后努力上进的财富，而不是希求同情的资本，用人单位也不是慈善机构和避难所，所以这些内容可以写，但落脚点应当是坎坷的命运和悲苦的家庭锻炼了你坚忍不拔的意志和努力上进的决心、你决心用自己努力的工作带给更多人快乐之类的话。有的甚至把自己的遭遇和挫折归于命运的不公和社会的黑暗。

如有一封求职信中这样写道：

"我幼年丧母，年迈的父亲也只能靠一根拐杖支撑他病弱的身躯。我渴望我能找一份工作养活我的父亲，可是在现在的社会找工作是要钱的。我的命怎就这样苦呢？"写上这样的话，我想你的求职差不多就没戏了。

（6）忌职位不明，有职即可。

求职者应当根据自己的实际能力在求职信中注明自己所求职位，然而有的求职者因担心竞争太强，在求职信中不敢注明自己所求的职位，抱着随他们去蒙、随他们去安排的心理。有的干脆写愿意在贵单位任何职能部门工作之类的话，其实这恰好表明你任何职位都不合适。

（7）忌行业不熟，班门弄斧。

求职者在求职信中应尽可能地表明自己对所求职位或行业的熟悉，这样可以使用人单位感觉到你在从事该项工作之前所具备的业务基础，和你对该职位或行业的关心和热爱，从而为你的竞争增加砝码。但也不要明明自己对该行业不太熟，却装出一副很熟的样子而大谈特谈。谈对了当然好，谈得不对那结果就适得其反了。

（8）忌看重待遇，唯利是图。

求职信上最好不要过分强调对待遇的要求。如果要求高了，会让用人单位觉得雇不起你；如果要求低了，又让用人单位觉得你无足轻重。更多的时候是让人觉得你过于看重待遇，而看重待遇在大多数人看来是缺点。

2. 写好求职信应注意的几个问题

（1）字迹工整，言简意赅。

求职信文字的整洁美观很容易引起用人单位对求职者的好感。相反，如果字迹潦草、龙飞凤舞，则会给用人单位留下不好的印象。现在绝大多数毕业生的求职信是用计算机打印出来的，但如果你的钢笔字很好，建议你还是工工整整地用手写，这样能给人以亲切之感，同时也向用人单位展示了自己的特长。不管是手写还是打印，都应该注意言简意赅，废话连篇不但会浪费阅读者时间，也会引起反感。在写出草稿后应反复推敲，意思是否清楚，用词是否得当，甚至读给同学老师听，看是否有需要改进的地方，力求做到完美。

（2）富于个性，针对性强。

求职信的首要目的是力求吸引对方，引起对方的兴趣。有的同学喜欢用许多客套话、空话来开头，其实这并不好，应注意在一开头就能用一两句富于新意的话去吸引读者。比如一位在外地求学的毕业生在给家乡所在地一家单位写求职信时写道，"我的故乡，请接受一名游子对您的问候"，一开始就拉近了与用人单位的距离。或者直接切入主题，比如写"从××得到贵单位招聘人才的信息"，也能使用人单位主管感到单位名声在外，或者是广告费没白花。求职信的核心部分是自己胜任工作的条件，求职信中应客观表明你的经历、知识、专业技能和特长。注意不能说大话。在动笔之前对应聘单位的情况要有所了解，以事实和成绩来恰如其分地介绍自己，重要的是要有针对性地突出自己的特长。

如果用计算机打印求职信，建议你最好能多准备几份，根据不同单位来选择。如果你是给三资企业去信，最好用中文和英文各写一份，这样既可自荐又可表现你的英语水平。在内容上要突出适合所求职业的特长和个性。

（3）杜绝错别字。

求职信中字词的选择能反映出一个人做事是否仔细、严谨，一篇内容很好的求职信往往会因为错别字而起到不好的效果，比如将"出生在农村"写成"出身在农村"，"自己"写成"自已，""简历"写成"简厉"，等等。所以，毕业生在寄求职信前应仔细审阅内容，发现错别字及时纠正，但不要在信上涂改，最好重写一份。

（4）不要限定对方，以免引起反感。

有的毕业生由于求职心切，在语言上表达不好，引起用人单位反感。比如"我家人都在×市，故很想去贵单位就职"，本来可能是要表达去了以后能安心工作，但给人感觉你是为和家人在一起才去的，对单位并不感兴趣。"给本人×月×日前复信为盼"，表面上看相当客气，但却限定对方时间，容易引起反感。"现有多家单位欲聘我，所以请您从速答复我"，招聘单位会认为，既然有别的单位要你，还来我这干什么？这些都是不成功的例子，应避免出现。

总之，求职信是用人单位决定是否进一步面试的重要依据。写求职信就是要察其所需、供其所求。在寄求职信之前应该精心准备，信封应使用标准信封，如果知道人事部门主管的姓名和称呼，应在信封正面写上，因为一个人对写明自己大名的信是比较注意的。邮票的图案要精美，因为精美的图案往往能吸引人的注意力。只有经过精心准备，你的求职信才能在众多的信件中脱颖而出，赢得优先机会，迈出求职择业的第一步。

职业类文体写作

【知识目标】

掌握在幼儿园工作中观察记录、案例分析、叙事研究、教育论文、调查报告、说课稿等文体的写作常识。

【能力目标】

具有撰写幼儿园工作中事务类文书的能力。

【素质目标】

能秉承科学的儿童观、教师观和教育观，践行幼儿教师师德，愿意观察幼儿，喜欢撰写教育案例，具备科学严谨的写作态度。

项目 17　观 察 记 录

【文体说明】

观察记录是观察者按照预先规定的、统一的记录方法，对观察结果做明确、周密、详细的记录。观察是一切教学研究最基本的手段，而有效的记录能够帮助教师及时了解孩子的兴趣和在这方面的发展水平，使教师能及时分析，做出正确的判断，采取相应的措施。

幼儿教师的观察对象主要有"儿童""环境"和"教育活动"，而教师对儿童的观察是贯穿始终的，这意味着儿童是教师要选择的核心观察对象。幼儿园现行的观察记录大都是参考了档案记录法。档案记录法被翻译为儿童活动记录或各项儿童活动整理记录，它是在自然条件下观察被研究对象，如实记录观察对象的行为表现，并对研究对象行为记录进行分析的基础上，发现问题、寻找原因、改进教育行为的一种方法。幼儿园的观察记录的目的也在于帮助教育者发现存在的问题，逐步改进教育，最终促进儿童健康发展。因此结合档案记录，观察记录就不只是纯粹的活动记录了，它的使命是让教师在对每个儿童进行关注时，能更好地遵循《幼儿园教育指导纲要（试行）》的精神，更有利于针对每个儿童的教育和对特殊儿童的行为矫正，让教师自主深入地去探求掌握观察儿童的方法，提高观察的敏锐力，真正把"因材施教"落到实处。所以它体现的是被观察对象的一系列发展进程，也体现了教师与被观察对象的互动、观察对象之间的互动，真正起到了师生互动、生生互动，从而提高教学质量的作用。

记录的内容可以是活动过程中的客观记录与分析，可以是"童言稚语"或是思维的"异想天开"，可以是幼儿的作品，也可以是幼儿的"肺腑之言"。

记录手段有纸笔记录、录音记录、照相记录、作品记录等，有时还采用摄像记录。

开展幼儿行为观察的方法多种多样，通常有日记法、轶事记录法、样本描述法、时间取样法、事件取样法、检核表、评量表等。在工作当中，一线教师因为受客观条件的制约，可依据观察的对象和状况不同，选择不同的观察方法。

1. 随机记录

随机记录，即将自然情景中幼儿有代表性的行为记录下来。对象可以是一人，也可以是多人。记录幼儿的行为时，选择可以引起我们思考的内容，要记录幼儿行为发生的时间、当时的情景以及幼儿的主要反应。此外，教师自己也是与被观察者有互动关系的人，自己的行为包括所说的话和做的动作也要据实记录。

2. 即时记录

这种记录主要是用于团体活动与幼儿直接交流时，包括在小组谈话或集体谈话时即时记录幼儿的言语。教师可以选择关键词、图示或文字记录内容。

3. 记录孩子的作品

教师用文字把幼儿口述的各类作品内容记录下来。教师可直接在作品的旁边做文字记录。对于幼儿泥塑等立体作品，教师可拍成照片并记录幼儿的有关口述。

观察记录后，教师要对观察结果进行及时分析、做出判断，以便及时调整游戏材料和采取相应措施。如能当场处理就当场解决，有问题的事后分析后再采取相应的措施，为其提供适时、有效的帮助和指导。

——选自宝宝龙稚乐园网站，有改动

【格式要求】

1. 观察时间及对象

2. 观察目的

通过观察解决某方面的问题。只有明确了解观察目的，才能在观察过程中有意地、完整地、具体地记录下来，根据观察记录再采取相应的措施，从而达到解决问题的目的。

3. 观察实录

在记录过程中要注意如实记录幼儿的表现。这是幼儿真实情况的表现，教师不要将自己的想法强加进去，以免影响观察的效果。无论好坏，但记无妨，从而使观察记录真实化。

4. 分析

无论幼儿在观察过程中表现是好是坏，都要仔细分析，找出原因。

5. 采取措施

根据具体情况、幼儿的个性特征、家庭教育等，考虑加强或改善哪些教育行为，制订或调整哪些教育计划，从而有针对性地促进幼儿全面发展。

【写作要求】

（1）要实事求是，据实记录。

教师在观察时，不要带个人感情色彩，都应把自己当作局外人，把自己的和幼儿的行为、语言都如实记录，只有这样，才能获得真实、生动、具体的资料。

（2）不能干扰幼儿。

只有在自然状态下的表现才是最真实的，特别是在"点点滴滴"中，更要避免记录干扰幼儿的活动，否则记录只会流于形式。

（3）不能喧宾夺主。

观察记录只是为教育服务，不能为了记录而影响正常的教育教学活动。

有的教师为了记录而放弃了对幼儿的指导，还美其名曰"我要观察记录"。这本身就违背了观察记录的初衷。

【例文】

例文一

观察对象：幼儿任××

观察时间：20××年2月28日

目的：帮助孩子学会穿脱衣服，要求孩子努力做到自己的事情自己做。

观察实录：

下午午睡时，任××脱掉鞋子、外裤，坐在床上开始脱衣服，先将头往下缩，衣服往上拉，拉了一会儿脱不下来，再拉袖子，由于两手配合不熟练，还是脱不下来。旁边有同伴看见，开始帮她脱，由于用力不对，还是没有脱下来。最后请求老师帮助。

分析：

从观察中看出，任××平时在家根本不自己脱衣服。

原因有二：

（1）家长包办代替太严重了，在家里她母亲都代她做了，因此她觉得不会做可以让老师和同伴帮助她做。

（2）孩子本身依赖性太强，一遇到困难就"叫停"了，影响了她的动手能力，以至于什么都不会。

措施：

（1）帮助任××学会穿脱衣服，先教她正确的穿脱衣服的方法，利用课间休息或游戏时间让她练习。

（2）和家长联系，告知孩子在园的情况，争取家长配合。

后续：

过了一星期，再次观察任××，发现有明显进步了，但穿脱衣服的动作还是不熟练，鼓励孩子继续努力，再次与家长联系，不放松对孩子的要求，以鼓励、表扬为主，提高练习的积极性。又过了半个月，家长高兴地告诉我："她现在在家自己穿脱衣服了，再也不要我们帮助了。谢谢老师。"看到孩子的进步我也很高兴，但马上我又为任××制定了下一个目标：提高动手能力，为同伴做好事，继续进行观察。

点评：

此观察记录对象和时间明确，方便跟踪记录和以后查找，能够围绕目的来观察记录，分析造成这种现象的原因，以便制定措施。教师采取的措施明确了做法和帮教时间，切实可行。"后续"写明采取措施后有什么效果，对措施有无修改，最后效果如何，是否解决了，这个问题便于查找资料。

例文二

对于《阿凡提》故事的思索

背景分析：

文学是以生动形象的语言塑造人物形象和情节的艺术，对幼儿的情感发展有重要影响。幼儿园中的文学艺术教育主要是通过听故事、听童话、朗读诗歌等形式进行的。近阶段，我们大班在进行"我是中国人"的主题活动，在主题活动进行中，我发现班里的许多孩子对"爱祖国"这个抽象概念的理解并不深刻，不能很好地进行情感教育，但他们却对主题中的故事比较感兴趣。因此，依据幼儿的特点和兴趣，也基于文学作品在幼儿情感发展中的价值，我选择了《阿凡提》这个故事内容，让孩子们通过了解这个久远的故事萌发对祖国、对家乡的情感。

实录：

听过《阿凡提》故事之后，孩子们都被阿凡提这个人物所吸引，都十分憎恨巴依老爷，相互讨论着自己将来要做什么样的人。借此时机，我拿出面具说："孩子们，今天老师给你们准备了人物面具，请你们来演演故事中的阿凡提和巴依老爷，你们觉得怎么样？"大家异口同声说"好"。可是谁也不愿意扮演巴依老爷，都想当阿凡提，这可怎么办？经过一番商讨之后，终于确定了人选：曹××扮演阿凡提，钱××扮演巴依老爷。

表演开始了，最精彩的部分是两个人的对话：

巴依老爷（钱××扮演）："阿凡提，有人说你很聪明，如果你回答不出我的问题，我就杀掉你。"

阿凡提（曹××扮演）静静地听着。

此时的阿凡提（曹××扮演）流露出一副胆小怯懦的样子，巴依老爷（钱××扮演）却是一副盛气凌人、凶巴巴的样子。

巴依老爷（钱××扮演）："你知道天上的星星有多少？"

阿凡提（曹××扮演）："天上的星星和你的胡子一样多。"

巴依老爷（钱××扮演）："你知道我的胡子有多少？"

阿凡提（曹××扮演）："你的胡子和小毛驴尾巴上的毛一样多。"

巴依老爷（钱××扮演）生气地说："我要杀死你！"

阿凡提（曹××扮演）哈哈大笑说："我早就知道了，我哪一天死，你比我晚一天也一定会死掉。"

此时的阿凡提（曹××扮演）流露出一副天不怕、地不怕、昂首挺胸的模样来显示自己胆大、勇敢的精神，而巴依老爷（钱××扮演）则是吓得浑身直哆嗦、胆战心惊的模样。

两个孩子戏剧性的表演让坐在下面的小朋友迫不及待想表演了，好多孩子都纷纷举起小手想上来表演。趁着孩子们的兴奋，我问他们："你们想做哪一种人？为什么？我们在平时又应该怎么做？"孩子们都说：想做阿凡提，因为他喜欢帮助人，会有好多人喜欢他，愿意和他一起玩。大家都不想做爱欺负别人、人人讨厌的巴依老爷。因为他欺压百姓，就像平时有的小朋友爱和同伴们吵架一样，大家都不喜欢和他玩，这样就会失去好多的朋友。

思考：

任何一个故事的背后都隐藏着丰富的教育价值，关键是看教师如何去引导孩子理解故事所体现的深层内涵。而儿童文学作品通过创造性的表演，不仅促进了幼儿创造性和主动性的发展，而且童话、故事以文艺形式，生动形象地反映典型生活，对幼儿更具感染力。通过表演加深了他们对文学作品的理解，使他们更深刻地体会人物的思想感情，并受到熏陶和感染，更有助于培养幼儿良好的品德。

在我们的一日活动中，故事无时无刻不伴随着孩子，但有时故事就像一朵白云、一阵清风在孩子眼前闪过，没有留下任何痕迹。看过、听过，然后忘记。就这样，那些经典的故事图书也就显得毫无意义，故事背后的教育价值也就体现得不尽完美。幼儿通过创造性的肢体语言和形象的口语表达来再现《阿凡提》这个故事的内容，不仅加深了对故事人物的了解，培养了良好的品德观，而且懂得了如何去和周围的同伴交往，培养了他们的社会交往能力，对于激发幼儿的创造性与想象力也具有重要的意义。

点评：

本文的背景分析说明了选择这个观察对象的原因和观察的目的。因为记录只是把做法记录下来，究竟为什么这样做呢？如果不记下来，就很容易忘记了。如果观察时还不明确为什么要这样做，可以在课堂实录后再补充。如果课堂实录比较长，建议抓住"亮点"来记录。如此例中的"亮点"在于孩子的创造性演出，教师对这一部分做了详细的描述，其他只做简单交代。

例文三

数学区幼儿活动观察记录

目的	观察幼儿对材料的兴趣和参与情况	时间	9月13日
材料	幼儿姓名	活动效果	
连线	李××	点与物的对应连线较好，立方体、长方体、圆锥的连线不理想	

续表

物数对应	戚××、周××	基本完成：数字 2 对应拿两条鱼等	
目的	观察幼儿对材料的兴趣和参与情况	**时间**	9 月 15 日
材料	**幼儿姓名**	**活动效果**	
连线	罗××	完全正确，速度较快	
连线	王××	能够找到相对应的物，如 2+3 中"2""3"都能找到，但是结果在小数字内能够算对，超过 10 就有困难了	
图形	朱××	把形状一样、颜色一样的图形分别找出来	
目的	观察幼儿对材料的兴趣和参与情况	**时间**	9 月 22 日
材料	**幼儿姓名**	**活动效果**	
卡片	夏××	"5"，当中是 5，要求幼儿在两边写出与 5 相邻的数字，夏××写了 6、7。小数字 2、3、4 的相邻都能写对，5 以上基本错误	
目的	观察幼儿对材料的兴趣和参与情况	**时间**	10 月 11 日
材料	**幼儿姓名**	**活动效果**	
数的分合	汪××	完成得很好，速度也相当快	
目的	观察幼儿对材料的兴趣和参与情况	**时间**	10 月 18 日
材料	**幼儿姓名**	**活动效果**	
认时钟	杨××	能够根据钟的指针正确说出总和	
分析			
这里记录了部分新材料的幼儿活动情况。每次去数学区的孩子都会选择连线，而且会玩好几次，对数物对应的材料也比较感兴趣，对图形的兴趣不大。每次选择图形的较少，钟的材料似乎太简单了，孩子只玩一下就没有兴趣再玩。			
对策			
调整部分材料			

点评：

这是一份表格式的记录，是取样观察法常用的记录方式。教师的观察目的是要了解幼儿对材料的认识和参与活动的情况，因此不可能看一两次就下结论。这里也只是选择了一小部分记录，实际记录超过 20 份。

此例的分析欠具体，应该分析幼儿为什么会选择连线和数物对应的材料，为什么对图形不感兴趣，问题是出在材料上还是玩法上。措施也不明确。要去掉的是哪些材料？新加入哪些材料？要以什么标准去选择材料？只有回答了这些问题，观察记录才有价值。

例文四

时间：20××年4月—20××年6月

幼儿姓名：俊俊　　班级：大（2）

情况分析：

俊俊是全园闻名的"新闻人物"，相对于同龄儿童来说他确有不少特别之处，如无缘无故打人、抢玩具、欺负同伴、不爱学习、常搞破坏，等等。尽管他母亲花了大量的时间和精力，采取了多种教育手段，但收效甚微。通过家访，我们了解到：俊俊在一岁时，被开水烫伤，光医药费就花了将近10万元。他的父亲没有什么工作，整天在社会上混，三天两头不回家，即使偶尔回来也是从不管孩子。孩子基本上由母亲一人抚养。由于妈妈也没有工作，再加上身体不好，孩子因此就缺少管教，逐渐使他养成了"没有人能管我，唯我独尊"的性格。

学期总目标：

通过创设"小老师""小帮手"等机会，逐步增强俊俊的自控能力，培养他的坚持性。在活动中，正确对待孩子的攻击性行为，积极发挥他的长处，肯定他的优点，使俊俊成为小伙伴都喜爱的好朋友、好榜样。通过与家长交流，取得家园教育一致意见，家长能理解和支持教师的工作。

第一阶段目标、措施：

目标：逐步增强他的自控能力，培养他的坚持性。

措施：通过老师对孩子的观察，分析俊俊攻击性行为的动机，对俊俊少批评多鼓励，正确对待俊俊的攻击性行为。

第一阶段：

3月17日

俊俊是我班的淘气鬼，也是全园闻名的"皮大王"，手脚一刻不闲，屁股坐不住小椅子。上课时爱做小动作，一会儿碰碰积木、一会儿又惹惹小朋友。活动时，更是横冲直撞，毫无约束。一天之内，告他状的小朋友接连不断："老师，他打我""老师，他抢我玩具""老师，他推我"……只要有他在，教室便不得安宁。一天吃点心时，俊俊又管不住自己，将别的小朋友洒得满头满脸都是牛奶。被洒的小朋友委屈得大声哭泣，他却看着自己的"杰作"大笑。我又气又恼，真想狠狠训他一顿，然而理智迫使我按捺住心中怒火，耐心地说服教育，对他说："牛奶是营养品，是工人叔叔、阿姨饲养奶牛挤出牛奶，经过辛辛苦苦劳动才得到的，能浪费吗？小朋友之间要互相友爱……"他默默地低下头，看似有所触动，我也暗喜这一次终于收到成效……

4月3日

俊俊非常敏感，他往往会对外界的各种刺激做出过度反应。他的攻击性行为一方面是为了引人注意，一方面似乎是为了发泄自己的不满情绪。如饭菜太热时，他会莫名其妙地打别人；散步时，他会突然去撞前面的同伴；画画时，他会冷不丁地到别人脸上画一条线；

高兴时，他会突然打别人一拳……问他为什么这样做，他说不知道。问他对不对，他会承认不对。

第一阶段小结：

看到孩子这段时间的表现，我认为他的攻击性行为主要是自我控制能力不强而表现出来的无意识的失控行为。针对他的这一特点，我认为如果过分关注他，只会扩大他的问题和缺点。如果就此采取一些特别的措施，反而会使他感到自己与其他小朋友不一样，是个不好的典型，从而更加导致他不能与同伴友好相处。因此，在他出现无意识失控行为时，我会设法加以阻止，但决不斥责他，也不实施压服教育，以免因自己的主观臆断而伤害他。然后，再找合适的机会，了解他的行为动机，耐心地告诉他同伴间的相处之道，暗示他努力改正缺点。当他稍有进步时，我便马上大张旗鼓地予以表扬鼓励，让他逐步感受到老师对他的爱和信任。另外，我认为俊俊表现出来的许多行为特征可能与成人的过多关注有关。他已习惯于成为人们注意的焦点，一旦没人注意他，他就会感觉被忽视，就会做出一些过激反应（包括侵犯行为）以引人注意。所以，我常常"故意"不去关注他的举动，逐渐使他也"忽视"自己。

第二阶段目标、措施：

目标：树立俊俊在集体中的威信，让同伴真正亲近他、接纳他。

措施：不在同伴面前损害他的自尊心，注意挖掘他的"闪光点"。通过运用各种方法，有意识地树立俊俊在集体中的威信。

第二阶段：

5月9日

今天户外活动时，俊俊站在台阶上挥动着手臂，很神气地学交警指挥车辆。我走过去对他说："你做得真好，真像一个小警察。现在，老师和几个小朋友当司机和乘客，你当警察，我们一起来玩一个游戏。"他听了我的话，用兴奋的眼神望着我，然后又不好意思地低下了头。我鼓励他说："你看小朋友都在等着你做游戏呢，我相信你一定是一个能干的交通警察。"

他在我的鼓励下，很快投入了游戏。在游戏中，我以角色身份不断给他以鼓励，直到游戏结束时，他都始终坚守岗位。对他的表现，我及时地给予表扬和鼓励，孩子们也纷纷鼓掌向他表示祝贺。

6月5日

俊俊的攻击性行为使他与同伴之间的关系不太协调，小朋友常常出于害怕而疏远他，满足不了交往需要的他便只好以新的攻击性行为来引起同伴的注意，如此这般形成"恶性循环"。

为此，我尽量不在同伴面前损害他的自尊心，注意挖掘他的"闪光点"。如当他带来蜘蛛侠玩具时，我就专门请他介绍、演示玩法并指导同伴玩；当他把散了好久的拼图整理好时，我便夸他手巧让全班小朋友向他学习；当他从家中带来自己做的手工作品时，我就立即把它装饰在教室里。通过种种办法，使他逐渐树立自信，感受到集体生活的快乐。

学期小结：

通过我的计划的实施，这个孩子渐渐地变了，他不仅渐渐地改掉了以前许多不良的行为习惯，而且还经常帮助老师拿送各种游戏教具、摆放桌椅，主动帮助阿婆收拾碗筷等。由此可见，老师通过种种办法可以改变孩子的不良行为，可以让他在孩子们中间拥有一定的威信，让大家真正地亲近他、接纳他。

——选自儿童教育网

点评：

这是一篇为期一个学期的跟踪记录。跟踪记录是教师针对某个事件或对幼儿的某一方面的行为进行跟踪观察所做的记录。这些记录目标明确、针对性强，利于教师了解某方面的情况，解决某方面的问题。跟踪记录应该多做，每月只做一次记录是没有什么效果的，很难分析孩子行为的原因，同时也难知道老师怎样处理才合适。

这是成功教育的事例。幼儿的神情、行为，老师的做法都一一描述出来，记录详细。但应注意在记录时失败的事例与成功的事例同样重要，都应该如实记录。

此外，此记录有部分带有老师的议论评价，并不符合观察记录的要求，应该客观地记录这一天俊俊的攻击性行为和老师的处理方法，其他应删去。第一阶段的小结应分两部分：一是根据观察记录分析俊俊攻击性行为的原因；二是对照目标、措施小结情况，为第二阶段的教育提供依据。

【练一练】

请在实习的时候填写下面的表格，回到学校的时候就教学导入语写一篇小论文，总结一下教学导入语的类型、运用及效果。

幼儿教师导入语运用情境观察记录

班级：＿＿＿＿＿＿　　姓名：＿＿＿＿＿＿　　记录时间：＿＿＿＿＿＿

实习幼儿园名称：＿＿＿＿＿＿＿＿＿＿＿＿是大班、中班、小班

教学的内容	教师所说的导入语	幼儿反应
教师为了配合导入语是否准备了各种教具，请记录下来		

知识链接

让儿童观察记录更客观真实

2014年暑期，我有幸参加中国学前教育研究会主办、《学前教育》杂志社承办的"学习故事：新西兰课程、实践和评价"高级研修班，见到了来自新西兰的老朋友多瑞和艾里

森。尽管有些内容早在 2007 年我去新西兰参观学习时已经有所了解，但时过 7 年，也许是因为参与教育部《3～6 岁儿童学习与发展指南》（以下简称《指南》）的研制工作，也许是《指南》颁布后赴各地培训教师，也许是这些年个人经验的积累与关注点开始变化，新西兰的儿童"学习故事"和"注意—识别—回应"的儿童学习评价给我留下了特别深刻的印象，也引起了我的一些思考。

一、沿正确方向坚持前行

回顾 20 多年来在儿童发展评价方面所走过的历程，我们的认识、理解和实践也经历了不断发展变化的过程。

早在 1989 年《幼儿园工作规程（试行）》颁布时，"坚持积极鼓励、启发诱导的正面教育""为幼儿提供充分活动的机会，注重活动的过程，促进每个幼儿在不同水平上得到发展"的理念，就引导着广大幼教工作者，特别是一线教师，确立了积极评价、过程性和发展性评价的思想，开展了相关实践和探索。

2001 年颁布的《幼儿园教育指导纲要（试行）》（以下简称《纲要》）则进一步阐释了幼儿发展评价的目的是了解幼儿发展的需要以便提供更加适宜的指导和帮助，要全面了解幼儿，承认和关注幼儿的个体差异，以发展的眼光看待幼儿，注重采用自然的方法观察幼儿在日常活动和教学过程中具有典型意义的行为表现和结果，并将其作为评价的重要依据。应该说，《纲要》的实施使教师们在评价儿童时兼顾了个体和全体、过程和结果、日常表现和典型行为。

如今，以观察为基础的儿童发展评价已成为幼儿园教师最重要的基本功。2012 年颁布的《幼儿园教师专业标准》则将"激励与评价"作为幼儿园教师应有的重要专业能力之一，特别强调要"关注幼儿日常表现，及时发现和赏识每个幼儿的点滴进步，注重激发和保护幼儿的积极性、自信心；有效运用观察、谈话、家园联系、作品分析等多种方式，客观地、全面地了解和评价幼儿"。激励、赏识、客观、全面是对儿童发展评价的新要求。《3～6 岁儿童学习与发展指南》既提出了儿童的发展目标又列举了儿童的典型表现，进一步引导教师们将儿童在日常生活、学习和游戏中的典型表现和发展目标建立联系。

在与新西兰同行们的交流和对两国的政策文本、实践经验的对比分析中，我们可以发现，中新两国幼教工作者在儿童发展评价的方向、基本理念和原则上有着高度的一致性和共同性，如评价是为促进儿童的学习和良好发展，将评价嵌入课程之中，评价基于儿童的优点和原有经验等。这也从一个方面证实了我们的方向是正确的，与国际范围的基本共识一致。

二、找自身问题不断改进

在接受新西兰专家培训时，我边听边看边想，总觉得尽管我们在儿童发展评价方面的基本方向相同，但具体做法却有着明显不同。不同的原因究竟在哪里？认真对照中新两国教师对同一段事实写出的不同的"学习故事"，我对这个问题有了答案。

培训现场，新西兰专家提供了一段描述新西兰儿童发展的事实（以下根据培训讲义整理，现场有若干配合文字的照片，文中的"我"代表教师）。

今天，一些小朋友在骑自行车，但是没有足够的车，必须轮流等待。孩子们在讨论下面该轮到谁。有些孩子不同意别人的看法，开始争执。教师也很难判断到底下一个该轮到谁。而且，有些孩子只想骑红色自行车，还有一些偏爱蓝色的。等待的时候，孩子们也不想先去其他地方玩，生怕自己错过。每个孩子都有些等累了，有些不高兴了！

这时，芳芳说："我们可以做一个名字列表，轮流写下名字。"一些孩子觉得这是一个好主意，我也是这么认为的。真棒，芳芳！

于是，我问孩子们，如果要做名字列表，他们需要做些什么。孩子们觉得需要一张大纸。成成提出，需要"胖胖的笔"，"这样字就可以写得很大"。多琳、玛丽、成成和芳芳一起去拿他们需要的东西。回来后，他们试图把纸贴在大树的树干上，但是胶带掉了下来，成成嫌树干太不平了，没有办法写名字。玛丽建议说他们可以把它移到窗户上，那里很平，容易把纸贴在上面。

我说，我在纸的最上面写上"蓝色自行车"和"红色自行车"（分别用黑色笔写了相应的英文词组）。

好好（一直在旁观）接着很兴奋地说："写成蓝色的，写成蓝色的……也写成红色。"（用蓝色笔写等待蓝色自行车的名字，用红色笔写另外的名字）这是一个好主意，好好！现在，每个人都可以很清楚地知道哪边是等待蓝色自行车的名单，哪边是等待红色自行车的名单。

新西兰专家要求参加培训的中国教师根据这个事件，仅对名叫好好的孩子进行评价，识别他获得的发展和新经验，撰写"学习故事"的"识别"部分。以下是两位中国教师现场书写的片段（根据现场录音整理）以及新西兰教师的原文。

中国教师 A：好好，当别人在讨论的时候你一直在旁边静静地观察，真专注！看来你内心一定有了自己的想法，我猜得没错！当我在纸的最上面写出红蓝自行车的时候，你勇敢地说出自己的想法，简直太棒了！真勇敢！你也能在观察同伴做事的同时做到认真倾听，并最终有了自己的主意，很棒！

中国教师 B：好好，我看到你对活动特别感兴趣，你能够积极地关注并认真地参与，能够认真倾听大家的想法，并且积极思考，大胆提出了一个有效的办法。你为我们大家贡献了自己的智慧，你能够挑战自我，并且我们大家都觉得你非常棒！在这个过程中，我能够体会到你更自信了，我为你自豪！

新西兰教师：好好对各种颜色感兴趣，他一直是一个不乐于表达的孩子。好好在这个过程中能够从别人的角度来看问题，他其实预见到了别的孩子可能不认识"红自行车"和"蓝自行车"这两个词组，他发现了可能出现的问题，于是提出了一个非常好的解决办法（说出写成蓝色和红色的字）。在这个过程中，他知道别人非常重视他的想法，于是，他能够非常自信地来表达他的想法。

对比分析中，新西兰教师根据相同事件撰写的有关好好的"识别"片段，我们能够清楚地看到其相同点与不同点。相同点体现了我们两国教师对儿童发展评价在理念、方向和原则上的相同与一致——两国的教师都从积极的角度观察到好好在比事件中的表现，都认为今天的事件对好好来说是一个进步，但不同点也能让我们清楚地看到自身在实际操作中存在的不同视角与做法。不同的方面很明显，主要表现在以下 3 个方面。

不同点一：中国教师还没有关注到幼儿经验的前后变化。

新西兰教师在识别和描述好好的发展时，先呈现他的原有经验——"对颜色感兴趣""不乐于表达"，然后识别出今天最重要的新经验——"预见到同伴可能遇到的问题"和"提出一个非常好的解决办法"、"非常自信地表达自己的想法"和"感受到别人非常重视他的想法"。

新西兰教师通过前后经验的对比分析，判断出好好在这个事件中获得的哪些新经验具有里程碑式的意义。如果没有对好好原有经验的认知，我们就无从判断今天的经验对好好来说是否具有里程碑意义。而我们在这方面的意识还不够。

不同点二：中国教师用比较多的文学词汇来表达自己对幼儿行为的赞美和赞叹。

虽然多次变换用词，比如"静静""大胆""勇敢""积极""特别""真专注""简直太棒了""非常棒""我为你自豪"等，描述的文字不少，但只传递出肯定的意味。虽然在文字量上与新西兰教师所写相差无几，但我们的"干货"——识别和描述儿童发展的真实性信息较少，而展示教师的文学功底和写作能力的信息较多。我个人认为，假如对表达美感越关注，就越会接近文学写作，而脱离从教育视角对幼儿行为和经验的真实性判断。

不同点三：在描述幼儿的行为和经验时，中国教师的用词比较大和空。

中国教师大量采用诸如"智慧""贡献""挑战自我""有效的办法""参与"等词，这种描述方式实际上没有识别出幼儿的真实行为表现，而是一种主观感受。实际上，"我想""都觉得""能够体会到""你一定""我猜"等用词都说明，中国教师的主观想象还是多了些。

总之，我们的儿童发展评价明显存在缺少关注前后变化、具有一定程度的夸张、主观等问题。因此，走向真实客观和呈现发展过程是我们今后改进儿童发展评价工作的着力点。

三、重客观真实不断积累

通过上面的对比分析，我们已经看到了问题所在，也知道了今后努力的方向和应该注意的问题——更加重视了解幼儿的原有经验，以《指南》为参照不断建立幼儿行为表现与发展目标之间的联系，学习客观真实地评价幼儿的发展。

1. 了解幼儿的原有经验，准确识别幼儿获得的发展和新经验

幼儿的原有经验是我们判断和识别幼儿获得的新经验的基础和参照点。因此，脱离幼儿的原有经验，就无法识别哪些是幼儿的新经验，也不可能看到幼儿的发展和进步。

从新西兰教师的描述中我们看到：对于好好来说，原有经验是他平时"对颜色感兴趣"和"不乐于表达"，所以今天最重要的新经验就是"预见到同伴可能遇到的问题"和"提出一个非常好的解决办法"、"非常自信地表达自己的想法"和"感受到别人非常重视他的想法"，而且正如新西兰教师在后面的回应部分所写的那样，这一事件以及好好获得的这些新经验对于好好来说具有里程碑式的意义，今后的适当做法应该是继续发现好好愿意分享的事件和时机，鼓励他分享但不强迫。如果没有对好好原有经验的认知，我们就无从判断当天的经验对好好来说是否具有里程碑意义。

2. 以《指南》为参照，客观评价幼儿的真实行为表现

再看《指南》，各项目标之下所列举的相关典型行为表现均为客观描述。比如，"愿意与他人讨论问题，敢在众人面前讲话"（语言领域，"倾听与表达"子领域中的目标2"愿意讲话并能清楚地表达"，5～6岁典型表现1），"能主动发起活动或在活动中出主意、想办法"（社会领域，"人际交往"子领域中的目标3"具有自尊、自信、自主的表现"，5～6岁典型表现1），我们应参照这种描述方式，客观描述幼儿的真实行为表现。

若以《指南》为参照，我们可对好好的行为表现进行分析，如下表所示。

原有经验	事件中的行为与结果	《指南》中对应的子领域、目标和典型行为表现	新经验
◇对各种颜色感兴趣 ◇一直不乐于表达	◇一直在旁边观察和倾听同伴的讨论 ◇兴奋地提出将字写成蓝色和红色两种 ◇每个人都可以很清楚地知道哪边是等待蓝色或红色自行车的名单	◇敢在众人面前讲话【语言领域子领域（一）的目标2. 5～6岁典型表现1】 ◇能在活动中出主意、想办法【社会领域子领域（一）的目标3. 5～6岁典型表现1】	◇预见到同伴可能不认识"红自行车"和"蓝自行车"这两个词组 ◇能够非常自信地表达他的想法 ◇知道自己的想法被采纳，很有效，别人非常重视他的想法

3. 将个体幼儿的具体行为与《指南》中的领域、目标和典型表现建立联系

教师学习把幼儿的行为表现与《指南》中相应的典型行为表现联系对应起来，进而看到行为表现所关联的目标、在上位的子领域和领域，也就是以《指南》中幼儿的典型表现为参照，学习分析个体幼儿的典型表现与发展之间的关系，以及在发展历程中所具有的重要意义。

只有多次不断地将幼儿的一个个具体事件中的真实行为表现与《指南》中的类似行为表现建立起联系，并看到上位的发展目标、子领域和领域，才能真正学会解读幼儿的行为。无独有偶，在今年暑期参加的《学前教育》杂志社主办的美国高瞻课程培训中，我也经历了从关注某一事件及事件中幼儿的行为表现，再找到这种行为表现在《儿童发展评价量表》（高瞻课程提供的类似《指南》的教师手册）中相对应的领域、子领域和典型表现所对应的等级，从而判断幼儿所处的水平，这样一个评价幼儿发展水平的过程。

实践经验与相关研究已经证实：当教师的这种经验不断积累并日渐熟练，教师观察了解幼儿的能力和评价幼儿发展的能力才能够真正建立和不断增强。愿我们在观察幼儿行为时多一些教育视角，多一分客观和真实，愿我们在评价和描述幼儿发展时少一些文学、夸张和空泛，回归到儿童的真实、教师的真实和教育的真实！

——选自《学前教育》2014年第12期

【推荐阅读】

1.《学前儿童行为观察（第2版）》（华东师范大学出版社）

内容概览：《学前儿童行为观察（第2版）》，从理论到实践，共分为12个章节，讲解了对学前儿童进行行为观察的相关知识和要点，阐述了进行行为观察的重要性，并附上了在五大领域中对幼儿进行观察的案例与分析，是提供学前教育专业学生和幼儿园教师使用的素材。

2.《幼儿行为观察与记录》（华东师范大学出版社）

内容概览：本书是幼教老师的入门书，在内容撰写方面，不仅要求笔调简要且详细说明，并在介绍各种观察与记录方法时，均附有详细实例，皆在能使读者自行阅读且便于理解。在章节安排上，首先，从幼儿行为观察与记录的意义与重要性进行详细介绍；其次，针对各种观察与策略方法的理论与实例进行铺陈；再次，对于进行幼儿行为观察与记录的伦理议题加以论述。

3.《幼儿行为观察与指导这样做》（华东师范大学出版社）

内容概览：本书编写充分考虑了教师的学习特点，旨在调动教师已有经验的基础上促进教师有意义的学习，促使教师不仅重视观察幼儿的意义，更能够在工作中主动有效地开展幼

儿行为观察与指导。希望本书能够成为幼儿教师和学前教育专业的学生观察与指导幼儿的实践"支架"，不断实现自身的专业发展！

4.《幼儿园自主游戏观察与记录——从游戏故事中发现儿童》（中国轻工业出版社）

内容概览："儿童是以有能力、有自信的学习者和沟通者的身份成长的"，这是新西兰"学习故事"，也是本书告诉我们的。本书从幼儿园的自主游戏和户外游戏入手，选取了幼儿园真实的幼儿游戏案例，运用边观察、边剖析的方式进行呈现，最后给出了实用性的指导建议。所以，这既是一本有关幼儿游戏观察、记录与解读的图书，也是一本指导幼儿教师如何开展自主游戏和户外游戏的图书。

5.《幼儿发展性评价手册》（北京师范大学出版社）

内容概览：本书为教育部"十二五"人文社会科学研究项目"关于幼儿发展性评价的实践研究"的研究成果，全书包括 3 个部分：第一部分是幼儿发展性评价的概述，介绍幼儿发展性评价的特征和结构体系等；第二部分阐述幼儿发展性评价的组织与实施策略，包括教师

如何使用幼儿发展检核表、如何搜集幼儿档案及如何撰写综合报告；第三部分是幼儿发展性评价的指标体系，具体包括"幼儿发展指引"和"检核表"两部分。

6.《怎样评价幼儿才有效》（中国轻工业出版社）

内容概览：本书涵盖了幼儿教育评价流程中的所有内容，提供了评价的窗口、评价信息的收集和记录、评价信息的含义解读等内容，能够为幼儿教师开展真实性评价，进一步明确和细化评价指标，使用评价结果来规划课程，以及回应和支持儿童的学习提供直接的指导。

7.《发现童心的秘密》（少年儿童出版社）

内容概览：书中围绕实施幼儿发展评价的意义，如何用解读指标的方式走进幼儿发展评价，如何用多样化的观察方式开展幼儿发展评价，教师、家长、幼儿等多元主体共同参与评价，以及教师如何通过幼儿发展评价实现专业成长等板块展开详细阐述。

8.《0-3岁儿童观察与评价》（上海交通大学出版社）

内容概览：本书注重阐述0～3岁儿童行为观察与评价的原理和方法，根据不同月龄段对儿童动作、认知、言语、社会性和情绪等领域的观察要点和观察方法进行具体讲解，并在此基础上进行评价分析，从而有针对性地提出促进0～3岁儿童各领域发展的教育策略。本书适合高等院校学生、早教工作者以及0～3岁儿童家长使用。

9.《幼儿的最近发展区，你找到了吗？》（少年儿童出版社）

内容概览：本案例集是在专家与一线教师案例工作坊的基础上，从众多观察案例中精选汇编而成，包括健康、社会、语言、科学（含数学）、艺术等领域具有普适价值的20个案例。所有案例均包含"案例描述""案例剖析与解读""教师观察与支持""问题思考""附录"，聚焦特定幼儿在某一领域中有意义的行为变化，同时描绘了幼儿发展的连续性。

10.《用专业的心，让观察更有温度》（上海教育出版社）

　　内容概览：本书从"以儿童发展为本"的教育理念出发，以"理性思考""故事呈现""心路历程" 3 部分展开。第一部分从"概述""回溯""立场""探寻"和"反思"几个维度总体介绍了"学习故事"的本土化研究对幼儿教师观察的深刻意义以及取得的成效。第二部分将来自不同年龄段幼儿、不同场景下的事件，出自不同专业发展期教师记录的各种故事一一呈现，让读者感受到每个故事背后的意义。第三部分从新手教师笔记、骨干笔记、教研笔记和家长笔记 4 个维度呈现出 10 多个生动活泼的故事，反映成长与成功。

11.《最近发展区视角下的幼儿行为观察与分析》（少年儿童出版社）

　　内容概览：本书是在专家与一线教师案例工作坊的基础上，从众多观察案例中精选汇编而成，包括健康、社会、语言、科学（含数学）、艺术等领域具有普适价值的 20 个案例；所有案例均包含"案例描述""案例剖析与解读""教师观察与支持""问题思考""附录"几大板块，聚焦特定幼儿在某一领域中有意义的行为变化，同时描绘了幼儿发展的连续性。

项目 18　案 例 分 析

【文体说明】

案例分析是对一个真实的教育教学问题或者事件的记录与再现、反思与探讨。在教育论文中，教学反思和个案研究与案例分析属同一类，这里不再分开介绍。

【格式要求】

案例分析的写作没有统一固定的格式，一般包括案例记录（时间、地点、人物、事件）及对案例的反思。

从文章结构上看，案例一般包含以下几个基本元素：

1. 背景

案例需要向读者交代故事发生的有关情况：时间、地点、人物、事情的起因等。

2. 主题

案例要有一个主题。写案例首先要考虑我这个案例想反映什么问题，是想说明怎样转变差生，还是强调怎样启发思维，或者是介绍如何组织小组讨论，等等，动笔前要有一个比较明确的想法。

3. 细节

有了主题，写作时就不会有闻必录，而是对原始材料进行筛选，有针对性地向读者交代特定的内容。比如介绍教师如何指导幼儿掌握学习方法，就要把幼儿怎么从"不会学"到"会学"的转变过程，特别是关键性的细节写清楚，不能把"方法"介绍了一番，说到"如何掌握"就一笔带过了。

4. 结果

案例不仅要说明教学的思路，描述教学的过程，还要交代教学的结果，即这种教学措施的即时效果，包括幼儿的反应和教师的感受等。读者知道了结果，将有助于加深对整个过程内涵的了解。

5. 评析

对于案例所反映的主题和内容，包括教学的指导思想、过程、结果，对其利弊得失，作者要有一定的看法和分析。评析是在记叙基础上的议论，可以进一步揭示事件的意义和价值。

【写作要求】

一、关于案例的选择

（1）案例要具有生活性与真实性。尊重事件本来的面目，维护其高度的现场性。所有的案例都来源于真实的教育教学实践，不是凭空杜撰的，应描述事件发生的时间、地点、人物活动或者思想行为，揭示人物的内心世界，如动机、态度、假想、需要等。值得注意的是，教学案例一般都是在事件发生之后，教师凭借记忆以书面形式呈现的。如果间隔时间过长，教师对事件记述的清晰度和真实性就会降低，原本在现场的感悟一旦脱离了事件的原发情境就会失去原貌，最终导致建立在模糊事件上的反思发生扭曲，因而记录教学事件要及时。

（2）案例要具有典型性与特殊性。所谓典型性就是教师必须选择具有典型意义的教育事件，而非司空见惯的事件，即案例要具有一定的代表性。几个事件实质上可能都反映同一类问题，一个事件也可能演绎出几个问题。因此，记录要有所选择，应该记录有代表性的、关键性的事件，进而分析、反思，提出解决问题的有效策略。值得一提的是，有的教师认为案例就是记录一些比较重大的事件，重大的事件才有代表性。其实不然，教学中的细节只要教师觉得有感悟、有启发，都可以记录为案例。

（3）案例要具有深刻性与发展性。撰写教学案例最大的价值是教师通过反思和分析，使教育行为更加有效，从而促进专业发展。这就要求教学案例中的分析和反思有一定的深度，使教师的教育行为朝着更有效的方向发展。

二、关于案例分析（反思）

（1）找准问题的症结，尊重自己的实践性学识，敢于说出自己的真实想法。

（2）尝试提取案例中的理论成分，从案例中分析理论要素，把实践的经验和行为提升到"说清其理论依据"的层面，从中体验教学实践经验上升为教育理论的过程，促使自发的行为转变为自觉的行动。当然这需要一定的时间，不可能一蹴而就，因为教学案例的价值实现具有长期性和长效性。

（3）要从案例中得到启示，发现问题、解决问题，对照自身的教学观念和行为，不断改进，并学会感悟案例中解决问题的思维方式和理念支撑，以不断改进自己的教学观念，提高教学素养。

（4）案例的分析研究不要过分地集中于个别情境或者特殊问题，而应分析教学的基本特点以及值得研究的问题，注意对教学做整体的考察和深层次的分析，把握好"收"与"放"、"点"与"面"的关系。

【例文】

例文一

蛋宝宝浮起来

活动背景：

根据皮亚杰的理论：活动中的材料是幼儿思维的基石，脱离了活动材料的探索将是一纸空谈。设法让沉在水底的物体浮上水面，浮在水面的物体沉到水底，这是大班常见的探究活动内容，我在"蛋宝宝浮起来"这一活动过程中，以"一课三研"的方式尝试投放不同材料，引导幼儿亲自实践、发现问题，进而把探究引向深入。

实践一：材料投放的种类单一，循规蹈矩

活动情景：

第一次活动，我准备了泡沫板、软泡沫、双面胶等材料若干，要求每位幼儿利用这些材料想办法使生鸡蛋浮起来。

孩子们一开始就迫不及待地拿起材料开始做起来。他们有的将蛋直接放在泡沫板上，可泡沫板总是左右倾斜，蛋老是从板上滑落下来。"真好玩！"孩子就这样反反复复地试，乐此不疲。有的用双面胶将泡沫板和鸡蛋粘在一起，鸡蛋有点摇晃，可最终没有滚落下来。"还是不稳，再加一层好了！"他们又在泡沫板上贴了一层双面胶，这样似乎牢固多了。"这次可能行！"结果泡沫板在水上还是左右倾斜，鸡蛋依然掉了下去，实验宣告失败。有的将蛋放在大块的软泡沫中，发现蛋居然浮起来了，他们大声地欢呼起来："浮起来了！浮起来了！"其他的孩子也纷纷效仿。活动过程中孩子们的兴趣的确很高，大部分幼儿都是把原来沉在水底的蛋放在软泡沫上面"完成任务"的。

我的分析：

为什么大部分幼儿的操作方式都停留在简单而粗浅的水平上，缺乏从新的角度的探索？我的分析是：本次活动重点仅仅局限于通过实验发现可借用有浮力的软泡沫使蛋浮起来这一个结果，对于大班幼儿而言过于浅显，活动也不具有吸引力和挑战性。我所提供的主材是一块大的软泡沫，幼儿不用太动脑筋就会把蛋放在上面，完成任务，这限制了幼儿的活动和思维。

《幼儿园教育指导纲要（试行）》强调："提供丰富的可操作的材料，为每个幼儿都能运用感官、多种方式进行探索提供活动的条件。"我认为：在活动中，材料越丰富，选择余地越大，幼儿想象的空间也就越大，越有利于幼儿创造力的发挥。因此，应该提供足够丰富的材料。

实践二：材料投放得过多过杂，相互雷同

我的调整：

基于上述分析，第二次我将活动的重点由结果转至探索与发现的过程，增加了材料的种类与数量，丰富了关键材料与辅助材料，加大了材料的难度，提供比例小的软泡沫，使其不能承载一个鸡蛋的重量。我把幼儿分成 4 个组，每组都投放相同的平行材料，如：绳子、双面胶、透明胶、软泡沫、泡沫板、布、纸等。

活动现场：

活动开始时，各组首先想到的都是用绳子把软泡沫与生鸡蛋捆绑在一起，我们称作"捆绑式"。接下来，有的小组看到还有剩余的材料可以利用，想到用软泡沫把蛋包起来、再用双面胶或绳子结结实实地捆扎起来，就像一个"蚕宝宝"似的，我们称作"包裹式"。有的则将布打开平铺在水面上，再在布的上面放一块软泡沫，俨然就是一个水上沙发，最后再将蛋放在沙发中央，蛋就稳稳地浮在了水面上，我们称作"沙发式"。

我的分析：

面对这次活动中出现的各组方法雷同的现象，我的分析是：本想给每一组相同的、充足的材料，多给幼儿一些选择的机会，让幼儿能按自己的想法和方式解决问题，但结果却事与愿违。各组材料的相同也导致了幼儿之间的相互模仿，出现"双胞胎"的情况。这两次活动材料的投放从一个极端走向了另一个极端，材料内容从单一变为了丰富多样，但忽视了幼儿的个别差异和他们真正的需要。

实践三：材料投放的多元化，有的放矢

我的调整：

《幼儿园教育指导纲要（试行）》指出："尊重幼儿在发展水平、能力、经验、学习方式等方面的个体差异，因人施教，努力使每一个幼儿都能获得满足和成功。"这提示我在投放材料时要根据幼儿能力的不同提供操作难易程度不同的活动材料，做到有的放矢，这样幼儿就可根据自己的能力选择不同的操作材料。由此，在第三次活动中对材料的投放策略一是有针对性地提供两大类材料：一类是具有多种组合的可能性材料，供能力较强的幼儿自由地用自己的方式操作、改变、组合它们，去解决问题；另一类则是直接材料，由能力较弱的幼儿选择适合自身的各种材料，通过摆弄操作去感知思考，寻求答案。策略二是有目的地控制材料的具体类别，每组给予不同的材料。

活动现场：

第一组获得的主要材料是筷子与橡皮筋。他们先将两根筷子平行放在盆沿上，再把蛋轻轻放在两根筷子之间，这样蛋就被两根筷子架在了半空中。"是吗？是浮在水面上的吗？它们隔这么远？"

第二组则要想办法利用鼠标垫、一次性塑料勺子、塑料夹子等材料。刚开始他们将蛋放在塑料勺子中，可勺子不断地翻倒。接下来他们又在勺子的边沿夹上夹子加大面积，还是不行。最后，他们将鼠标垫剪成一小块一小块的，用夹子把它夹在勺子的边沿，这样勺子的边沿幅度加宽加深了，再将蛋放在勺子中，成功了！

第三组面临的挑战是有限的材料——筷子和泡沫板。一拿到筷子与泡沫板，幼儿首先就是在泡沫板的四周插上筷子，围成一个栅栏，将蛋放在中间，蛋滚来滚去的，老把泡沫板弄个底朝天。后来他们先将蛋放在泡沫板中间，又用筷子沿着蛋沿插下去，为蛋铸造了一个"监牢"，将它固定在中间，让它一动不动。这下蛋终于听话了！

第四组得到的材料是泡沫板、塑料夹子、一次性桌布。开始时他们将鸡蛋放在泡沫板中间，结果不是板翻了，就是蛋滚下去了，不行！他们又将泡沫板拿出平放在桌上，再把蛋放在板中间，然后在上面铺上布，用夹子沿边夹上，就像一个饺子似的，而蛋就是饺子的馅！这种方式是不是该叫作"饺子式"了？

我的分析：

在第三次活动现场我看到了两种成功。一种是结果的成功；另一种则是过程的成功，这种成功的幼儿虽然结果失败了，但在整个活动过程中，这些幼儿都始终处于一种兴奋的状态，并且他们想尽办法去解决问题，收获更多，这时结果对于他们来说不是那么重要了。

我的收获：

综观 3 次活动，材料不一样，过程不一样，结果也不一样，使我对活动材料投放与幼儿活动有了新的认识。

（1）投放多样的活动材料——关注幼儿多种经验。科学探究活动中应有目的地投放多样的活动材料。多样的活动材料让幼儿有了更大的选择空间，幼儿可根据自己的喜好与需要选择各种材料，按自己的经验操作、改变、组合使用材料，获得不同的发现和收获。

（2）提供不同层次的活动材料——满足每个幼儿需要。异中求同，投放不同的材料，让幼儿去解决同一问题，为幼儿提供了产生与众不同思维的机会。同一阶段的幼儿发展水平也存在差异，要根据幼儿的个体差异，提供适宜的不同层次的材料，让每一个幼儿都能在活动中有所收获。材料的投放不能"一刀切"，应该通过观察，评估幼儿的发展状况，预先做好思考，为不同发展水平的幼儿提供相应的材料。

（3）有控制地投放材料——关注活动过程的意义。同中求异，有控制地限量投放同类材料，让幼儿经历用不同的方式使用材料解决同一问题。投放材料仅考虑材料数量多、品种全，容易导致幼儿盲目选择、无从选择。教师事先就要对幼儿操作材料的已有经验进行调查，对幼儿在实践过程中可能出现的情况或所遇到的问题要有充分的预想，以便及时给予帮助。利用有限的材料去发现不同问题，找出不同方法，这正为幼儿独特的思考提供了机会。

——选自《幼教园地》

点评：

该教师能通过教学案例的反思和分析，找准问题的症结，并能尝试提取案例中的理论成分，从案例中分析理论要素，把实践的经验和行为提升到"说清其理论依据"的层面，从中体验教学实践经验上升为教育理论的过程。

例文二

"我还没有玩上呢"

在工作的两年里我带过许多孩子。有些孩子性格内向腼腆，规则意识很强；有些孩子顽皮活泼，经常破坏游戏规则。但是面对老师，那些不守规则的孩子往往能够把应该遵守的规则说得清清楚楚。这是为什么呢？最近一次户外游戏中发生的事，给了我启迪。

前些天，幼儿园为每班配备了两辆摇摆车。摇摆车刚拿到班里就成了孩子们的最爱，大家都争着抢着玩。后来我班的摇摆车坏了一辆，我为了减少孩子们的争抢，便从大班临时借了一辆红色的车。孩子们看见后都很喜欢，我便与他们商量有什么办法能让每个喜欢摇摆车的小朋友都玩上，最后我们一起商定：大家要排队轮流玩，每个人都可以玩一会儿，但不能总玩一样玩具。

因为事先有了游戏规则，大多数孩子在游戏中还算比较自觉。宝宝玩了一会儿便让给了排在第一个的文文玩，过了一会儿文文也很自觉地下了车。这时，一直没有排队的达达动作飞快地抢先坐上了车。"老师，达达没排队。"安琪告状。"达达，你看大家都在等着玩呢，你不排队还抢在别人之前玩，你觉得这样做对吗？"我问他。"嗯，因为我想玩。"达达有些不乐意。后来我一想，既然达达已经坐在了车上就让他玩一会儿吧！于是我对达达说："那达达你玩一会儿就赶快下来啊！"

过了一会儿，我发现排队等着玩车的孩子们都噘起了小嘴，有的还在嘟囔："怎么还没轮到我呀？"有的孩子干脆放弃，去玩别的玩具了。"老师，达达不排队怎么也玩了？"安琪愤愤不平。"达达做错事了！"泽泽也跟着说。一看其他排队的孩子开始表现出不满，我便请达达听听小朋友们对他的意见，达达只好从车上下来了。他刚下来，一直排在后面的安琪也不管前面站了多少人，用最快的速度冲了上去，一下坐到了车上。"老师，我排了半天了。"慧慧有些着急地对我说。我连忙安慰道："别着急，一会儿就能轮到你了。"慧慧听了这才去玩别的玩具了。

到收玩具的时间了，慧慧又来找我，她带着哭腔说："老师，我还没玩呢！"她这么一说我才发现，由于游戏时间较短，慧慧又是按照我的要求在排队，所以还不等轮到她，我已经要求收玩具了。配班老师走过来对慧慧说："没关系，明天再玩吧！""不行！我要玩！"

慧慧坚持着，委屈得哭了起来。我正觉得很为难，不知该怎么处理时，配班老师对慧慧说："这车老师还得还给大班的哥哥姐姐呢！"这句话提醒了我，于是，我对慧慧说："慧慧一直排队呢，可是小朋友太多了，慧慧没排上，对吗？""嗯！"慧慧哭着点点头。"那慧慧就帮着老师把车还给大班哥哥姐姐吧！"看慧慧没明白，我接着说："你可以把车开到大班呀，这样你不就玩上了吗？"她这才明白了，用手擦了擦眼泪，笑着开车去了大班。

反思：这件事给了我很大的震撼。达达不遵守规则玩上了车，而我当时并没有意识到我的态度其实是对达达无意识的纵容，是对那些遵守游戏规则的孩子的不尊重。

《幼儿园教育指导纲要（试行）》在社会性方面对小班幼儿的要求是："遵守游戏和日常生活中的规则，初步学会等待、轮流等，初步体验规则的作用，逐步养成遵守规则的意识。"孩子的言行往往都是在对成人的观察中形成的，即使成人的一些无意识行为，在幼儿看来也是效仿的榜样。慧慧一直都听从我的要求，不争不抢，轮流排队，可因为时间不够造成了她没有玩成。如果这次不让她玩，那么下次她还会再继续遵守规则吗？长此以往，孩子们会不会觉得老师说话不算数呢？如果老师不守诺言，孩子们会慢慢地失去对老师的信任。所以我觉得，这次慧慧的要求并不过分，应该满足她，这样，孩子会感到被尊重，下次游戏时，她还会愿意按照老师的要求去做。如果我坚持让慧慧收了玩具，那么慧慧会觉得不遵守规则的孩子都玩上了，而她这个遵守规则的孩子却没玩上，会从心里感到不平衡，也就根本体会不到规则的作用，那么下次慧慧可能就不再遵守规则了。久而久之，孩子在这样的"轻易毁约"的环境中长大，也不易形成诚实守信的品质。

仔细分析，孩子出现不遵守规则的情况，原因是多方面的。一是不知道游戏规则。小班幼儿注意力保持时间短，老师在提要求时，孩子心里想的是赶快去玩，根本没有听到老师的要求。二是游戏时过于投入，忘记了规则。孩子们天生喜欢游戏，一玩起游戏来就忘了其他的事，自然也就不会特意记住游戏规则了。三是自己守了规则而被不守规则的幼儿抢先玩了玩具或游戏，于是也加以效仿。

针对这些情况，我以为要想更顺利地让幼儿形成规则意识，教师首先应在游戏前用最短的时间向幼儿说明规则；其次，在游戏的过程中，老师要适时介入，树立正面榜样，适当提醒幼儿遵守规则，当然，如果孩子有合理的需要而破坏规则，那么老师要灵活处理；最后，老师要以身作则，如果对孩子许下诺言就一定要兑现。

——选自 http://www.yejs.com.cn/Htmlib/14897.htm，略有改动

点评：

该案例并没有选择大型的事件。教师记录了一件教学中有代表性的事件，进而分析、反思，提出了解决问题的有效策略。但对达达破坏游戏规则的事没有处理也没有反思，是本案例的不足。

例文三

幼儿园口语案例反思：帅的定义

实录：

小班的孩子们非常喜欢动画片《西游记》，尤其是几个男孩子，潘××、沈×经常唱"猴哥，猴哥"。一天，幼儿们又在一块儿边唱《西游记》的插曲边学着孙悟空、猪八戒的动作，于是我也走过去加入他们并问："你们最喜欢里面的谁啊？"几乎所有的孩子异口

同声："孙悟空！""为什么最喜欢孙悟空呢？""因为他本领高强。""因为他会打妖怪！"
"因为他会七十二变！""因为他很帅！""就是，就是，是帅哥！""哈哈哈！"一句话引得所
有的孩子连同我都笑了起来。我追问："什么叫帅啊？"这下教室里可算是炸开了锅。"帅
就是很好啊！""帅就是很漂亮！""帅就是很多人喜欢他！"接着我们又说到了猪八戒，很
多孩子都说不喜欢他："因为他很懒！""因为他会偷东西，偷吃人参果！""因为他很胖！"
"因为他不帅！"教室里一片沸腾！许多孩子随声附和："对啊对啊，他喜欢抢美女！""哈
哈哈哈哈！"

反思：

"帅哥""酷""美女"这些时下流行的"经典词"常常会不经意地从我们成人的口中冒出，
在电视剧甚至动画片中更是屡见不鲜。而当它们从孩子的口中说出时，我们常常会"另眼相
看"。平常我们总会有意让孩子远离这些似乎不太适合他们年龄特点的词，觉得从他们口中说
出这样的词，破坏了童真，会对他们今后有不良的影响。但是成人做出的种种"防范"的结
果又是怎样呢？事实上，所有成人觉得不适合孩子，有意避开孩子的词语、事物，却都无一
例外地成为孩子们闲暇时津津乐道的话题。

但是如果我们仔细想想，听听孩子的解释，不难发现，他们喜欢这些词，仅仅是因为它
们出现的频率着实让人难以忘怀，并且他们在使用这些词时也已经赋予了它新的意义：

"帅就是很好啊！""帅就是很漂亮！""帅就是很多人喜欢他！"那么，用"帅"来评价自
己喜欢的人物又有何不妥呢？

我们知道，一般来说，孩子突然热衷的行为，往往是符合该年龄阶段孩子发展水平的新
的需要。这时，作为教师和成人，最应该做的是关注孩子在活动中的表现和反应，敏感地察
觉他们的需要，把握时机，积极引导。正如《幼儿园教育指导纲要（试行）》所指出的："教
师应以关怀、接纳、尊重的态度与幼儿交往，耐心倾听，努力理解幼儿的想法与感受，支持、
鼓励他们大胆探索与表达。"这样的教育思想说起来容易，在实际工作中要真正做到确实很不
易。我们常常口号式地说要走进孩子的童心世界，而碰到具体问题呢？多半是把自己的理解
强加给孩子，用成人的思维方式来看待孩子的行为和言语。对于那些自认为不太适合孩子的
事物，武断地想将它们与孩子隔绝。其实，恰恰是成人的这种屡屡避讳，极大地刺激着孩子
的模仿欲望和好奇心。

好奇是人的天性，求知是人的本能。幼小的孩子们可以说是个个好奇、好问、好探究，
他们生机勃勃，精力充沛，不知疲倦地探索周围世界。他们什么都想知道，他们的问题没完
没了。人生活在大自然中，就是力图了解和认识本身所处的外部世界，并努力适应周围环境。
事实证明，孩子们不可能生活在真空中，成人苦苦为他们创设所谓的"真空"，只会让孩子丧
失应有的辨别和适应能力！与其让孩子带着"色彩"来"认识"这些言语和事物，不如抓住
这个契机，捕捉它们，并创造条件，提供刺激，总结经验，在孩子自身发展需要的基础上组
织相应的活动，引导孩子们以平常的心态直面这些事物，满足发展的需求，保持住孩子们永
久的好奇心！

——选自张家港市港口幼儿园网站，略有改动

点评：

这篇文章从一个"帅"字的解释入手，记录了孩子们富有童趣的语言，从而引发了老师
的思考。老师的反思由一个字的使用联想到大人对孩子好奇心的阻挠，感悟到阻挠不如引导。

文章由小见大，正体现了教学反思的意义。但确实有"幼儿不宜"的言语、图像、游戏等事物，有些的确应防范，不要走偏才好。

【练一练】

2020年"保教知识与能力"真题

莉莉和小娟玩游戏，她们想让5个娃娃睡觉，但是没有小床，于是她们找到木板做小床，莉莉说："床不够。"小娟挑出2个留着长头发的娃娃说："他们长大了不需要睡午觉了。"莉莉说："好的。"然后将3个需要睡觉的娃娃中最大的一个放在中等大小的盒子里。小娟试图把中等大小的娃娃放在最小的盒子里，但放不进去，于是莉莉说："换一换。"然后将最小的娃娃放在了最小的盒子里，中等大的娃娃放在中等大的盒子里，最大的娃娃放在最大的盒子里。小娟说："娃娃们，好好睡觉吧。"

（1）从学习与发展的角度，分析上述案例中莉莉和小娟的行为。（10分）

（2）这次游戏后，教师应当如何支持莉莉和小娟的学习与发展？（10分）

【完成练习】

_____

_____

_____

_____

知识链接 ⫸

教师的成长等于经验加反思。通过教学反思，来提高教师的自我察觉水平，以推动教师专业成长，改善教师教学行为，促进教师能力发展，提升教师专业素养。幼儿园倡导幼儿教师写案例分析（教学反思），要求课后小反思，每周大反思，主题总反思，针对幼儿园教学活动的有效组织形成一条反思链，由浅入深，螺旋上升，在反思过程中加强课程研究，提高教学技艺。

幼儿教师应该从哪些角度去反思呢？

一、实话实说——写得和失

一节课下来，教学的状况如何教师在不同程度上是心知肚明的，教学效果抑或超乎所想，抑或不尽如人意。组织教学活动可因教师一个有趣的开头而使课堂气氛空前活跃，可因教师的一个眼神、一个手势而令故事情趣大增，可因一种新的教法而获得意想不到的效果，或者因为讲得多做得多而使幼儿索然无味，也会因为一个环节的疏忽而开了小差、走了弯路。再者，"因"与"果"是相互作用的，不管得失成败，教师皆应实话实说，将其记录在案，以期在今后的工作中考虑更周到，操作更自如，不走弯路，少走弯路。如幼儿提出的问题，教师一时难以回答，教师课后应记录下来，日后查找资料，再补充解答。

反思案例

科学活动——拆装圆珠笔

在本次活动中，我没有注意幼儿已有的经验差异，所以，一些幼儿很容易就能完成整个过程，显得无所事事。我应该事先准备一些更复杂的笔，一旦出现以上情况，就可以给这些幼儿创设进一步探索的空间。另外，请个别幼儿为大家演示的时候，虽然使用了实物投影仪，但效果还是不理想，幼儿依然看不清楚一些细小的、关键的步骤。可以用小组学习的方式，让每组会装的幼儿在组内演示，这样不仅解决了问题，加强了幼儿之间的相互学习，同时，也能够给这些幼儿带来自信。还有，在把笔拆开后，要引导幼儿加深对各个零件的认识，特别了解圆珠笔里弹簧的作用。

二、及时反馈——写师和生

教学过程是师生对话、互动的过程。教师的情绪，教师的举手投足，教师对幼儿、对教材的理解以及对教法、学法、教具的运用直接作用于幼儿，影响课堂气氛和活动质量。相反，幼儿的注意情况、参与程度、疲劳状态、个性特征和经验差异等也反作用于教师。此二者同时存在，相互作用，彼此牵连，影响着教学的效果。因此，组织活动结束后教师应及时反馈，将师生双向的表现与活动的质量做辩证的分析，以帮助教师在日后备课、上课时能对师与生的情况做更全面的把握。如公开课效果不好，教师往往会说"这些孩子没配合好"，这里面教师也要反思：我了解孩子以及他们对于学习相关内容的经验和最近发展区吗？活动中我是一厢情愿还是能顾及幼儿独特的想法与感受呢？我的提问语言能够让幼儿明了其中的意思和要求吗？教师要学会从自己身上找原因，求对策。

反思案例

主题活动——春天在哪里

在开展主题活动"春天在哪里"的初次谈话中，发现孩子们对春天已有一定的了解，经验较丰富，涉及了天气、植物、动物、人们的活动等几个方面。有几个孩子能用优美的语言去描述春天的美景，当我问他们什么是芽、什么是冬眠时，孩子们则难以回答。因此，如何根据幼儿当前的水平帮助幼儿去丰富经验，如何才能发挥幼儿寻找春天的最大能动性与创造性呢？"春天在哪里"这个主题内容复杂、头绪繁多，如果按一个线索发展可能太偏又不利于幼儿整体经验的获得和积累，而且容易掉入传统教育的模式。基于对本班幼儿的分析和思考，我想是否大胆一些，用分组的形式来满足不同幼儿的需要，几个线索同时展开，不仅能加快探究进程，而且能相互补充，让幼儿与同伴共同分享自己获得的经验。思来想去，我决定做这样的一次尝试。

三、综合分析——写教与学

教学反思应该是说课的外延，它与说课互补，形成一个完整的"说课—备课—上课—写教学反思"的基本程序。一节课过了，教师要从教与学两个方面来综合分析。本内容幼儿的兴趣和接受程度如何？教法应用如何？幼儿的主动性有没有得到发挥？提问的程度怎样？

处理回答和追问的方式、幼儿的学习方式有效吗？环境和材料的互动效果怎样？幼儿的学习出现困难了吗？幼儿学到了什么？有没有达成预期的目标……一个主题延续了一段时间，做完后教师同样要综合分析：通过这几个活动，能不能完成主题总目标预设的要求？开展的具体活动哪些比较符合幼儿的兴趣和经验、效果反应好，哪些内容幼儿缺乏兴趣、远离生活经验，效果不够理想？主题展开中是如何在预设中进行有机生成的？教师如何对幼儿进行跟踪观察，激励幼儿自主探索、多元表达？再者，也可进一步反思，在主题背景下如何兼顾领域平衡……教师应对实际的教学情况进行比较分析，找出问题的关键，把影响教与学的因素综合出来，记录在教学反思中，日积月累，不断丰富自己的教学经验。

反思案例

美工活动——做拉花

这个活动是从我班的生成性主题"我们喜欢玩蹦蹦床"，幼儿从蹦蹦床的弹簧到观察生活中有弹性的东西引发而来，孩子们在实验过程中了解到弹簧是由没有弹性的东西——钢丝做成的。我们鼓励大班幼儿来做拉花：将没弹性的纸想方设法变成有弹性的东西，从而让幼儿进一步感知弹性，领悟事物之间的转换和变化关系，了解事物的性质和特征。

这小小的做拉花活动，却包括了许多知识难点。如数学概念：折成三角形、平行的概念，几层、对等，从何处剪起……美感：粗细、宽窄、匀称、色彩……在引导孩子学习时，要等待，教师必须学会等待！因为每个孩子身上都有无穷的潜能，有自己的创造和想象。如果一开始教师就想把自己的方法教给孩子，也许就束缚了孩子的思维空间，所以要给孩子琢磨、探究的机会和时间，让他们在一次次的尝试中积累经验，学会主动探索，认真做事。在这一系列的活动中，我告诫自己，让幼儿在前，我退后一步，竭力把前一天想教孩子的念头一再压制在心底，事实证明，我做对了。

四、找准要点——写特点

多年的教学经验告诉我们，上好一节课不容易，一节课要面面俱到更不可能。一节课能有个特色，有个闪光点，能有一种值得借鉴的好做法，就得承认其成功。如我市一所幼儿园有一位男教师，他上体育课用的道具材料特别简单，他善于用简单的材料创设富有情趣的游戏和学习情境，如用一根长绳围成圆圈变成"池塘"，让幼儿在池塘里学做小蝌蚪变青蛙的过程，再把长绳变成"河"，让"青蛙"选择宽窄不等的距离"跳过河"等。有的教师特别注意活动中动态资源的生成和利用，也有的教师对合作学习或小组活动有独到的做法。

在教学反思中就可以把这些闪光点扼要地记上，写下该活动的特点，以便于日后有重点有选择地采用教法，设计教学程序，做到一课一特色，课课有特色。久而久之，有利于形成一个教师个性化的教学特色。

反思案例

科学活动——橘子和柚子

在这次活动中我们充分调动幼儿的多种感官，通过摸一摸、看一看、闻一闻、尝一尝来比较发现橘子和柚子的不同之处，并要求幼儿做记录。儿童的成长有自己的发展步调，有自己独特的理解与思维方式，教师应该站在儿童的角度去理解他们"情理之中，意料之外"。如活动中小凯和小婷想到了分别用画棉袄和裙子来记录表示柚子皮的厚和橘子皮的薄。而一向害羞的小琦居然能带头要求要让他来做记录，我感到非常惊喜。从孩子们在活动中的表现来看，幼儿的能力并不是我们想象中的那样弱，还是很有潜力可挖。这就要求我们教师要相信孩子"能行"，还给孩子更多自由探索的时间与空间。

五、捕捉灵感——写遐想

常有这样的感觉：上课时原本没有涉及的内容，因实际需要或随机生成，出现意想不到的效果，给活动带来勃勃生机。课堂上的一些开放性提问能打开幼儿想象的门窗，展现智慧的火花。一些童稚趣语、幽默问答、探究性的发现、竞赛性的游戏、展示性的表现或随机生成的问题能够拓展幼儿思维的空间，帮助幼儿迁移经验，进一步丰富学习内容。如有个教师在组织大班幼儿关于"声音"主题的活动时，让幼儿说出大自然和生活中经常听到的声音及其作用，并区分哪些是好听的，哪些是难听的。当有的幼儿说到装修房子的声音很难听时，有的幼儿辩解说："装修时声音很难听但住进新房子就舒服了，我们有时听到不好听的声音要忍一忍。"教师及时捕捉到这一动态生成性资源，把它写在课后反思本上，随后开展了"让我们有个好心情"的健康教育活动，帮助幼儿调整消极情绪，培养积极情感，发挥教学的教育性。有时，活动中节外生枝的小插曲也应记下来，以便吸取教训。

反思案例

音乐活动——小树叶

教授歌曲《小树叶》，歌曲中有一个难点："明年春天我会回来，打扮树妈妈。"如何帮助孩子理解这句歌词呢？小树叶落下来化作了肥料，树妈妈从中汲取了养料，明年春天又长出了新的叶子……这是一种多么抽象的知识，而幼儿的思维是具体形象的，那如何帮助孩子理解这句歌词，使幼儿投入感情来演唱呢？我决定带孩子玩一个科学实验，将落叶埋在树下，过一阶段再去观察那腐烂的树叶，来理解肥料、理解打扮树妈妈这句歌词。我相信，孩子在理解的基础上再唱这首歌曲，一定会唱得声情并茂。

六、深度反思——写建议

每次上完课、组织完活动后，教师要静下心来，思考一下这堂课的得与失，学习材料的提供，活动环境的支持，组织的方式方法，教学重点的把握、难点的分析，是否有新的成长点或者遗留点，根据自己的教学体会和幼儿反馈的信息，写写"修改建议"，可以对教材内容进行质疑或提出修改意见，也可以重点考虑某个环节应该怎样处理才更有效，一步步明确问题、寻找对策，使自我反思达到一定的深度。

反思案例

科学活动——吹泡泡

在组织幼儿做中学"吹泡泡"活动中，教师首先提问：你刚才在玩吹泡泡游戏的时候发现了什么？幼儿一般比较关注泡泡的形状大小和数量。这时教师特意提问幼儿：那你们是拿什么形状的泡泡器吹的？发现泡泡是什么颜色的？于是孩子有了不同的看法。

由于泡泡本身是一种无色的薄膜，有正面和背面，光在肥皂膜的正面和背面都会产生反射。在肥皂膜不同厚度的地方，有的光会得到增强，有的光却会减弱，甚至消失。由于幼儿观察的角度不同，所以看到的颜色也不同。另外，有的幼儿在游戏中是慢慢地吹出泡泡，因而发现了由于气流不足，导致在液体的表面张力作用下还未形成一个封闭的球体，泡泡那时是椭圆的。

在此活动中，要培养幼儿的质疑精神，提出问题，进行实验验证，并要鼓励幼儿敢于说出与别人不一样的看法。作为活动组织者和引导者的教师，首先应掌握科学正确的原理，以免在活动中对幼儿的表现做出片面甚至错误的评价，误导幼儿。其次教师要创设宽松的环境，这是让孩子在活动中敢于提出问题、勇于发表意见的前提。同时，教师在活动中还应关注幼儿在活动中的观察，有意识地提出一些能让幼儿有不同想法的问题，多提一些类似"谁有不同的想法""谁还想来发表自己的意见"的问题，鼓励并引导孩子积极的思维，这是培养孩子质疑能力的关键。

——选自"全国首届品牌幼儿园发展论坛"论文《如何进行教学反思》

项目 19　叙 事 研 究

【文体说明】

教育叙事研究是指教师以类似于写故事的方式记录自己在教育实践和教育生活过程中发生的各种真实鲜活和发人深省的教育事件，并分析自己在这个过程中的内心体验和对教育的感悟理解。"叙"就是叙述，"事"就是事件（故事），"研究"就是追寻事件（故事）所蕴含的意义。

叙事研究是指使用或分析叙事材料的研究，适用于教师的教学反思，也适用于教师以自身为对象进行教育科学研究。

【格式要求】

1. 问题产生的背景

交代故事发生的时间、地点、人物、起因，不用面面俱到，关键在于说明故事发生有何特殊原因、特别条件。

2. 问题情景描叙

每个教育叙事都必须有一个鲜明的问题或矛盾。描述过程中可以对相关情节有所选择，以便凸显焦点，但不能杜撰。描述要尽可能有细节，一般用叙议结合的方法，即描述加分析。

3. 问题解决结果或效果的描叙

本部分内容要求对阅读者有参考价值或启发意义。

4. 反思

根据不同类型的教育事件（成功型、启发型、感人型，等等），对所叙述的教育事件进行理性思考，以阐发其中蕴含的教育理论、观点、方法或策略。

特别提示：教育叙事研究的写作并没有固定的样式。这是因为"教育叙事研究所关注的是教育实践经验的复杂性、丰富性与多样性，同时在研究者和读者之间开放教育理论的思考空间，可引申出教育理论视阈的复杂性、丰富性和多样性"。

【写作要求】

教育活动现场是教师进行教育叙事研究的场所，因此，"真实性"是教育叙事研究写作的第一个要求。只有"原汁原味"的教育事件才有特定的意义。

在教育叙事研究中，叙述者要将自己放到故事里，用自己的心去观察和体验，对事件所涉及的人做出科学合理的"行为和心理假想"，因此，"人物性"是教育叙事研究写作的第二个要求。

教育叙事所谈论的应是特别的人和特别的冲突，所以，教育叙事不是记流水账，而是记叙有情节、有意义的相对完整的故事。因此，"情节性"是教育叙事研究写作的第三个要求。

教育叙事研究要通过描叙重现教育现场，阅读者要能清楚地看到教育现场的问题，并站在自己的立场上通过内省、比较等方法领悟叙述者所报告的问题解决策略。所以，要让阅读者产生身临其境的感受，从而内化教育观念，改进教育方法。因此，"可读性"是教育叙事研究写作的第四个要求。

教育叙事研究获得的某种教育理论或教育观念是叙述者通过归纳而不是通过演绎形成的，也就是说，教育理论或教育信念是从过去的具体教育事件及其情节中归纳出来的，因此，"感受性"是教育叙事研究写作的第五个要求。

【例文】

例文一

拖着花被的孩子

新生入园后，我发现欣欣总是抱着他那薄薄的大花被不放，连户外活动也不例外。他双手抓住一个被角，放在鼻子前蹭来蹭去地闻，因身后总拖着长长的一截被子，和小朋友游戏起来很不方便，有时玩到兴头上，花被一时撒了手，等回想起来找不到时，他就会哇哇大哭，边哭边找："花被被，花被被……"谁要是在游戏时不小心踩住了他的花被，他也会哇哇大哭，边哭边把整条被子抱在胸前，无论老师怎么引导，他也不肯再参加任何活动。因为这条花被，欣欣整天情绪波动很大，无法像别的小朋友一样快乐地生活、游戏。

欣欣的现状令我深感不安。经过和欣欣父亲的沟通，我得知欣欣这个不良习惯是自小养成的。由于欣欣父母平时工作很忙，欣欣由奶奶一手带大。奶奶年纪大了，还要干一些家务，抽不出更多的时间来陪他，就把这条大花被给他搂着玩，一来二去就养成了习惯，睡觉时抱，吃饭时抱，连外出玩耍也要抱着。欣欣的父母曾试图把花被拿走，但每次欣欣都会大哭，这时奶奶就会站出来阻拦说："欣欣还小呢，等长大了自然就会好的。"由于奶奶的庇护与纵容，欣欣和这条花被就更加形影不离了。

根据欣欣父亲提供的这些情况，我认为要帮助孩子改变这种不良习惯，首先要转变奶奶的观念，只有在家园教育观念达成一致的情况下，家园对幼儿的同步教育才是最有效的。

我注意到，每次班里的亲子活动都由欣欣奶奶参加，我便抓住这一机会，努力争取欣欣奶奶的理解和配合。我刻意安排了两次亲子活动。在第一次活动中，我向欣欣奶奶展示了欣欣和小朋友一起活动、游戏时的不便，以引起她的关注。游戏结束后，我注意到欣欣奶奶的表情是焦虑不安的。在第二次活动中，为取得欣欣奶奶的信任，我在花被上下了很大的功夫，在欣欣午睡时将大花被叠成书包大小的方块，并用包装绳捆好以防散开，这次欣欣游戏起来方便多了。游戏结束后，欣欣奶奶面带喜色地对我说："还是你们老师有办法，我也不愿意让他总抱着花被，但又怕他哭，只好由他去了。今后老师有什么需要我们家长配合的只管说，我们一定全力配合。"欣欣奶奶的肺腑之言让我深感欣慰。

在教育观念达成一致的情况下，我意识到花被对于欣欣来讲已经不只是一条单纯的被子，而是一种精神寄托与心理安慰，因此不能急于求成，而应循序渐进，从花被的大小上寻找突破口。

经过缜密思考，我建议欣欣家人先从花被上剪下一块给欣欣当手绢，得到他家人的赞同。于是，一次在欣欣熟睡后，奶奶从花被上剪下一块布做成花手绢。欣欣醒来后，奶奶故作惊讶地说："看你总是哭。被子都变成这么小啦。"这样一来既不伤害欣欣的自尊心，使他欣然接纳这块花手绢，也给他的活动带来了很大方便。在游戏中花手绢是用来擦汗的工具，在生活中它是用来擦嘴、擦鼻涕的好朋友。欣欣再也不会因为行走不便而大声哭闹，而且他还时常向小伙伴们炫耀他的这块花手绢呢。为便于更换，我又请家长做了一块同样的手绢。与此同时，无论是在家中还是在幼儿园，我们及时抓住欣欣的兴趣点，采用多种游戏形式和玩具材料，转移他对手绢的注意力。每当他投入游戏将手绢放在一边时，我们会将手绢洗净晾好，并给他另一块干净的手绢，让他始终从心理上得到一种安慰。在教师、家长的积极鼓励和引导下，欣欣在一天天地进步，我又开始寻找新的突破口。

一次，我发现孩子们在吃苹果时对苹果皮很感兴趣，有的小朋友比较着长短，有的则绕在小手腕上当手表玩，欣欣也很感兴趣。我灵机一动，建议欣欣奶奶把手绢剪成小布条给欣欣当手表戴，把他的小手解放出来。奶奶欣然同意。当欣欣戴上这块特殊的"手表"时，他高兴地对其他小朋友说："看我的花手表多漂亮。"同时，在班里，我继续给他制造各种机会，让他多和小朋友交往、游戏，转移他对"手表"的注意力，并在生活中随时注意观察他的兴趣点，积极地给予支持和帮助。就这样，经过两个多月的家园合作，欣欣的花手表已经变成了缝在衣服上的一朵小花。

我们欣喜地看到，花被正在一天天地远离欣欣的生活。

——选自《学前教育》2006年第4期，略有改动

点评：

这篇叙事性研究，以教师对爱拖着花被的幼儿欣欣的教育过程为线索，记录了观察、教育的全过程，中间穿插了对欣欣这种行为的分析，可读性很强。

例文二

他真的看不见吗？

游戏开始了。因为跨栏是孩子们亲手制作的，所以他们爱惜极了，一个接一个小心地跨

过去。可是无论怎样小心，意外还是发生了，只听"咣"的一声，跨栏分了家，经典也应声倒地。

"呀！跨栏坏了！""干什么呀！你？"孩子们急了，有的大声斥责，有的已经拿来了剪刀、胶带，准备修补。而此时的经典却站在一边仰看头、抱着肩，一副满不在乎的样子。看着他傲慢的样子，原本打算替他说两句话的我也生气了："经典！跟大家一起修吧。"他慢吞吞地走到跨栏旁，噘着嘴，还是不肯动手。此时，其他孩子已经忙开了。这鲜明的对比终于使我忍无可忍："好了，其他人回去，让经典自己修吧！"我态度坚决而且表情也严厉起来。"哗"的一下，孩子们散开了。没想到，此时的经典感觉器官好像失灵了："修哪儿？修哪儿？我什么都看不见，怎么修呀！"他边说边做出盲人摸象的样子，刚静下来的孩子们被他滑稽的样子逗得哈哈大笑，而他好像什么也没发生，更来了精神，动作也更加夸张，声音也放得更大了："跨栏呢？跨栏在哪儿呢？"他开始仰着头，满操场地摸。孩子们笑得更欢了。为了灭灭他的威风，我生气地大步走到他面前："看得见我吗？""看不见！我真的什么也看不见！"他的话和动作配合得恰到好处，使我不得不开始怀疑自己的判断是否有误，游戏前他刚摘了眼镜，难道他是真的看不见吗？但他夸张的样子又分明告诉我是在骗我。为了试探他，我改用平缓的语气说："那好吧，剪刀在地上，捡起来一会儿再修！"他这才低下头准确地把剪刀捡起来。

此时，我突然意识到：他这是在与我对峙，如果我仍然以强硬的态度对待他，那么结果肯定是两败俱伤，如果我能退一步，有可能就是海阔天空。经过快速思考，我决定缓和一下紧张的气氛："好了，游戏继续进行，经典，先放下，一会儿我和你一起修吧！"此时的他又恢复了天真可爱的样子。而在下面的游戏中，他选择了较低的跨栏。游戏很快结束了，我的情绪也平静了，我约经典一起修补跨栏，并主动向他道歉："刚才老师声音太大，是老师不好，你能原谅我吗？"他先是吃惊地看看我，然后笑了笑，点点头。"小朋友指责你，是因为他们看到跨栏坏了心里很着急，那么你呢？""我把跨栏弄坏了其实心里也挺难受的，但是他们还说我，我就生气了。"他终于说出了心里话。

我庆幸自己刚才做出了正确的选择。在谈话的同时我也指出，他装作看不见跨栏是不对的，一个人要对自己做的事情负责任。既然不小心踢坏了跨栏，就应该主动去修。"好了，老师相信你今后遇到这样的问题，一定会解决得很好。"在我的耐心引导下，他愉快地接受了我的意见。

反思：

事情就这样过去了，当时，我自认为这件事已经处理得很圆满了。然而，静下心来我却发现，自己在整个事件中仍然不由自主地担任了"警察"的角色。实际上，固有的观念使我想以控制孩子的言行来显示教师的威严，但这样做就缺少了对幼儿心理感受的关注和理解。孩子们在"惹祸"后的态度各不相同。有的孩子性格内向，他们的表现常常是内疚、自责，同时会默默接受别人的批评和指责，有的孩子往往是据理力争，而有的孩子自尊心强，有很强的逆反心理，他们的态度会非常强硬，然而在强硬态度的背后隐藏的却是局促不安。经典的表现正是后者。那么，教师就应善于分析幼儿行为背后的心理，要敏感地察觉他的需要，及时增进与他的情感交流，消除他的不安，对他的行为给予宽容和理解。当我和他一起修补跨栏时，从表面上看，我好像已经接纳了他，但在潜意识里我仍然认为是他弄坏了，他就应该对这件事负责任。其实，作为教师，在组织每个活动前都应对所做的事情有预见性。在这个活动中，跨栏是幼儿自制的，并不十分牢固，坏损很正常。同时，经典由于身体较胖、视力不好，跳跃能力也较弱，他选择的跨栏高度对他来说就是一种挑战。我本来应对他大胆面对挑战参与活动的精神给予鼓励，并尽可能地去帮助他、保护他——当他由于跨越不成功而摔到后，应及时和其他孩子一起扶他一把，看到跨栏损坏后，应该先安慰他，并引导他思考跨栏损坏的原因，也许安慰会激励他在活动后主动修好跨栏。经典说"我什么都看不见"，一定是我当时的态度对他造成了很不好的影响，其实他不是看不见，而是不想看。如果我当时能以关怀、接纳、尊重的态度去正确处理这件事情，他也不会出现那么反常的表现。由此可见，如何贴近幼儿的生活，从幼儿的角度思考问题，如何在今后的工作中使自己与孩子平等相处，需要我们不断思索和实践。

——选自《学前教育》2006年第3期

点评：

这篇叙事研究与上篇不同的是，它选取的故事是在一次活动中发生的事情。前半部分，作者从自己的角度详细地把所看到、听到的过程和所想到的问题完整地记录下来。后半部分，作者重在反思自己处理问题的方法，从多个角度重新分析问题的始末，对自己当时的行为进行了剖析，反思十分深刻。这部分内容使文章内涵大大提升，并点出了写前面叙事的真正意义。

知识链接

"学习故事"评价的内涵与策略

"学习故事"是一套来自新西兰的儿童学习评价体系。在新西兰各类早期教育机构中，"学习故事"评价被广泛用来帮助教师观察、理解和支持幼儿的持续学习，同时记录每一个幼儿成长的轨迹和历程。"学习故事"评价作为一种以幼儿为中心的评价手段，与我国《3～6岁儿童学习与发展指南》所传递的精神相吻合，为我国的幼教实践与改革带来一定的启示，同时也让我们面临新的挑战。

为此，幼教工作者（也包括家长和其他人）需要理性认识和运用"学习故事"评价，一方面要清晰地把握"学习故事"评价的内涵，厘清其核心价值观；另一方面则是要在落实其核心理念的前提下，使用有效策略进行"学习故事"评价。

一、"学习故事"评价的内涵

"学习故事"评价是一种幼教工作者用叙事的方式对儿童的学习进行形成性评价的体系。它是一种具有独特内涵的评价体系，是一种行动和研究手段。"学习故事"评价的内涵具体表现在以下几方面：

（一）明确的价值导向

"学习故事"评价背后有一套明确的价值观引领：它相信儿童是有能力、有自信的；主张评价儿童的学习与发展应从儿童已知、已会、兴趣、优势等方面出发，关注儿童在学习与发展过程中展现出来的学习动机、学习品质、学习策略、情绪情感以及知识技能等；认为课程应由儿童、环境、关系来主导，而且幼儿的学习与发展应该是情景式、连续式的而非片段式、碎片式的；明确幼儿园里所有的人和物、所发生的一切都是课程中的一部分；主张教师应为幼儿的学习创造足够的时间和空间，理解和信任幼儿，给予幼儿自由、自主、主动选择的权利。

"学习故事"评价是在明确价值观导向下的评价体系。教师学习与实践"学习故事"评价首要的工作就是内化其背后的儿童观、评价观、课程观、学习与发展观，以此为依托，将"学习故事"评价运用于幼儿的学习与发展评价和幼儿园课程建设中。明确"学习故事"评价是为促进幼儿持续地学习与发展而评价，为推进幼儿园课程实施进程和提升课程实施质量服务的。教师运用"学习故事"评价幼儿，要尝试将评价嵌入幼儿园课程实施的全程来考察。既要借助评价所得的信息进行幼儿园课程的建设、调整、改善，也要在幼儿园课程实施的过程中进行幼儿学习与发展的评价。要着重挖掘"学习故事"评价对幼儿整体发展以及在整个幼儿园课程开展中的价值，切忌生搬硬套和脱离内在价值的滥用。

（二）清晰的关注视角

"学习故事"评价是一种以幼儿为本的评价体系。它强调从幼儿的角度出发，关注幼儿行为背后的需要、兴趣和意图，关注幼儿的已有经验，关注幼儿在与环境、关系的互动过程中表现出来的有助于学习的心智倾向和学习策略。"学习故事"对幼儿的观察与评价是为了促进幼儿自主、自发、主动的学习。

"学习故事"评价是一种取长式的评价体系。它强调从积极的角度出发，关注幼儿学习的心智，倾向于从幼儿的已知、已会、兴趣和优势等方面来支持幼儿进一步的学习与发展。这并不表示"学习故事"评价忽视幼儿的劣势，而是提倡幼儿园教育的切入点应是幼儿的长处，以此带动幼儿的整体发展；不是单纯的"补缺补漏"，而是重视"扬长补短"。

"学习故事"评价还是一种行动导向的评价体系。它强调通过儿童与环境的关系来主导幼儿的学习与发展，重视课程的生成性；主张教师从幼儿的角度、积极的角度出发，提供能够满足幼儿需要、符合幼儿兴趣的机会和可能性。

从"学习故事"评价关注的视角出发，教师在实施教育的过程中，既要扮演一名观察者、旁观者，退在后面，赋予幼儿主导学习的权利；也要做一名支持者、陪伴者，为幼儿自主、自发的学习创造有趣丰富且可变的物质环境以及安全和谐的精神环境。让幼儿有充足的时间、空间在学习场域中去寻找、判断、选择、回应和建构各种学习机会并热情地投入其中。相信幼儿的能力，理解幼儿种种看似不合理的言行和独特的见解，从中捕捉支持幼儿学习的黄金线索。教师还要做一名行动者、合作者，顺应幼儿的兴趣和需要，通过环境创设、活动预设、互动支持、教师反思等一系列行动，为幼儿提供多元的、可选择的学习机会和可能性。

（三）形成性的评价模式

"学习故事"评价典型的评价模式是从幼儿的角度出发，不断对幼儿进行注意、识别、回应的形成性评价。

注意，即发生了什么，是指教师、家长及其他观察者，观察、倾听幼儿正在参与什么，怎么参与，和谁一起参与等学习发生的过程。识别，即学习了什么，是教师解读幼儿、了解幼儿的过程，在这个过程中教师深入探究是什么驱动幼儿在此时此地参与，幼儿参与过程中表现出哪些有助于学习的心智倾向、情绪情感、学习策略和知识技能。回应，即下一步怎么做，是教师基于对幼儿的解读与了解，发现支持幼儿进一步学习的线索，如环境创设、活动生成、分享讨论等，以此提供能够满足幼儿需要和兴趣，能够诱发幼儿主动寻找、选择、参与或建构各种学习的机会和可能性。

以"注意—识别—回应"的形式对幼儿的学习进行评价，是一种形成性的评价模式。它借由一次次对幼儿学习的"注意—识别—回应"，助推幼儿学习的持续进行和发展，评价本身并不是终结，借助评价促进行动，才是"学习故事"评价的初衷。换言之，教师运用"学习故事"对幼儿的学习进行观察、评价与支持，以此诱发幼儿新的学习行为，进而继续对幼儿的学习进行观察、评价与支持。如此循环前进，推动幼儿的学习在深度和广度上不断延续，将幼儿学习与发展评价和幼儿园课程之间建立联结，有机融合，促进以幼儿为主的课程的不断生成，最终让幼儿在参与学习、汲取经验的过程中获得发展。

（四）叙事的评价方式

"学习故事"评价方式与清单式、片段式的评价方式不同。它是以故事的形式来呈现对幼儿注意、识别、回应的过程并可以不断被回顾。形成的学习故事主要包括活动片段的"快照"和文字叙述，呈现的是幼儿在园生活的动态立体画面，包括幼儿的活动环境、情感表现、认知发展和与他人互动等各个方面的内容。具体而言，"学习故事"中往往会记录幼儿学习发生的情境信息，叙述幼儿什么样的学习在如此情境中发生，描绘幼儿与环境中人、事、物的互动交往，以呈现出幼儿的学习与发展过程，以让幼儿具有情境性、复杂性、持续性的学习能够被看得见，也勾画出幼儿有能力、有自信的主动学习者形象。"学习故事"评价方式，具有一定的开放性，能够提供关于幼儿学习更为广泛、深入且具体、生动的信息，同时还有对幼儿的多元的认识、解读和理解，有助于加深对幼儿的理解，进而更好地呼应幼儿的学习与成长。

（五）有选择性的记录

"学习故事"评价在某种程度上与轶事记录法相似，都具有选择性。它关注幼儿学习的精彩时刻，如幼儿对某一事物、某一现象好奇和感兴趣的时刻，幼儿积极、主动、热情参与的时刻，幼儿认真、投入、专注的时刻，幼儿不惧困难、敢于探究的时刻，幼儿富于想象与创造的时刻等。

践行"学习故事"评价需要捕捉幼儿精彩的学习时刻，但并不是所有精彩时刻都需要被记录下来成为幼儿的"学习故事"。教师往往进行的是有选择性的记录，选择那些对幼儿而言很重要、具有里程碑意义的学习时刻。这些都是幼儿学习与发展过程的一部分，是教师迫不及待想要与人分享的时刻。当这些时刻被记录下来形成幼儿独有的成长故事时，要让幼儿自信、独立、主动的学习者形象立体直观，要使幼儿连续性的学习可见，同时还要促进幼儿的学习朝着多元的、复杂的方向不断延伸。

（六）不拘泥的撰写形式

"学习故事"的评价过程为注意、识别、回应，是一种非正式的评价；而当这种注意、识别、回应的过程被记录下来并不断被回顾时，则是一种正式的评价，形成幼儿的"学习故事"。教师撰写的"学习故事"，典型的形式是"注意、识别、回应"三段结构的形式。教师践行"学习故事"评价应重视其背后的价值观是否得到秉持，撰写幼儿"学习故事"形式上既可以是三段结构式的，也可以是普通的描述记录与分析评价，或是带有简单文字描述的幼儿学习时刻的快照与作品。总之，"学习故事"撰写的形式并不拘于一格。

以"学习故事"《水沟取笔，我有妙招》为例：这一故事记录的并不是幼儿某一精彩的学习时刻，而是幼儿持续的学习与探究过程。故事并没有以典型的三段结构的形式来呈现，而更似以随笔的形式结合一张张快照，呈现了幼儿自信、坚持、善思、敢于尝试的探索过程，也记录了幼儿在与人（同伴、教师、叔叔、阿姨）、事（取笔）、物（水沟里的笔、铁圈、绳子、塑料杆等）互动和互惠的关系中学习。

（七）多元的评价与交流主体

运用"学习故事"评价记录下来的幼儿"学习故事"的文本资料不仅仅局限在幼儿教师

之间进行交流，幼儿和家长也是重要的交流对象。记录下来的"学习故事"可以为教师继续实践反思、经验分享提供信息，也能够从不同的观察视角，发现不一样的学习过程和学习者形象，进而对幼儿有更全面和更深入的理解，并从多角度提供促进幼儿有效学习与发展的机会与可能性。同样，记录下来的"学习故事"可以让家长从一个新的视角看到有能力、有自信、主动的学习者形象，调动家长也参与到对幼儿的观察、理解与支持之中。最重要的是，记录下来的"学习故事"应以故事的主角本身为交流对象，一方面能加深幼儿对自己的认识，强化主体性，促进幼儿积极自我意识的发展；另一方面也能启发幼儿进一步深化和拓展自己的学习活动，从而促进其持续深入地开展学习活动。

简单而言，多种社会角色在交流和研讨中，能够对幼儿的学习行为有更多的了解，幼儿能够了解什么样的学习更有意义，家长能够了解孩子在哪些方面有突出的特点，教师能够知道自己的评价是否全面。可以说，"学习故事"呈现了积极体验的学习过程和充满力量的学习者形象，也呈现了教师、家长和幼儿的声音。让教师、幼儿和家长在不断地分享、交流与评价之中，形成联结，拉近距离，构建和谐的师幼关系、亲子关系以及家园关系，并在如此互动互惠的关系中进一步促进幼儿的学习与发展。以"学习故事"《搭建一座黏糊糊的大桥》为例：这一故事中，可以看出多元的交流对象，也可以看出在这种多元的交流中，幼儿从教师积极的分享与反馈中形成了积极的自我认知，家长也可以从幼儿自信的表达中看到"学习故事"评价带来的影响，也能重新审视对幼儿学习的看法。

二、"学习故事"评价的策略

"学习故事"评价不仅仅是写故事，还提倡以故事的形式评价和促进幼儿的学习与发展。教师运用"学习故事"评价策略通常会关注如何撰写"学习故事"，也就是如何将幼儿精彩的、重要的、有价值的学习时刻转化为蕴含观察、认识和支持幼儿的"学习故事"。教师正确运用"学习故事"评价策略，本质上是为了能够有的放矢地评价和促进幼儿持续的学习与发展，推动以幼儿为中心的幼儿园课程不断生成与建构。

（一）有"你"有"我"的叙述方式

与描述式的观察记录法采用第三人称的叙述角度，呈现翔实、客观的幼儿事件或幼儿行为的叙述方式不同，"学习故事"的撰写建议以第二人称的叙述角度，即"你"的角度。同时，"学习故事"可以有"我"的参与，即教师可以把自己在观察幼儿学习过程中迸发的想法或感受也描述出来。一方面，以第二人称的叙述角度撰写"学习故事"，是出于"学习故事"的读者应有故事中的幼儿本身这一考虑；另一方面，以"你"的叙述角度，让"我"的想法和感受能够被幼儿感知，就仿佛与幼儿对话一般，容易引起幼儿的共鸣，以及幼儿与教师或家长之间建立良好的联结，也有利于幼儿从他人的评价中建构对自我形象的认知。通常可以认为，当教师在与他人分享幼儿的精彩学习时刻时，可以尝试用第二人称的角度将这一时刻呈现出来。

（二）聚焦、简明、清晰的"注意"

"学习故事"与轶事描述法有一些相似之处，表现为：轶事观察聚焦于教师感兴趣的、对幼儿具有里程碑意义的事件或行为；"学习故事"也是侧重于教师感受到"哇""爱""喜悦"，或对幼儿而言很重要、很有意义的时刻；并且它们都是事后对幼儿的观察进行描述和记录。而不同的是：轶事记录法要求提供足够的细节，具体而详细地记录幼儿事件发生时的情境信息、事件的来龙去脉、幼儿一言一行等完整的信息；而"学习故事"主张简明描述幼儿的学习过程，避免"注意"部分冗长、乏味和重点不突出。"学习故事"的"注意"部分的撰写应交代必要的学习发生的情境，概括并有所侧重地描述幼儿与人、环境、关系的互动过程，突出关键内容，减少对幼儿言行的详细描述。描述的重点会放在教师认为对幼儿的学习与发展很有意义的片段，或者教师为之感动、为之惊喜的时刻，减少对幼儿言行的详细描述，而用简明、清晰的语言呈现那些能够反映幼儿学习品质、兴趣动机、情绪情感等方面的关键信息。

（三）解读清晰，建构个性化形象的"识别"

"学习故事"不仅要对幼儿正在做什么、会做什么、怎么做等进行描述，即"注意"部分，还要通过分析、判断，把握幼儿学习过程中的已有经验、学习策略、学习品质等，即"识别"部分。然而，如果对幼儿的"识别"部分千篇一律地撰写好奇、兴趣、专注、投入、不怕困难、敢于探索、有想法、有创造力和想象力，则难以发现幼儿之间的差异性和独特性。事实上，解读幼儿不仅要捕捉幼儿的已有经验、学习策略、学习品质，也要思考这些学习品质与其他幼儿有什么不一样：这些学习品质是幼儿一贯表现，还是具有情境特异性；这些学习品质背后是什么样的内在动机和倾向。只有经过这样的思考与解读过程，才能看到个性化的幼儿形象。因此，对幼儿学习的"识别"要结合幼儿在园一日生活各个环节的表现，结合幼儿在家园、社区等其他环境中的表现，结合从其他途径获得的有关幼儿的信息，既要捕捉幼儿的个别化表现，又要探究幼儿学习的需要、兴趣和意图，以此更好地读懂幼儿。

（四）注重扬长，满足幼儿需要与兴趣的"回应"

"学习故事"评价关注幼儿正在做的事情，重视幼儿的学习品质，试图读懂幼儿的内心，把握他们的需要与兴趣，并希望将这些作为契机进一步支持幼儿的学习与发展。为此，基于对幼儿"注意""识别"的"回应"就要注重扬长，也就是让幼儿的已有经验得到发挥，让学习品质得到培养与维持，同时还要让幼儿的需要和兴趣得到满足和拓展。这种支持幼儿的"回应"可以表现在两方面：一方面是即时回应，也就是前面提到的在幼儿学习发生的当下，基于对幼儿的解读提供即时的支持；另一方面是延时回应，就是将幼儿的精彩学习时刻转化为"学习故事"时，思考如何回应幼儿的已有经验、学习品质以及需要和兴趣的过程，将之记录下来，同时落实于行动。

然而，初尝"学习故事"评价的教师，常常会感叹不知道如何回应幼儿。"回应"部分容易陷入千篇一律的展望或期待，如"你真棒，相信你还会有很多精彩的学习发生，我真的很期待"，"希望你以后会有更多的发现、创造"；或者"回应"方式多为分享、交流、展示幼儿学习经验。看起来，所有的"回应"都是相似的，缺乏实质性和可操作性，难以促进幼儿的学习进一步提升。事实上，"学习故事"评价方式明确了"回应"应注重扬长，满足幼儿需要与兴趣这一关键，教师接下来要做的就是思考哪些会是幼儿愿意参与的，且具体的、可行的支持策略。

以"学习故事"《我的魔尺大王》为例：故事中"注意"部分教师重点记录了幼儿创意玩转魔尺的精彩片段，呈现了幼儿勇敢、自信、有创意的学习者形象。"识别"部分则对幼儿的勇敢、自信、有创意的学习品质进行个性化的诠释，也尝试探究了幼儿学习背后的想法和意图。而"回应"部分，教师从促进幼儿学习品质、满足幼儿兴趣的角度进行构思：展示幼儿创意的经验，期待激发其他人共同的参与；为幼儿创造专属的创作时间和展示平台，让幼儿能够充分实现其想法和创意；与幼儿进行对话交流，进一步了解幼儿背后的思维过程；

组织幼儿分享、交流，让更多创意的火花迸发，期待学习和兴趣的无限拓展。总之，围绕幼儿所知、所想、所好，从创设自由环境，提供足够的时间，创建学习的空间，发起分享、交流与互动等进行回应，与幼儿未来的学习建立连接，让学习无限延伸与生成。

（五）体现学习的连续性和无限可能性

"学习故事"评价认为幼儿的学习是连续的、复杂的、充满无限可能性的，对幼儿的学习进行注意、识别和回应，目的是促进幼儿进一步的学习与发展。因此，幼儿自主、自发的学习是否在深度和广度上持续延伸，是检验评价是否有效的核心途径。换言之，捕捉幼儿学习的精彩时刻，有选择性地撰写成为"学习故事"，是教师思考如何支持幼儿进一步学习与发展的过程，提供的机会和可能性应落实到实际行动上，以此推动幼儿的学习。因此，撰写"学习故事"也应将学习的连续性直观呈现出来，即利用宛如连载的一个个故事，记录具有情境性、连续性、过程性和复杂性的幼儿学习、幼儿对话、幼儿的学习者形象，还可以有一张张生动的照片，有教师、幼儿、家长甚至其他人想说的话。整体上，"学习故事"就是要让学习的连续性和无限可能性直观可见，以此能够追踪幼儿如何建构自己的经验图式，如何建构自己学习者的形象，如何发展学习品质以及五大领域的知识和技能。

以"学习故事"《从城堡到城市》为例：故事中可以看到，幼儿的话"老师，您见过城堡吗"，让教师看到了幼儿对城堡的好奇与兴趣，由幼儿的兴趣为生发点，教师启发幼儿画城堡，帮助幼儿查找图片（即时回应），还提供丰富的搭建城堡的材料（延时回应），推动了幼儿尝试和探索可以用什么材料搭建城堡，思考、分享并总结如何搭建城堡，以及在城堡中进行游戏。故事中，呈现了在教师的有效支持下，幼儿主动学习的兴趣在深度上不断延续。而在这个直观可见的持续性学习中，可以看到幼儿自主自发讨论城堡的样子，并找图、画图，敢于表达想法，有好奇和探究精神；也看到了幼儿大胆使用材料搭建城堡，发挥想象，友好合作，以及运用习得的数学经验让城堡更坚固、整齐、与众不同；还有在城堡中进行多种形式的、富于艺术表现与创造力的游戏。持续着的学习，让幼儿搭建建筑的经验得到丰富，他们的兴趣由城堡主题拓展到了城市主题，学习在广度上开始延伸。教师的理解、尊重，顺应幼儿的兴趣，赋予幼儿主导自己学习的权利，有关城市里的建筑、城市里的人的"学习故事"不断发生并还将继续拓展。

（六）展示个性，也重视呈现共性

"学习故事"评价提倡教师捕捉幼儿学习的精彩时刻，把握幼儿的发展需要、兴趣爱好及行为意图，并以此为着眼点呼应幼儿的学习。因此，撰写"学习故事"，需要教师有选择性地记录下生动的、有趣的、引人入胜的学习时刻，形成幼儿独特的成长故事档案，以展现幼儿的个性。但同时，评价幼儿的个性发展，不能忽视幼儿学习之间的共性，它同样强调教师在撰写"学习故事"时，要重视让幼儿学习过程中的共性看得见。

让幼儿学习过程中的共性看得见，意味着故事中要呈现出幼儿之间共同关注、参与和学习的时刻，也即关注共同的主题，一起参与到主题相关的活动中，以及在参与的过程中经历的自发讨论、分工协作、探索发现、解决问题、合作游戏等相似的学习过程。而这共性中的个性就在于不同幼儿所获得的经验不尽相同。

以"学习故事"《从"挖沙坑"到"挖珠江"》为例：故事中呈现了幼儿围绕"沙池"这一共同感兴趣的游戏区，一起参与、互动，一起分工、合作的过程。最初是个别幼儿参与挖沙坑、运水，探索发现沙坑吸水的秘密以及如何快捷、有效地往沙坑运水等；后来是几个幼儿共同参与挖小河，共同经历协商、分工、合作的学习过程；再后来是很多幼儿一起完成"珠江夜游"的项目。在这个过程中，幼儿经历了自主发起讨论，自由选择工具和同伴，彼此进行分工与合作，主动发现与解决问题等。尽管每个幼儿学习的经验、品质、动机以及收获是不同的，但故事中依然将幼儿个性中的共性呈现出来，也就是幼儿共同的兴趣点，共同参与游戏和探究学习的过程。

（七）允许带有情感的记叙

"学习故事"的撰写，是允许教师带着爱、喜悦、惊喜之情来描述、解读和回应幼儿学习的。教师在观察与倾听的过程中与自己的感受相处，尝试将自己的体验用文字表达出来，不仅能让文字中看得到幼儿，看得到学习，也能让文字中看到"学习故事"评价所主张的那份平等、和谐、理解、信任与爱。

以"学习故事"《会飞的垫子》为例：故事中可以明显地看到教师是带着对幼儿学习精彩时刻的好奇、惊喜之情的，描述的是幼儿的行为，发现的是幼儿的学习品质、已有经验、兴趣爱好。在学习故事中，教师不吝啬于将自己的好奇、惊喜、期待、感动、佩服、感恩之情融合在对幼儿学习过程的记录和解读中，可以看出教师对幼儿的关注、接纳、理解和尊重。教师将这些情感进行自我暴露，不仅能够引起读者情感上的共鸣，使得幼儿"学习故事"更为引人入胜，让幼儿有能力、有自信的学习者形象清晰可见，读者也能看到教师在幼儿学习过程中作为陪伴者、支持者、合作者的用心。

然而需要强调的是，前面提到的让"我"的想法和感受能够被幼儿感知，以及这里提到的带着爱、喜悦、惊喜描述，并不代表缺失对幼儿学习过程观察与记录的相对客观性，也不是带着对幼儿言行的任何主观判断或偏见。事实上，在"学习故事"评价过程中，教师的主观感受有助于其敏锐地发现幼儿学习与发展过程中的精彩时刻，觉察到幼儿那些值得被记录的时刻。同时，教师的主观感受也有助于其在记录幼儿精彩学习时刻能够突出重点，有所侧重地描述。再有，教师作为幼儿学习发生当下的支持者、陪伴者，其想法和感受是客观存在于幼儿学习场域中的，是可能与幼儿的学习与探究发生呼应的，因此也是值得被记录的。

——选自《教育与教学研究》第 3 期

项目 20　教育小论文

【文体说明】

教育论文是对教育教学经验以及规律进行探讨研究和阐述的一类文章。这里所说的教育小论文，则指我们在深入幼儿园参与一些教育实践活动的基础上，对幼儿教育问题进行研究而撰写的篇幅较小的论文。

随着时代的发展，教研工作在提高幼儿园保育教育质量、促进幼儿身心和谐发展方面起着越来越重要的作用，进行教育教学研究和写作论文的能力也成为衡量一个教师素质的重要标志。

我们如果能深入幼儿园参与一些教育实践活动，并写出有一定质量的小论文，这对提高分析问题和解决问题的能力，对现在的学习和今后的工作都有非常重要的意义。

【格式要求】

1. 标题

用一句话点明作者所要研究的问题或论文的观点，要简洁明了。

2. 导言

交代写论文的缘由、研究意义等，也称序言或绪论。

3. 主体

把观点和材料相结合，具体阐述论文的内容，是论文的重点部分，也称正论。

4. 结论

总结全文，深化主题。

论文初稿完成后，还要本着科学的态度反复修改，看看观点是否鲜明，材料是否充实，论证是否严密，语言表达是否恰当。论文的语言风格应该简洁平实。

教育小论文可以大致分为两类：

一类以总结在幼儿园实践中的保教经验为主要内容，包括一些成功的做法、体会、认识以及教训等，像教育教学经验总结、经验性的专题教育教学文章，以及一些教育随笔都可以列入此范围。写这类论文要介绍教育教学实践中的情况、主要效果等，但不能只局限于叙述材料、就事论事，而要结合实践经验进行分析，使之上升到一定的理论高度。

另一类则着重对幼儿教育问题从理论上进行探讨，主要是一些理论性较强的专题教育教学文章。写这类论文，要运用比较丰富的材料特别是二手材料，对概括的原则、方法等做系统的分析和深入的阐发。与前一类论文相比，后一类论文的学术性更强，写作难度也更大。同学们初学写作教育小论文，可以前一类论文为主，但也不妨尝试写写后一类论文。

【写作要求】

1. 掌握一定的幼教理论

没有理论指导的实践是盲目的。同学们要进行幼教研究，写教育小论文，就要学习和掌握所写论题的有关理论，并有意识地运用这些理论指导自己的实践。

2. 确定选题

确定选题就是确定论文所要探索研究的问题。只有确定好选题，才能围绕着选题的需要开展其他的准备工作。确定选题应注意以下几个问题：

（1）要有实用价值。应该是幼教界比较关心的、对幼儿教育的实践有一定意义的问题。

（2）要有新意。可以开发别人没有研究过的新课题，也可以在前人的基础上推陈出新。

（3）课题要小。初学写论文，应把探讨研究的范围缩小，这样便于驾驭。例如"探讨幼儿良好行为习惯的养成"，这个课题就太大了。如果限定一下，变成"保教结合，培养幼儿良好的卫生习惯"，这个课题就比较容易把握了。

（4）要可行。要考虑所选论题的资料是否丰富，自己对这个问题是否感兴趣，是否能够如期完成等。

3. 搜集整理材料

论文的观点是从材料中产生的，同时，论文的观点又需要大量材料来支持。因此，写论文必须占有丰富的材料，否则只能是"巧妇难为无米之炊"了。

我们可以通过到幼儿园亲自观察、体验或调查、实验，获得第一手材料，提炼出有普遍意义的经验，提炼出论文所要阐明的论点。

动手写论文前还要对文章有一个整体构思，以避免结构混乱、材料和论点不合等问题的出现。

4. 拟写标题注意事项

（1）好的论文题目能大体反映出作者研究的方向、成果、内容、意义。标题一般不超过20 个字，要避免使用不常见的代号、公式、缩略语等。正标题往往揭示论证、研究的结果或表明作者的观点。如果正标题不能说明问题，可以设副标题。副标题常常表明研究的问题或论述的范围，对正标题有补充、交代、解释的作用，如石鸥的《教学过程：飘忽的声音和流动的本质——兼论教学语言》（载《湖南师范大学社会科学学报》1997 年第 3 期）。

（2）标题要鲜明、确切、生动。标题可以直接揭示论文主题，如万杭仙的《新型师生关系下的班级管理》（载《教育发展研究》2004 年第 12 期）。标题可以用象征和比喻的手法揭示主题，如刘秩芳的《从独白到对话：传统道德教化的现代性转向》（载《北京大学教育评论》2004 年第 1 期）。标题可以揭示主题的题材范围，如苏志强的《谈学生估算能力的培养》（载《教学与管理》2004 年第 2 期）。

我们的论文题目不仅应告诉读者这篇论文研究了什么问题，更要告诉读者这个研究得出的结论。例如："在事实与虚构之间：梅乐、卡彭特、沃尔夫的新闻观"就比"三个美国作家的新闻观研究"更专业更准确。

5. 主体论证要求

这部分占论文的绝大部分篇幅，具有极其重要的地位，是作者表达研究成果的部分。这部分的关键在于论证，即证明作者所提出的论题。这里包括课题的提出，对解决问题的设想、研究过程（研究中出现的问题及解决问题的方法、手段、主要数据）、研究结果等。写这部分要注意理论的运用和逻辑推理，注意段与段之间的过渡衔接，注意主次，抓住本质。如果内容多，可加小标题，也可使用由大到小的不同序码。

6. 结论要求

（1）结论是对正文的科学概括，是对研究成果更高层次的精确概括，或对尚未解决问题的讨论（论题经充分论证后的结果以及由此引出的新的思考）。

（2）结论与正文有内在联系，是自然的引申。

（3）写结论时，措词要严谨，逻辑要严密，文字要简明具体，使读者看到作者的独到见解。不得使用"大概""可能"之类含混不清的字眼。不能得出明确结论时，要说明有待进一步探讨。

【例文】

例文一

新生愉快渡过午睡关

吴××

为了帮助小班幼儿顺利适应幼儿园生活，迅速渡过午睡关，我们在幼儿入园前进行了调查访谈，了解每个幼儿在家的午睡特点，入园后我们通过观察、记录，掌握每个幼儿的午睡情况。最后，我们总结了3条行之有效的让新生愉快午睡的措施。

一、创设优美的午睡环境

① 小班教师和幼儿一起用布、棉花、泡沫、旧挂历等材料，在午睡室墙上布置"夜晚的天空""小动物在睡觉"等画面，为新生创设一个既优美又宁静的午睡环境。② 保教老师每天坚持在幼儿午睡前一小时打开门窗，交换室内外空气，使午睡室空气清新。③ 教师和幼儿进入午睡室时一起学小猫轻轻走路，约定不随便走动或说话，保持卧室安静。④ 待所有幼儿躺下后，播放催眠曲或给幼儿讲述情节简单、节奏平缓的故事，帮助幼儿愉快入睡。

二、做好保育细节服务

为了有效消除家长的顾虑，我们还尝试实行了几项特色保育服务：① 午睡前10分钟提醒幼儿上厕所。考虑到总有几个幼儿午睡时要小便，我们就准备了一些软底小拖鞋，这样既方便了他们起床如厕，又不会影响其他幼儿睡眠。② 有些幼儿体弱多汗，起床后容易感冒，我们便和家长联系，请他们为孩子带一件睡衣，睡前帮幼儿换上，醒后再脱掉、洗净。有的家长由于工作太忙或疏忽大意，没给孩子准备睡衣，我们便在午睡时为这些多汗的幼儿在胸前背后垫上一块小毛巾吸汗，以免感冒。③ 天气较凉爽时，我们在午睡室里准备两个痰盂，避免幼儿尿裤子或在上厕所时着凉。④ 换季时天气变化无常，幼儿易受风寒，我们便提醒幼儿午睡时穿一件夹背心或毛线背心，以防生病。

三、特殊幼儿特殊照顾

很多幼儿在家没有午睡的习惯，到了幼儿园更是不愿午睡。小班新生凡凡也不例外，她往往担心"一觉醒来妈妈会不会来，如果我睡着了，妈妈来接，自己不知道怎么办"等。因此，每到午睡时间，她就大哭大闹，我们一面耐心亲切地与她交谈，以"午睡后照样可以回家"的事实打消她的顾虑，一面精心为她设计了一套"哄睡五步法"。

第一步：让她跟其他小朋友一样做好午睡前的准备工作，要求她坐在睡床旁边的椅子上，嘴里不发出声音。

第二步：帮她脱掉鞋子，让她把小脚踩在床上，身体不离开椅子，提醒她："如果累了，可以躺一会儿。"

第三步：帮她脱掉鞋子、裤子，告诉她："如果不愿躺下可以坐在被子里，但不能发出声音。"

第四步：要求她躺下，一开始她不习惯，躺半小时就坐起来，教师提醒她，她再躺下去。这样坐坐、躺躺、趴趴，不知不觉度过了午睡时间。

第五步：教师坐在她床边，帮她盖好被子，并微笑着静静地看着她。她一抬头，教师就轻拍一下她的头，用眼神示意她睡下。过了一会儿，她又抬起头，教师又轻拍她的头并和她拉钩，向她承诺，如果做到不抬头就发一颗五角星给她。渐渐地，凡凡能睡半个小时，甚至更长时间了，睡不着或睡醒时她也能安安静静地躺在床上了。一个半月后，凡凡的"不愿午睡病"终于治愈了。

——选自《幼儿教育》（教师版）2005年第10期

点评：

这篇文章的标题表明了作者的观点：要让新生愉快地渡过午睡关。导言部分交代了写论文的缘由是为了帮助小班幼儿顺利适应幼儿园生活。主体部分在调查访谈了解幼儿午睡特点的基础上，从三个方面总结了让新生安稳午睡的方法。有做法的概括，也有个例。虽然理论的阐述不够深入，但对于初学写论文者来说是值得参考的。

有趣的是，本文作者并没有因为已经写了一篇文章就把原先的思考放在一边，而是在原有经验的基础上，把午睡服务这个话题做进一步探讨，得出了更深的体会，并在时隔近一年后写成新论文发表。请看下面的例文。

例文二

小班幼儿午睡的特色服务

吴××

刚入园的小班幼儿，从家庭到幼儿园面临着一系列的不适应，除了情感上的不适应，还有新的生活方式的不适应，突出表现在午睡问题上。针对午睡，小班家长也常提出：孩子在幼儿园万一睡感冒了怎么办？尿床了怎么办？不会脱衣服怎么办？孩子在家总是被抱着摇着哄睡着的，到幼儿园没人哄怎么办？

面对家长诸多的"怎么办"，面对小朋友的怕睡行为，我们带着"如何方便幼儿午睡"这一问题，以《幼儿园教育指导纲要（试行）》精神为指导，边实践边探索，总结出下面几条行之有效的方法。

小拖鞋，降分贝。虽然我们在午睡前10分钟提醒小朋友上厕所，但明明、洋洋等三四个小朋友还是在午睡时要起床小便。于是，我们为这些幼儿准备了软体拖鞋，既方便了他们，避免了尿床、尿裤现象，又不会因为他们起床时走路声音太响而影响其他小朋友睡眠。

小毛巾，防盗汗。有些小朋友体质较弱，容易出汗，往往睡了一身汗起床便感冒了，我们就和这些孩子的家长联系，请他们为孩子带件睡衣，睡前老师帮助幼儿换上，醒后再脱掉洗净留着第二天再换。有的家长由于工作太忙或疏忽大意没带睡衣，老师就为这些幼儿在胸背垫上一块小毛巾，醒来拿掉，减少感冒患病率。龙龙便是其中一例。龙龙妈妈在送儿子入园时千叮咛万嘱咐，她的孩子体质弱，千万不能感冒了，我们采取这种方法后，龙龙妈妈满意极了，连声夸奖："幼儿园老师不简单，想得太周到了。"

小痰盂，解尿急。天气较冷时，我们在午睡室里特意准备了两个痰盂，让要小便的幼儿"就地解决"，这样既避免了幼儿因尿急而尿裤、尿床，又避免了幼儿着凉（虽然从卧室到厕所只有几步之遥）毕竟孩子从暖被窝里出来，穿着单薄的衣服不免会着凉。

小背心，避风寒。天气变化无常，幼儿肺部易受风寒，我们提醒幼儿午睡时穿一件夹背心或毛线背心入睡，以保护肺部免受风寒，预防生病。

总之，方便小班幼儿午睡，解除家长后顾之忧，并不是件高不可攀的事，只要幼教同行们尊重幼儿、了解幼儿、爱护幼儿，处处为幼儿着想，为家长考虑，那么这一问题就迎刃而解了。

——摘自《学前教育》2006 年 07～08 期合刊

点评：

这篇文章是时隔一年经过实践检验再次进行了总结。与上一篇文章相比，这篇文章论述的内容更为集中。把各种做法的理论依据也写了出来，有理有据，使总结出的经验更有说服力。这给我们一个启示：写论文并不一定要到处挖掘素材，对一个问题从不同层次、不同角度进行研究就是素材最好的来源。

例文三

"思维游戏课程"的启示

×× 市 ×× 区 ×× 幼儿园   张 ××

我园于 2004 年 9 月开设了北京东方之星的思维游戏课程，通过一学期对思维课程的学习与理解，游戏活动的组织实施以及游戏后的反思与分析，我得到以下几点启示：

1. 兴趣是幼儿学习活动的内在动力

思维游戏课程根据每个年龄阶段幼儿的特点设计了相应的游戏和操作材料。但是，具体到实施的过程，还是需要教师以自己的情绪情感、态度、语言来带动和影响幼儿。因为只有调动起幼儿的活动兴趣，才能激发出幼儿主动参加活动的内在动力。

小口号有大作用。针对我班个别小朋友情绪不稳定、不喜欢动手操作等特点，在开展思维游戏时，我创编了游戏口号——"思维游戏越玩越有趣，让我们的小手越来越能干，让我们的脑袋越来越聪明，思维游戏现在开始，耶！"每次在思维游戏开始前，幼儿在老师的带领下，以饱满的情绪、洪亮的声音和相应的手势动作念口号。这样一来，口号帮助幼儿集中了注意力，同时又提醒幼儿做好动手动脑的准备，以最好的状态参与到游戏中。

语言情境显真情。思维课程要求我们要尽可能地为幼儿创设游戏情境，以引发幼儿兴趣，吸引幼儿参与活动。在课程的实施过程中，我们感到教师单纯运用语言创造的情境就非常吸引幼儿。如一个场景的描述、一个故事的开头、一个奇妙的事件、一个问题的提出等，幼儿很容易进入教师创造的问题情境中，从而全身心地投入整个活动中。随着教师将语言创造的情境逐渐延续和发展，幼儿情感的投入也使得他们对活动本身更为专注，而活动的目标也就更易达成。

2. 结合幼儿的学习特点，创造性地使用教材

游戏前分析处理教材。虽然思维游戏课程配备了游戏活动设计和教师指导用书等教材，但教师根据幼儿的实际对教材加工处理再开展游戏十分必要。如在开展中班上学期"生活中的秘密"这个游戏单元时，要求幼儿掌握"做某件事情需要用到的感觉器官"和"整体与部分"两种关系。考虑到我班幼儿第一次尝试游戏，游戏内容不宜过于复杂，而且对物品之间关系的理解比较抽象，我们把第一次活动内容分成了两次进行，对活动目标也做了修改，只要幼儿能找出具有这两种关系的事物就可以，不强求每位幼儿非得语言正确地表述关系。这样，立足于幼儿的实际开展游戏，降低了难度，在游戏初期让

每个幼儿"跳一跳就能够得着"，体验成功的喜悦，进一步激发和保护了幼儿参与思维游戏的兴趣。

游戏组织中多启发、多引导。思维游戏课程的培养目标是"让孩子学会学习、学会思考、学会创造"。我在组织思维游戏时，常常运用多提问、多启发的方式，激发幼儿大胆想象的积极性，让幼儿用已知探索未知，从而开发幼儿的创造性。如在进行"梦幻山谷"这个游戏单元时，当幼儿在认识了基本的图形后，我就在游戏环节中增添了提问："在你的生活中，你发现哪些东西与这四个图形比较相似呢？"问题一提出，幼儿积极开动脑筋，思维非常活跃。有的说，我们穿的短裙子像梯形；有的说，奥运标志像圆环；有的说，上下楼梯就像折线一样。由于经过了发散思维的过程，接下来再玩操作游戏"寻找外观相似的图形宝宝"，幼儿简直如鱼得水。

3. 习惯培养融入游戏始终

思维游戏课程为教师和幼儿提供了丰富的操作材料。美观、丰富的游戏材料增加了幼儿活动的兴趣，同时，对幼儿操作习惯也提出了较高的要求。因此，在开展思维游戏初期，我就非常重视幼儿良好习惯的培养。在第一次游戏时，我就针对幼儿的习惯培养设计了一个认识盒子的环节。在活动中，我用"两颗星宝宝笑嘻嘻欢迎小朋友来参加思维游戏"等童话般的语言引导幼儿认识盒子的外观，熟悉盒子的设计，并请幼儿找盒子的长缝缝和短缝缝来练习开关、取放盒子等。幼儿在玩耍中建立了良好的操作习惯，为游戏的顺利进行提供了保证。

通过实施思维游戏课程，我深刻地感受到幼儿的思维更活跃了，动手动脑的兴趣更浓了。随着幼儿操作能力的提高，我发现他们越来越有自信心，同时也增强了我开展游戏活动的创造力及启发引导幼儿的能力。思维游戏让我和孩子们共同成长！

——选自《学前教育》2006年第1期

点评：

这篇文章与上一篇相比有个明显不同的地方，那就是作者在总结做法和经验的同时，也联系到了自己对"思维游戏课程"理论方面的认识，更加符合教育论文的写作要求。文章对自己的做法概括性强，结构清晰。结论部分能深化主题，写出了研究的意义和收获。

【练一练】

请根据观察记录，就教学导入语写一篇小论文，总结一下教学导入语的类型、运用和效果。

【完成练习】

_____

_____

_____

_____

知识链接

1. 教育小论文主体有什么写作规律？

（1）论述方式。论述方式有两种：一种是将科学研究全过程作为一个整体，对有关的各方面做综合的论述；另一种是将科学研究的全过程按照研究实际，划分几个阶段，对各阶段依次进行论述。两种论述方式各有特点，前一种综合归纳性较强，能够突出文章的主要论点；后一种更忠实于科研实际，给人以真切的感受。但无论采用哪一种方式，都不要是实际科研过程的机械的、刻板的复述，而应是作者经过归纳整理，去粗取精、去伪存真、由表及里、由此及彼的产物。

（2）论述内容。文章的论述内容可概括为两个方面：一是理论的，二是实践的。理论的阐释侧重逻辑推理，实践的阐述着重过程的描述。但无论哪一种，都不是孤立的，它们相辅相成，互为补充。理论来源于实践，需要实践的验证；实践要上升为理论，才能成为科学。科学的实践，无论是观察、调查、实验，还是查阅文献，最后都要得出科学的结论。

文章的内容的论述要点：

A. 理论的阐述。

① 提出假说的事实或理论的前提条件。假说的要点，适用范围，论证所需的资料，具体阐述与计算，运用的方法有归纳、演绎、分析、综合、类比、比较等。

② 结果。理论的内容、规律等。

③ 讨论。应用的思想与工作方法，存在的问题，对不同见解的评价。

B. 实践的阐述。

实践的阐述主要是论述观察与调查以及实验。

① 观察与调查包括的主要内容：观察或调查的目的、时间、地点、方式、方法。得到的资料、数据、图表、照片，加以记录。对结果的分析、理解、认识，解决了什么问题，有何科学价值，尚存在什么问题，前景预测。

② 实验包括的主要内容：材料的性质、质量、来源，材料的选取与处理等，这些材料一定要详加说明，其目的是便于同行重复实验，对成果加以验证。实验的仪器、设备、条件，标准的或非标准的，实验过程中出现的正常或异常现象及问题等。对实验的结果、数据、图表，加以整理。对实验结果或实验中出现的问题进行讨论，实验解决了什么问题，有何价值，哪些问题尚待解决，其途径是什么，前景展望。

2. 怎样选好教育小论文的切入点？

对从事教学第一线的教师来说，可以从以下几个方面去写：

（1）基础理论方面的研究。例如：对课本上某些概念的引入过程或某些定理、公式的证明过程做适当的改进和更新；对已有的命题做适当的推广或移植；对有争议的问题提出自己的新的见解；对课本上某些错误进行分析校正或站在新的理论高度、用新的观点来分析和研究某些问题。

（2）对教学实践经验的总结方面。教师在日常的教育教学工作中，总有这样那样的或大或小的体会，总有自己的得意之处，要善于及时记录总结，去粗取精，去伪存真，由感性认识上升到理性认识，最后用文字的方式表达出来。

（3）对幼儿心理生理研究方面。结合幼儿学习的思维特点和规律进行差生的转化；各科教学的课外工作（课外作业、课外辅导活动、学科竞赛等），常见解题错误分析。

（4）学科思想方面。如某些学科问题的特殊解题思路或巧解妙证，及一些学科思想和方法的运用等。

（5）课程、教材、教法的试验性研究方面。目前，新教材的应用、教法学法改革以及作业批改等方面的研究，这些方面的体会、成果很值得一写。特别是现在我们都在进行高效课堂教学改革，新的教育理念的应用阶段，这些都可以成为我们的选题。

（6）"教师一绝"。即教师在教育教学中的绝活、绝技、绝能，也可以是教师日常生活中的绝招，"一绝"并非绝无仅有，主要是教师的特点、特长和特色，它具有相对性。

（7）激励幼儿非智力因素方面的研究。幼儿个性心理倾向性的研究。

3. 怎样选好题目？

选题就是确定题目，这是写作中首先碰到的，也是最主要的部分。题目选择是否恰当，直接关系到你的作品的"命运"，所以，课题的选择必须考虑到以下4个方面。

（1）要从实际出发，实事求是，讲究实效。平时自己对某一问题留心思考并认真研究，有所收获，取得了研究成果的，才有可能考虑写作，没有实践基础或虽有实践但无收获体会，是写不出好文章的。

（2）要有新意，求异创新，善于猎取好题材。无论写什么文章，关键都在于有新意。如果受到别人所用题目的启发，对同一问题有不同的看法或在观点上有新的见解，而需要再用的话，用时可在题目上冠以"再谈""也谈""他说""别论"之类的字样。

（3）素材和论据要充实，说理要透彻。

（4）选题宜小不宜大。这里的"太大"是指研究的问题"外延"太大，几乎是无所不在其中，不是概论，就是原理。这种文章表面上看起来很大气，可往往给人言之无物、华而不实之感。一般来说，大题目写起来容易空泛，这往往是由于学力不足，无法深入，写少了像蜻蜓点水，浮光掠影，写多了则显得又臭又长。题目过大，势必精力分散，道理讲不清说不透。如果抓住一个重要的小问题，能够深入本质，切中要害，从各个方面把它说深说透，有独到的新见解，使人们看后得到启发、受到教益，那论文就一定有分量。

4. 教育小论文的题目来源有哪些？

（1）来自幼儿。在教育教学中，遇到一些幼儿的提问，对这些问题的仔细研究就成了论文的题目来源。

（2）来自教师。我们在备课、讲课、评课、说课、反思、考试、辅导、评改作业的时候常常遇到许多问题，这些问题精心整理，就可以作为教学论文写作材料。

（3）来自学习。通过学习新的知识后写出论文，特别是我们经过网络学习、交流，学习新知识，为我们从更高的高度、更新的角度观察问题提供了参照系，新的知识、新的观念、新的方法可以打破旧的思维定式，不仅为我们的研究提供了新的源泉，而且使我们的研究不断提高水平。

项目 21　说课稿的写作

【文体说明】

说课稿是教师说课内容的书面呈现。要写好说课稿，首先要了解什么是说课。

一、"说课"的概念

关于"说课"，网上有不少资料，但对其内涵没有统一的界定。下面提供几种说法，帮助大家对说课建立初步的印象。

（1）说课是教师通过对教育目标本身的分析，表述具体课题的活动设想及其理论依据。通俗地讲就是要说清：教什么，怎么教，为什么这么教。"说课"以说为主，是教师对教案本身的分析和说明，是一种口头叙述为主的教案分析。

（2）说课是一种教学研究活动，它要求教师以教育理论、教学大纲、教材为依据，针对某一课题的自身特点，结合教育对象的实际情况，口头表述该课题教学的具体设想、设计及其理论依据。

（3）说课是指教师在备课基础上，于授课前面对领导、同行或评委主要用口头语言讲解具体课题的教学设想及其依据的一种教研活动，它是教师将教材理解、教法及学法设计转化为"具体活动"的一种课前预演，也是督促教师进行业务学习和教育教学研究、提高业务水平的重要途径，还是评估教师教学水平的有效手段。

二、"说课"与授课的异同

1. 特性的区别

讲课时教学设想与教学实践的结合与运用，通过一节课的讲解，着重检测课堂教学整体效果，看教师是否保质保量如期完成教学任务，教学目的是否达到，难点是否突破，重点内容是否被幼儿理解并掌握，教与学的双边活动结合得如何，等等。说课则是教学设想到教学实践的迁移，它介于备课与授课之间，是备课之后对教案的解说与论证，又是授课之前对授课主导思想的进一步明确。使用这种授课方式，可以把书面的、抽象的设想变成直观的、形象的授课状态，一改讲课教案中呈现的"教什么""怎样教"，进而展示"为什么"，为整个设想提供理论、事实依据，让听者感知教学设想的科学性与合理性。

讲课实属教学范畴，说课虽然是教师在规定时间内，对某一节课按某种要求，向听众进行全面讲解的一种授课方式，但它属于教研范畴。

2. 听课对象的区别

讲课面对的是一些接受教育、渴望知识的幼儿；而说课面对的却是那些想要全面了解教师素质、综合评价教师教学水平的行家里手。

3. 检测目的的区别

讲课是教师按照事先拟定、编写的教案，围绕本课知识点，设计一些利于幼儿回答的问题，启发诱导幼儿分析归纳，帮助他们攻破难点、掌握重点，主要检测教师组织教学能力、语言表达能力、活跃课堂气氛能力，等等。讲课主张启发诱导、师幼间有问有答的双边活动，反对"满堂灌""独言堂"。

说课为的是考核教师的全面素质，即展现教师在备课中的思维过程；展现教师对大纲、教材、教参的理解和把握；展现教师对幼儿现有知识结构和能力水平的理解程度；展现教师对现代教育理论、先进教学经验的理解水平；展现教师扎实的基本功；展现教师高度概括能力和灵活应变能力。基于此，说课只能"一言堂"。

4. 授课时间与内容的区别

讲课历来都是规定在40~45分钟，按照本课构思行文的先后顺序，围绕知识点，对教材进行恰如其分的处理，确定教学目的、教学重点和难点、教学关键、教学时长。说课一般要求在短短的15~20分钟，高度概括对教材地位与使用的分析；教学目标的确立及确立的依据；重点难点的确定及确定的依据；对幼儿现状的分析及对策；培养幼儿能力的设想；使用的教学手段和辅助教学手段；教学过程中几大环节的安排；使用哪种教学方法突破难点掌握重点。以上内容的有机组织与合理编排，却是考核教师高度概括能力、逻辑思维能力、语言表达能力的最佳手段，要求教师用精练的语言表达，体现说主不说次、说大不说小、说精不说粗的原则。

说课内容中最容易混淆、难以区分的是教学过程，有人把讲课内容高度概括浓缩而成说课教学过程，实际上这种做法是非常错误的。比如在"新课讲解"环节中，说课要求的不是展示教学过程，而是交代围绕知识点，使用什么教学方法与辅助教学手段，这样攻破难点、掌握重点，已达到实现3个目标的目的。

总而言之，讲课主要体现备课后的操作过程，重点解决教什么、如何教的问题。说课主要体现备课后的思维过程，重点不仅要解决教什么、如何教，更重要的是为什么要这样教、有什么理论依据。因此，说课内容与讲课内容大不相同。

5. 板书设计的区别

授课方式、授课内容必然决定、制约板书设计。讲课板书主要体现本课教学内容与写作方法，力求科学性、简洁性、概括性。

而说课主要是展示给听众本节课的思维过程，因此它与教学板书有很大差别。说课板书要系统、醒目，要体现正确性、公正性、美感性。

综上所述，讲课与说课是完全不同的两种授课形式，它们之间存在许多方面的区别，说课不能代替讲课，讲课也不能代替说课，无论使用哪一种授课方式，都要抓住它们各自的特点与规律，按照有关要求制定教学设想与规划，以达到预期效果。

三、"说课"的内容

1. 说教材

（1）说教材的内容及在教学中的地位和作用。通过分析所选活动主题的内容特点，指明其在整体或网络式主题教学中的地位。

（2）幼儿现状简要分析。主要包括幼儿的年龄特点、身心发展状况、原有知识和基础技能的掌握情况、智力的发展情况；幼儿的非智力因素，包括幼儿的兴趣、动机、行为习惯、意志等发展状况。

（3）说目标。先说主题目标，再说本次活动目标。主要从情感、态度、能力、知识、技能等方面综合地表达出来，并能体现主题的教育要求，最后说确立此目标的依据。

（4）说活动重点、难点的确定和解决。

2. 说教法

说教法主要是说明教学方法及教学手段的选择和运用。要根据教材的特点、幼儿的实际、教师的特长以及教学设备情况等，来说明选用某种方法或手段的依据。

3. 说活动准备

说活动准备，包括活动前的准备（家长工作、社区协调、环境创设、资料收集、幼儿园活动等）、活动中的准备（即有关玩具、教具等材料，包括幼儿用书、教学挂图等）。

4. 说学法

说学法就是说出要教给幼儿哪些学习方法，培养幼儿哪些能力，并结合活动目标、教材特点、幼儿年龄特点具体地说出理论依据，主要说明幼儿要"怎样学"的问题和"为什么这样学"的道理。要讲清教师是如何激发幼儿学习兴趣，引导幼儿主动、积极探索的，还要讲出教师是怎样根据班级特点和幼儿的年龄、心理特征，运用哪些教育教学规律指导幼儿进行学习的（根据活动内容和采取的方法及手段，教给幼儿一些学习的方法，做到"授之以渔"）。

5. 说活动过程

说活动过程是说课的重点部分，因为通过这一过程的分析才能看到说课者独具匠心的活动安排，它反映着教师的教学思想、教学个性与风格，也只有通过对活动过程设计的阐述，才能看到其活动安排是否科学合理，是否具有艺术性。说活动的过程就是说明整个活动的流程，即各个活动环节的实施过程。按照活动的先后顺序说明每一环节所用的大体时间，重点说明主要环节的双边活动，要致力于活动难点和重点的突破。具体内容只需概括介绍，只要听者能听清楚"教的是什么"和"怎样教的"就行了，不能按教案像组织幼儿活动那样讲。

注意，在介绍活动过程时不仅要讲活动内容的安排，还要讲清"为什么这样教"的理论依据（包括《幼儿园教育指导纲要（试行）》依据、课程标准依据、教学法依据、学前教育学和学前心理学依据等）。

6. 展示自己参与设计的辅助课件

所制作的课件要起到突出本次活动重点、降低难度以突破难点的作用，展示课件时还要简述自己设计、制作的思路和过程。

说课要坚持从实际出发，不能搞一刀切。应因材、因时、因地、因人（幼儿、教师）的不同采取不同的说课方式和方法，提高说课的科学性和可行性。

四、"说课"的实施

说课不同于一般的发言稿和教育活动，它要求说者比较系统地介绍自己的活动设计及其理论依据，可不是宣讲教案，也不是活动的浓缩，它的核心在于说理，在于说清为什么要这样教，说课的重点在于活动重点和难点的突破上。在说课过程中，要注意把握以下几点：

（1）使用普通话。在说课过程中，使用普通话有利于成功。

（2）充满激情，慷慨自然。说课时不但要精神饱满，而且要充满激情，要使听者首先从表象上感到说课者对说课的决心与自信，从而感染听者，引起共鸣。

（3）紧凑连贯，简练准确。说课的语言应具有较强的针对性，语言表达要简练干脆，要有声有色，灵活多变，前后连贯紧凑，过渡流畅自然。

（4）自然而有效地使用多媒体。在说课时，要注意将现代化的电教器材组合在说课的主体里，来刺激听者，使说课更加生动，从而取得最佳效果。

五、"说课"中应遵循的几项原则

1. 科学性原则——说课活动的前提

科学性原则是组织活动应遵循的基本原则，也是说课应遵循的基本原则，它是保证说课质量的前提和基础。科学性原则对说课的基本要求主要体现在以下几个方面：

（1）教材分析正确、透彻。说课中，教师不仅要从微观上弄清弄懂活动内容的内涵和外延，做到准确无误，更重要的是要从宏观上正确把握本活动、本主题的地位、作用以及本活动内容的知识结构体系，深刻理解它们之间的关系。

（2）分析客观、准确，符合实际。说课中教师要从幼儿理解本内容的原有基础和现有困难两个方面分层次、客观准确地分析情况，为采取相应的对策提供可靠的依据。

（3）活动目的明确，符合《幼儿园教育指导纲要（试行）》要求、教材内容和幼儿实际。

（4）教法设计紧扣活动目的，有利于发展幼儿智能，可行性强。说课中，教师既要说清本次活动的总体构想以及依据，又要说清具体的活动设计，尤其是关于重点、难点的教法设计的构想及其依据，使教法设计思路清晰，具有较强的可操作性。

2. 理论联系实际原则——说课活动的灵魂

说课是说者向听者表达其对某次活动设想的一种方式，是教学与研究相结合的一种活动，因此在说课活动中，说课人不仅要说清其活动构想，还要说清其构想的理论与实际两个方面的依据，将学前教育理论与活动实际有机地结合起来，做到理论与实践的高度统一。

（1）说课要有理论指导。在说课中对教材的分析应以专业基础理论为指导，对活动情况的分析和教法的设计一概以学前教育学、学前心理学理论为指导，力求所说内容言之有理、言之有据。

（2）教法设计应上升到理论高度。教师在实践中，往往注意到对教法本身的探索、积累与运用，而忽略了将其总结上升到理论高度并使之系统化、规律化，因而淡化、浅化了实践的功能。说课中，教师应尽量把自己的每一个教法设计上升到学前教育教学理论高度并接受其检验。

（3）理论与实际要有机统一。在说课中，既要避免空谈理论，脱离实际，"放之四海而皆准"，又要避免只谈做法不谈依据，还要避免为增加理论色彩而张冠李戴，理论与实际不一致、不吻合。要做到理论切合实际，实践是在理论指导下的实践，理论与实践高度统一。

3. 实效性原则

任何活动的开展都有其鲜明的目的，说课活动也不例外。说课的目的就是要通过"说课"

这一简易、速成的形式或手段在短时间内集思广益，检验和提高教师的教学能力、教研能力，从而优化活动过程，提高活动效率。因此，实效性就成了说课活动的核心。

为保证每一次说课活动都能达到预期目的，收到可观实效，至少要做到以下几点：

（1）目的明确。大体上，说课可用于检查、研究、评价、示范等多种目的。一般来说，检查性说课主要用于领导检查教师的备课情况；研究性说课主要用于同行之间切磋教法；评价性说课主要用于教学评比、竞赛活动；示范性说课则是为了给教师树立说课的样板，供其学习、参考。在开展说课活动前，首先要明确目的，也就是明确将要开展的是哪一类型的说课活动，以便做好相应的准备工作。

（2）针对性强。这主要是针对检查性、研究性两种说课活动而言。检查性说课一般来说主要针对教师的工作态度、专业知识、教学能力、教研能力；研究性说课应主要针对承上启下的活动、难度较大的活动、结构复杂的活动以及教师之间意见分歧较大的活动等。只有加强了说课的针对性，才便于说课人和评说的准备和对问题的集中研究与解决。

（3）准备充分。说课前说课人、评说人都围绕本次说课活动的目的进行系统的准备，认真钻研大纲和教材，分析情况，做到有的放矢。说课人还要写出条理清楚、有理有据、重点突出、言简意赅的说课稿。

（4）评说准确。评说要科学准确，指导性强。说课人说完之后，参加评说的人员要积极发言，抓住理论上的重大问题和活动中带有倾向性、普遍性、规律性的问题进行重点评说。主持人还应该将已达成的共识和仍存在分歧的问题分别予以归纳总结，以便在活动中贯彻执行或今后继续进行研究。

4. 创新性原则——说课活动的生命线

说课是深层次的教研活动，是教师将活动构想转化为具体活动之前的一种预演，其本身也是集体备课，尤其是研究性说课，其实质就是集体备课。在说课活动中，说课人一方面要立足自己的教学特长、教学风格，另一方面更要借助有同行、专家参与评说，众人共同研究的良好机会，树立创新的意识和勇气，大胆假设，小心求证，探索出新的思路和方法，从而不断提高自己的业务水平，不断提高教学质量。只有在说课中不断发现新问题、解决新问题，才能使说课活动永远"新鲜"，充满生机和活力。

【格式要求】

（1）称呼。说课是说给同行的，所以开头写："各位老师"或"各位领导、老师"。

（2）写出说课的课题。如"今天我说课的课题是……"。

（3）按说课的过程写各项内容，说教材—说教法—说活动准备—说学法—说教学（活动）过程。

（4）结束语。

【写作要求】

说课稿写作的目的是便于说课时更周详全面，所以这种文体的语言应方便口语表达，要求结构清晰、步骤清楚有层次。

【例文】

例文一

中班说课：语言活动——《微笑》

尊敬的各位领导、老师：

大家好！

今天我说课的题目是：中班故事《微笑》。《幼儿园教育指导纲要（试行）》（以下简称《纲要》）明确指出，教师要创造性地开展工作。同时，新的省编教材中，在各主题活动的设计上也为教师提供了根据幼儿情况自由生成的空间，幼儿教师要不断尝试将新的题材、新的内容引入课堂，以新角度、新形式、新方法让幼儿成为学习的主人，教师要善于站在幼儿的角度设计教学，实现教学方面的突破。省编幼儿园中班教材中第五主题"我的朋友"的总目标为：初步了解并体验人与人、人与整个环境和谐相处的快乐感觉，学习并尝试与他人交往的方式，促进社会交往能力的发展。所设活动有好朋友画像、换名片、哭哭脸和笑笑脸等，多为实践、操作活动，而作为幼儿最喜欢的教学形式，最有效的教育手段——故事教学的内容却很少，所以在进行本主题活动内容的基础上我生成本次故事教育活动。

第一部分：说教材分析

一、说教材内容

童话故事是儿童文学的一种体裁，是富有浓郁幻想的虚构故事。它以现实生活为基础，通过丰富的想象、幻想，把故事中的事物描绘得有思想、有感情，能像人一样说话，富有生命力，并编制生动的情节来反映生活。童话的语言通俗易懂、情节简单，符合幼儿的心理状态和认识水平，富有教育意义，易于幼儿接受。《微笑》是一篇充满浓郁儿童情趣的童话故事，它采用了拟人的手法，把小蜗牛用微笑的方式给大家带来快乐，从而自己也快乐起来的经过描写得形象逼真。让幼儿充分感受到小蜗牛的助人之心和与朋友的友爱之情，体会到为朋友做事的快乐。

二、说教学目标

根据我班幼儿语言发展的实际水平、年龄特点、兴趣需要及本主题的总目标，确定本活动的目标为：

情感目标：使幼儿懂得只要有爱心，不管能力大小都可以帮助别人并愿意给别人带去快乐。

能力目标：培养幼儿欣赏文学作品的兴趣和能力，发展幼儿的感受力和口语表达能力。

知识目标：初步理解故事内容，掌握故事的名称、角色和故事的主要情节。

确定本次活动的依据有以下几点：① 根据中班幼儿的认知水平和心理发展特点。4～5岁的幼儿理解能力还很低，注意力往往受兴趣的影响和支配，有意注意初步得到发展，所以需要教师利用各种教学手段，恰当巧妙地引导幼儿理解故事内容，还要注重培养幼儿认真倾听的习惯。② 现在绝大多数幼儿都是独生子女，缺乏一定的爱心，不懂得去关心别人，不知该如何去关心别人，向幼儿进行这样的情感教育和思品教育尤为重要。③ 根据幼儿园课程目标及《纲要》《幼儿园工作规程》，幼儿课程目标的宗旨在于提高幼儿素质，提出引导幼儿接触各种艺术作品，关注人类道德行为美。本故事通过使幼儿懂得"微笑"的真正含义，来感染幼儿，美化幼儿的行为。《纲要》在语言领域中提出，"发展幼儿语言的关键是创设一个能使他们想说、敢说、喜欢说、有机会说并能得到积极应答的环境"以及要"鼓励幼儿大胆、清楚地表达自己的想法和感受，发展幼儿语言表达能力和思维能力"。根据这一目标和要求，结合中班幼儿年龄特点和语言发展水平，由此制定了情感、能力、认知三方面的教学目标。

三、说重点、难点

重点：使幼儿理解故事情节及内容，了解故事的含义。

难点：能主动帮助别人，愿意给别人带来快乐。

制定重难点的依据是：我班幼儿在情感及认知方面的特点，即中班幼儿理解水平有限，对理解隐含在故事中的寓意有一定的困难，所以让幼儿充分感受小蜗牛的助人之心和与朋友的友爱之情，体验为朋友做事的快乐尤为重要。

四、说教学准备

（1）自制多媒体课件：符合故事情节发展，动画形象生动有趣，能激发幼儿的兴趣，吸引幼儿注意力。

（2）空白圆形卡片、彩笔，通过自己动手制作，加深对故事含义的理解。

第二部分：说教法、学法

本次教学活动以遵循"三个原则"，做到"两个注意"，体现"一个整合"的指导思想来设计教法、学法。

"三个原则"：一是"教师主导，幼儿主体，以问题的引导为主线"的"三为主原则"；二是"教师在前、幼儿在后"的教学原则，即当幼儿积极主动地投入学习过程时，教师要观察了解幼儿的学习行为是怎样产生的，并在尊重幼儿认识过程发展的基础上进行分析和影响；三是"同时进行原则"，即在教学活动中，要同时顾及兴趣、态度和行为的培养，既有明确的重点，又相互渗透。

"两个注意"：一是注意设置符合幼儿"最近发展区"的问题情境，即要把各教学环节与教学要求设置成问题情境展示给幼儿，这样容易使幼儿被问题情境吸引而主动投入学习；二是注意根据幼儿的认知规律和情感发展规律，把教学目标的要求分解成若干细小的层次，分散到各个具体的活动中，形成一个循序渐进的教学活动，使教学重点得以巩固，教学目标得以实现。

"一个整合"：《纲要》中明确指出：要为幼儿一生的发展打好基础，通过自主的学习，促进幼儿生动活泼、主动和谐的发展。教学过程体现整合性，对多元智能的发展提供保证。

一、说教法

托尔斯泰指出："成功的教学所需要的不是强制，而是激发学生的学习兴趣。"教师不是为了教而教，而是应采用恰当的教学方法。

根据幼儿的认知水平、实际情况和教材自身的特点，我采用了直观演示法、讲述法、讨论法和提问法。

（1）直观演示法：运用直观、形象的教具进行表演示范，引导幼儿理解作品内容。

活动中主要运用多媒体课件，将整个故事制作成形象直观的动画，既可以完整欣赏，又能分段播放，通过观赏课件引导幼儿了解故事情节，理解故事内容。

（2）讲述法：通过生动形象的讲述，能激发幼儿的情感共鸣，引导幼儿理解故事内容，帮助幼儿树立简单的是非观念，达到教育目的。在讲述故事的过程中，根据需要，我注意控制语速、音量和抑扬顿挫的变化，采用不同的音色来讲述不同事物的对话，从而较好地表达作品的感情。如小蜗牛对大家微笑，我就用表扬鼓励的口吻说"小蜗牛，你真了不起"，以激发幼儿为别人服务的愿望，帮助幼儿更好地理解事物的形象特点，并能较好地集中幼儿的注意力，为提高教学效果和突破重难点做准备。

（3）讨论法：是指让幼儿根据自身的生活经验互相合作，共同探讨问题答案的方法。在活动中，我将讨论法结合在讲述故事的过程中。如请小朋友共同讨论：小蜗牛为什么不快乐？

（4）提问法：提问是教师引导幼儿观察事物，要求幼儿再现已掌握的知识，启发幼儿积极思维的手段。提问在教学中发挥着不可替代的作用。我主要运用了解释性提问（如：小蜗牛为什么会给大家送信？）、假设性提问（如：如果你是小蜗牛，你们会怎么做呢？）等。在提问时，针对不同能力层次的幼儿，比较容易的问题可让水平较低的幼儿回答，需要幼儿描述的问题就请能力较强的幼儿回答，像总结、归纳性的问题请能力最强的幼儿来回答，使每个幼儿都能体验到成功的喜悦。

二、说学法指导

本次活动，主要采用欣赏法、发现法、讲述法。

（1）欣赏法：引导幼儿学会理解作品内涵，鉴别作品的美及分析评价文学作品，使幼儿获得美的享受，唤起美的情感，陶冶美的情操。在活动过程中，通过教师生动形象的讲述，引导幼儿体验帮助别人的心情，感受作品的语言美，从而突破难点。

（2）发现法：教师提供适于幼儿进行发现活动的教材，使他们通过自己的探索、尝试过程，发现知识。在活动中，请幼儿回忆、讨论故事中人物的对话，通过提问和幼儿讨论，引导幼儿自己得出结论，充分体现幼儿的主动性和积极性。

（3）讲述法：主要教会幼儿准确地回答问题，恰当地说明自己的想法和做法。在活动中，我采用多种形式的提问为幼儿提供讲述的空间，启发幼儿用洪亮的声音、完整的语言进行讲述，并且注意为每名幼儿创设讲述的机会。

第三部分：说教学程序

整个活动分为三大部分，活动流程图简单明了地概括了整个活动，使大家一目了然，明白设计意图，下面将其详细说明一下。

一、导入部分：激发学习兴趣，引出故事主题

出示两个表情（微笑、哭泣）的图片，引导幼儿说喜欢看哪一个表情，为什么。我在此环节注意引导幼儿回忆原有的生活经验，并组织幼儿分组进行讨论，为下一步的教学开展进行铺垫。突出活动的教学重点，引起兴趣，引出主题。

二、展开部分：理解故事内容，掌握学习方法

（1）教师有感情地讲故事，不出示任何教具。依据幼儿的无意注意占主要地位、有意注意还不稳定的特点，为了避免分散幼儿注意力，影响幼儿对故事内容的感知，只运用丰富的表情、优美的背景音乐来表现故事。讲完后，提问简单的问题：① 故事的名称是什么？② 故事中有哪些角色？③ 小蜗牛做了一件什么事？

（2）分段播放课件，幼儿欣赏。教师分别提问：① 森林里的动物们都是好朋友，看看小动物们在为自己的朋友们做什么？（小鸟为朋友唱歌，大象为朋友盖房子，小兔为朋友送信）② 朋友感到怎样？（很感动，很高兴）③ 看看小蜗牛怎么了？（不开心）猜猜它为什

么不高兴？（放录音：小蜗牛不开心的原因）④ 帮小蜗牛想个办法，想想它还能为朋友做什么？（预报天气，讲故事，画画）鼓励幼儿结合自己的经验充分想象并讲述，幼儿自由讨论此环节，鼓励幼儿大胆发表自己的观点。

（3）完整欣赏故事：请幼儿边看课件，边完整欣赏故事。教师根据幼儿对故事的理解以递进的方式提问：① 小蜗牛为朋友们做了一件什么事情？② 为什么小蜗牛会想到把微笑送给大家？③ 大家喜欢小蜗牛的微笑吗？为什么它们都认为小蜗牛了不起？由此逐步引出故事的含义：小蜗牛虽然能力很小，只会爬，但它有一颗爱心，它想到了要让自己的朋友快乐一点，它把微笑送给了大家，给大家带去了快乐，所以大家都觉得它很了不起。这个环节其实重在揭示思想内涵，进行情感教育，我将它贯穿到整个故事的情节中，它是解决重点、突破活动难点最关键的一个环节。

三、结束部分：迁移故事主题，渗透思想品德教育

我依据幼儿的生活环境从3个方面引导幼儿说说自己是怎样为大家带来快乐的：

① 你能为爸爸妈妈做点什么？② 你能为小朋友做点什么？③ 你能为老师做点什么？

依据幼儿思维发展的过程，本环节由近及远、由易到难地引导幼儿思考、讨论，进而得出与幼儿实际生活相关的答案，并使幼儿有了行动的愿望，促进幼儿发散思维的发展，解决了本活动的难点，达到了教育的目标。

制作"微笑"标志：幼儿自制两枚"微笑"标志，并在圆形卡片上画上微笑的表情。

启发幼儿将其中一枚"微笑"标志别在自己胸前，另一标志则送给自己的好朋友。在愉快、温馨的氛围中，活动自然结束。

俗话说"教无定法，贵在得法"。今天我所展示的这个活动肯定还存在着许多不足之处，希望在座的各位领导、老师能给予批评指正，让我在以后的教学实践中，在新的教育观念的熏陶下，和孩子一起探索、一起成长！谢谢！

附

微笑

森林里的动物们都是好朋友。小鸟为朋友唱歌，大象为朋友盖房子，小兔为朋友送信。小蜗牛很着急，他只能在地上慢慢地爬，别的什么也干不了。

小兔走过小蜗牛的身边，小蜗牛向着小兔微笑。小兔说："小蜗牛，你的微笑真甜。"

小蜗牛想："对呀，我可以对朋友们微笑。"小蜗牛又一想，"可是，怎样让朋友们看到我的微笑呢？"

小蜗牛想出了好办法。第二天，他把很多信交给小兔子。小兔子把信送给了森林里的朋友们。朋友们拆开信，信里是一张画。画上的小蜗牛正在甜甜地微笑。森林里的朋友们也都微笑起来，它们说："小蜗牛真了不起！它把微笑送给了大家。"

——选自 http://www.yeis.corm.cn/HtmlLib/14131.htm

点评：

这篇说课稿形式规范、内容详尽、步骤清晰，很好地写出了作者说课的意图，使读者对教学的设计、思路、理念有清楚的了解。

例文二

《小蝌蚪找妈妈》说课设计稿

老师们：

我准备说课的内容是《小蝌蚪找妈妈》。

1. 说内容

我说课的内容是《幼儿园渗透式领域课程》（下册）语言领域童话《小蝌蚪找妈妈》。

2. 说教材

这篇童话故事以浅显的文字生动地描写了《小蝌蚪找妈妈》的故事，同时配有图片，叙述了小蝌蚪是怎样找妈妈的，以及最后变成青蛙的有趣过程。

从教材编排看，童话中动物角色较多，语言生动，趣味性强，是幼儿进行表演的典型教材。从教材结构看，童话中对话较多，重复式结构较多，幼儿很感兴趣，也是最容易掌握的最佳范例。同时活动目标也明确指出尝试用完整连贯的语言清楚地表述画面内容，并鼓励幼儿创造性地表演故事。

本活动分两课时完成，下面我重点阐述的是第一课时的教学思想。根据教材的编排体系和本班幼儿语言发展的实际能力确定目标如下：① 观察小蝌蚪的变化，想象故事的情节，尝试用完整连贯的语言表述自己的认识。② 学习围绕故事的名字来观察阅读画面，理解故事内容，讲述比较完整的故事情节。③ 培养幼儿的观察力，感受探究生命的乐趣。

3. 说教法、学法

阅读过程是每个幼儿获得个性体验和独特感受的过程，是教师引导幼儿在阅读实践中不断积累经验、学会以阅读促进表达的过程。因此我充分发挥了教材的作用，为幼儿构建了"大书导读训练"教学模式，坚持以导读为基础，侧重培养幼儿根据画面讲述比较完整的故事的能力。

4. 说教学过程

（1）巧设导言，激发兴趣。

良好的开端是成功的一半，为了最大限度地调动幼儿的兴趣，消除幼儿生活经验的贫乏和障碍，首先我让幼儿猜关于蝌蚪和青蛙的谜语，引起幼儿的兴趣，然后我不失时机巧妙导入课题，问："小蝌蚪和妈妈长得像吗？（不像）难怪小蝌蚪不认识自己的妈妈呢！今天我们就随着小蝌蚪去找妈妈吧!"这样的设计导言，既调动了幼儿探究的欲望，也能使他们充满激情地参与活动。

（2）教师导读，幼儿整体感知。

这一环节我坚持以导读入手，运用图文结合的方法帮助幼儿阅读理解：① 大书导读，教师引导。课前我自制了一本《小蝌蚪找妈妈》的大书，运用导读引导幼儿按照一定的顺序观察画面，教师边讲故事边指出相应的画面，帮助幼儿建立图画与口语的关系，培养幼儿规范化的语言，初步理解故事内容。② 幼儿自由阅读，相互探究。教师导读后幼儿自由阅读，教师注意观察，根据幼儿的阅读情况分层指导，对于基本正确读懂内容的幼儿，建议他们想象人物的对话，把故事连起来完整地讲一讲；对于不明白某些情节的幼儿建议他们看看前后的画画，推理一下故事的内容，或与他人交流探讨一下，或者来问老师。

（3）精读理解，感悟学法。

俗话说"教无定法，贵在得法"，根据教材的结构和幼儿年龄特点，我精心渗透了学法指导，侧重培养幼儿对本作品的理解，重点围绕小蝌蚪与几位动物妈妈的对话展开讨论："小蝌蚪和几位动物妈妈说了什么，它们的心情怎样？"接着我让幼儿扮演故事中的角色，教他们用眼看、动脑想、动口说，多种感官积极参与表演，这样化静为动，化难为易，层层深入，步步逼近，无疑降低了教学难度。

——选自 http://www.Yeis.com.cn/HtmlLib/14131.htm

点评：

与上一篇说课稿相比，这篇说课稿更接近一般性的园本教研活动时的说课情况。整篇文章分层清楚，语言简洁，形式规范。

【练一练】

请从以下活动主题中任选一个，进行说课稿设计。

立春、雨水、惊蛰、春分、清明、谷雨、立夏、小满、芒种、夏至、小暑、大暑、立秋、处暑、白露、秋分、寒露、霜降、立冬、小雪、大雪、冬至、小寒、大寒

_____

_____

_____

知识链接

2020 年全国职业院校技能大赛改革试点赛赛项规程
（学前教育专业）

项目 3：幼儿园教育活动设计与说课（完成时间：57 分钟。其中幼儿园教育活动设计 50 分钟，含在选手赛前准备的 90 分钟里面）。

该项目以"规定主题"为设计范围，选手根据给定的素材与幼儿年龄段，进行幼儿园教育活动设计，提交教育活动设计方案并按要求进行说课，主要考查选手的主题网络图设计、集体教学活动设计、说课等综合能力。

项目 3　幼儿园教育活动设计与说课评分标准（共 35 分）

内容		评价标准	分值	
教学活动设计 15 分	主题网络图	1. 能充分运用给定的资源，并能依据自己对主题的认识，拓展相关的资源	2	5
		2. 主题网络图绘制具有丰富性、科学性、具体化和操作性等特点，充分考虑到生活化、兴趣性、适宜性、幼儿主体和家园合作等因素。网络图至少有三个层级（包含主题名称一级），第二、三层级要有三个活动以上	3	
	活动目标	1. 活动目标符合《纲要》和《指南》精神，符合各领域的总目标和幼儿年龄阶段特点，切合儿童的发展水平和发展需要活动。 2. 具有全面性，能围绕给定的主题，难度适当，对整个活动目标具有导向作用。 3. 陈述简洁明了、主体统一、针对性强、具体可操作，充分体现本领域特点，能考虑到各领域间相互渗透教学	2	

内容		评价标准	分值	
教学活动设计 15分	活动准备	1. 活动前的知识储备、环境创设（墙饰布置、区域材料准备、活动材料准备、空间安排等）均符合实现教学活动目的要求。 2. 环境材料适宜，最大限度地支持和满足幼儿学习、探索操作活动的需要。 3. 有效利用现代化教学手段，适用、适时、适当地增加活动的实效性和趣味性	2	
	活动过程	1. 过程设计结构严谨，层次清晰，各环节之间过渡自然流畅，体现循序渐进，有层次感	1	4
		2. 教学方法和活动组织形式选择适宜，能体现幼儿的主体性，为幼儿提供感知与操作的机会，安排充分的思考和探索时间	1	
		3. 提问具有思考性、启发性、开放性特点；能预测教学活动过程可能出现的问题并能设计出相应教学活动策略	1	
		4. 活动详略得当，重难点突破时间充分，能较好地突出重点、突破难点；教学手段设计针对性强，既适合幼儿的认知特点，支持儿童的学习，又有利于学习目标的达成	1	
	其他	1. 文字表达逻辑清楚，格式规范完整，无错别字。 2. 活动设计新颖，教学方法巧妙独特，有一定的创新和突破	2	
评分分档	设计合理，层次清晰，目标明确，符合幼儿特点		13～15	
	设计较合理，层次较清晰，目标较明确，基本符合幼儿特点		10～12.9	
	设计一般，层次不太清晰，目标不够明确，不太符合幼儿特点		7～9.9	
	该项未完成		0～6.9	
说课 20分	说内容	1. 能结合主题网络图，根据幼儿年龄特征和发展水平阐述内容选择的理由。 2. 能正确分析、理解教学活动内容（素材），在客观分析幼儿的发展状况和已有经验基础上，充分挖掘教材的价值，选取适合幼儿学习的内容	4	
	说目标	1. 阐述目标的具体内容并说明目标制定的理由和依据。 2. 准确把握重点和难点，说明确定重难点的理由和解决重难点的方法和策略	4	
	说过程和方法	1. 能清晰说明各环节的设计与目标达成的关系	3	8
		2. 能清楚阐述主要的教学方法及选用的理由	2	
		3. 合理设计，准确预估教学效果，措施得当，应变性强	2	
	现场表现	1. 仪表大方，举止文雅，表情自然、丰富，有亲和力。 2. 语言规范，条理清楚，逻辑性强，表达流畅，有感染力。 3. 时间把握准确（超时相应扣分）	4	
评分分档	思路清晰合理，符合领域特点和幼儿特点		18～20	
	思路较清晰合理，基本符合领域特点和幼儿特点		15～17.9	
	思路清晰合理欠缺，不太符合领域特点和幼儿特点		12～14.9	
	该项未完成		1～11.9	

教师资格国考写作

【知识目标】

通过本模块的学习，使学生掌握在幼儿教师资格证国考中写作的相关常识。

【能力目标】

通过本模块的学习，使学生具有完成考取幼儿教师资格证写作题型的能力。

【素质目标】

通过本模块的学习，培养学生和幼儿教师良好的职业道德和写作素养，全面提升学生的写作能力，以达到教师职业所要求的写作水平。

项目 22 基 本 写 作

【概念说明】

写作是运用语言文字符号反映客观事物、表达思想感情、传递知识信息的创造性脑力劳动过程。而文章是写作的表达形式。一般情况下，按照不同的标准，可以将文章分为不同的种类。目前比较常见的是将文章分为文学类作品和非文学类作品两大类。其中，文学类作品包括小说、散文、诗歌、戏剧等，非文学类作品包括应用类文体、新闻类文体、理论类文体和史传类文体等。

【文章构成】

文章的构成要素有：

1. 材料

所谓材料，简单地说，凡是用以提炼、表现主题的事实与观念都可称为材料。

2. 主题

主题是作者在文章中通过全部材料和表现形式所表达的中心思想和主要观点。

3. 结构

结构就是文章内部的组织构造，是文章的部分与部分、部分与整体间的内在联系及展开序列，是作者组织安排文章内容的具体方式。

4. 语言

语言是写作文章的工具，它是表达思想、构成文章的物质手段；语言是文章的思想内容，两者之间是形式与内容的关系。

5. 表达方式

表达方式主要包括叙述、描写、议论、说明和抒情 5 类。

【写作过程】

1. 审题，确定体裁

审题的具体任务，就是通过对作文题目的思考和分析，了解命题者的意图，弄清写作对象、范围和重点，明确立意，并确定文章的体裁。

（1）命题作文的审题。

命题作文是指根据所出示题目进行写作的一种作文题型。从结构上来说，命题作文有 3 种类型：词语式命题、短语式命题和句子式命题。

对于命题作文，必须对文题进行字斟句酌的推敲，捕捉关键信息，全面、准确、深入理解文题的深层内涵。

（2）话题作文的审题。

话题作文是指用一段导引材料启发思考、激发想象，用话题限定写作范围的一种作文题型。话题作文由材料、提示语、话题、要求（或注意）4 部分构成。

对于话题作文，在审题时要做到以下几点：

第一，先审材料。启发考生如何使文章主题完全符合题意，如何更好地立意、选材和选取表现主题的角度等。

第二，再审话题。界定话题的范围和写作的自由程度。

第三，细审提示。把握命题意和作文内容。

第四，推敲要求。进一步明确作文写作的自由程度和条件限制。

（3）材料作文的审题。

材料作文是指根据所给材料（文字或图画）和要求来写文章的一种作文题型。考生可以通过对材料的理解和解读，选择适合自己的文体进行写作，因此更有利于发挥考生的作文水平。

对于材料作文，在审题时遵循以下几个原则：

第一，整体性原则。审题时要有全局意识，从材料的整体着眼，切实弄清材料的中心和实质，不要只抓住其中的只言片语，以局部代替整体。

第二，多向性原则。要学会运用发散性思维，多角度审视材料，并列出由材料中引出来的多个观点。

第三，筛选性原则。从材料中总结的观点具有多样性，因此，在进入写作时需要对所列出的观点进行适当的筛选。

第四，倾向性原则。有些材料中明显流露出命题人的情感倾向，可以从材料的情感倾向入手来审题立意。

2. 立意

文章的灵魂在于立意，立意的深浅往往决定了文章的成败。好的立意应该力求做到以下几点：

（1）方向正确。方向正确是写好作文的基本要求，也是评价文章的重要标准。立意既要符合文题的要求，更要体现健康、积极向上的思想感情，立意要与目前国家倡导的公德、与时代精神相一致，对读者要起到陶冶性情、美化心灵的作用。

（2）情感鲜明。情感鲜明是指在文章中的情感指向要明确，语言饱含感情。

（3）思考深刻。思考深刻是指要透过事物的现象去挖掘其内在的本质，思考出对人生和社会有意义、有价值的东西，要善于发现别人没有发现的那一点，并给人以启示。

（4）思维创新。思维创新是指要克服以往的思维定式，打破常规，发表自己独特的创见，令人耳目一新。

3. 构思，安排框架

文章的构思，就是思考如何根据中心有机地组织文章的结构框架。构思的技法主要有以下几种：

（1）画龙点睛法。画龙点睛法是在篇末点出文章的主旨，阐发其中蕴含的哲理。点睛之笔不在多，而在精。"龙"要画活，"睛"要点准。

（2）双线组合法。双线组合法是采用两条线索，各有自己的流向，但要注意选好两条线索的结合点，使之成为一个有机的统一体。

（3）往事叠套法。往事叠套法是用回忆的方式叙事，往往能防止文章单调，如果将两个往事的回忆叠套起来，则更显不俗。但要注意将时间或空间的转换交代明白，来龙去脉说清楚。

（4）以退为进。以退为进法是先反向蓄势，将感情、情节或气势推向高潮，再逆向回跌，使文章跌宕起伏、引人入胜。关键是转换处要恰当，要在高潮处出现逆转。

（5）彩线串珠。彩线串珠法是以物、人、事或感情为线索，将多件材料贯穿起来。采用此法不仅可以使文章错综变化、波澜起伏，还能保证条理清晰、中心明确突出。

（6）蒙太奇组接法。蒙太奇组接法是选取不同侧面的几个镜头，像电影镜头的剪接一样，组合方式灵活多样，这样构思往往会使文章摇曳多姿、引人入胜。

（7）以虚写实法。以虚写实法是突破时空界限，大胆独特地进行想象，用虚幻的材料表达现实的主旨。这样构思，立意便觉新颖独到、韵味无穷。

（8）单刀直入法。单刀直入法是不绕弯子、不兜圈子，开篇入题，直指要害，这种写法在作文中值得提倡，不容易跑题。

（9）回眸一笑法。回眸一笑法就是在前文扣住中心铺展论述的基础上，文末回扣话题、强化主题，既显得思路严密、意蕴丰富，又能使读者印象深刻，迅速把握作文主旨。

4. 选材

材料对写作而言是至关重要的。在写作中，选材包括四个方面：占有材料、鉴别材料、选择材料和使用材料。

（1）占有材料。占有材料强调一个"多"字，多多益善。占有材料关键是靠平时的积累。

（2）鉴别材料。鉴别材料是对材料更深层次的认识，即要对材料的轻重、大小、主次、真伪、典型与否做出判断，以利于下一步选择材料时做到"胸中有数"。

（3）选择材料。选择材料务求做到"严"：要选真实而准确的材料；要选新颖、生动、充满时代气息的材料。

（4）使用材料。所谓材料的使用，主要在于每一个材料在文中如何安排，哪个在先，哪个在后；还在于使用具体事例时的详与略，哪个详述，哪个一笔带过，等等。使用材料重在一个"活"字。

5. 组材

组材，即组织和安排材料。组材要正确反映客观事物的内在联系和客观规律；组材要根据表达主题的需要进行；组材要适应文体的特点；组材要富于变化。

6. 进行创作

（1）段落和层次。文章的段落和层次主要有：对照式、并列式、递进式、片段式、总分式。

（2）衔接和过渡。衔接是利用一定的词语或相应的句式巧妙连接，常常用在意思联系比较紧密的段与段之间，使篇章前后连贯，脉络分明。衔接主要有意合和关联两种。过渡是利用过渡段或过渡句巧妙连接，常常用在意思转折比较大的段与段之间。过渡段一般比较短小，大多是一句话或一个句群。

（3）详写和略写。在写作时要考虑详写和略写。应当多写的，就大笔铺陈，用墨如泼；应当少写的，就一笔带过，惜墨如金。这样才能使文章疏密相间，恰到好处，主题突出，中心分明。

（4）开头和结尾。开头是文章结构的一个重要组成部分。作文开头的方式，主要有以下几种：设计悬念，吸引读者；开门见山，亮明观点；联想回忆，巧妙叙述；突出矛盾，渲染气氛；巧用修辞，展示文采。与开头一样，结尾也很重要。作文结尾的方式，主要有自然收束式、首尾呼应式、卒章显志式、名言警句式和抒情议论式。

【文体写作】

1. 记叙文写作

记叙文是以叙述为主要表达方式，以写人物的经历和事物发展变化为主要内容的一种文体。

（1）记叙文的六要素。

时间、地点、人物、起因、经过、结果是记叙文的六要素。

（2）记叙文的叙述顺序。

一是按时间顺序安排情节，包括顺叙、倒叙、插叙等；二是按空间顺序安排内容；三是按材料不同而分门别类叙述内容。

（3）记叙文的表达方式。

① 记叙。记叙是写作中最基本、最常见的一种表达方式，它是作者对人物的经历和事件的发展变化过程以及场景、空间的转换所做的叙说和交代，在写事文章中应用较为广泛。

② 描写。描写是把描写对象的状貌、情态描绘出来，再现给读者的一种表达方式。描写一般包括人物描写和环境描写。

③ 抒情。抒情就是抒发和表现作者的感情，具体指以形式化的话语组织，象征性地表现个人内心情感的一类文学活动，它与叙事相对，具有主观性、个性化和诗意化等特征。

④ 议论。议论就是作者对某个议论对象发表见解，以表明自己的观点和态度。它的作用在于使文章观点鲜明深刻，具有较强的哲理性和理论深度。

⑤ 说明。说明是用简明扼要的文字，把事物的形状、性质、特征、成因、关系、功用等解说清楚的表达方式。

（4）记叙文的写作技巧。

① 写人技巧。确定文章的中心；选择典型的事件；抓住人物的特征；讲究写人的角度。

② 叙事技巧。叙事类记叙文以叙述事件为主，突出事件发生、发展和解决的过程。在叙事时可采用虚实法、抑扬法、离合法、悬念法。

③ 写景技巧。写景记叙文是指以描绘自然景物为主的记叙文。景物描写要注意以下几个方面：确立写景的顺序；抓住景物的特征；注意思想感情的表达。

④ 状物技巧。状物的记叙文，是通过描述某物，来表明作者的某种思想、某种感情。这类文章的特点在于把比较抽象的思想感情寄托于具体形象的事物当中，文中既有对所寄托事物的具体描述，又有对所寓之理和所抒之情的充分阐发。

2. 议论文写作

议论文是用逻辑、推理和证明，阐述作者的立场和观点的一种文体。这类文章或从正面提出某种见解、主张，或是驳斥别人的错误观点。

（1）议论文的种类。

① 立论文。

立论文的特点是：针对一定的事件或问题，正面阐述自己的见解和主张，同时用充足的、有说服力的论据来证明所提出的论点。

立论文的写作要求有：要对论述的问题有正确的看法；要用充足的、有说服力的论据；要言之有理，合乎逻辑。

② 驳论文。

驳论文的特点是：针对对方的观点加以批驳，在批驳的同时阐述自己的观点。

驳论文中的"驳"主要包括：驳论点、驳论据、驳论证。

（2）议论文的三要素。

① 论点。

论点就是文章所要议论、阐述的观点，是作者对所论述的问题提出的见解、主张和表示的态度。

② 论据。

论据就是证明论点的材料、依据，根据其本身的性质和特征，可分为事实性论据和理论性论据两类。

③ 论证。

从形式逻辑角度说，论证是指运用论据证明论点的全部逻辑推理过程，这个过程表示论据和论点之间是用何种逻辑的方法联系起来或统一起来的。

（3）议论文的写作技巧。

① 拟好题。

议论文拟题的基本要求是：在准确的基础上力求醒目、舒畅。具体而言，可形象，可简洁，可别致，可整齐，不一而足。

② 开好头。

议论文的开头要讲究"短、快、亮"。

短，即要简洁，最好三两句成段，引入本论。

快，即入题要快，最好三言两语就点明文章的基本观点或议论的话题。

亮，即要有精彩的开头，能够吸引读者，给读者留下好的印象。

③ 重视首句和末句。

议论文常见的论述模式是：首句为小论点或承上启下的过渡词句；中间围绕小论点，运用恰当的事实、理论论据进行分析说理；最后结合论述内容写一两句小结的话语。

④ 论据鲜活。

论点是议论文的灵魂，分论点是支撑起这个灵魂的骨架，而论据是议论文的血肉。一篇议论文只有中心论点和分论点是不能称为文章的，它还必须有典型而鲜活的论据。

⑤ 结好尾。

结尾是全文内容发展的必然结果，是结构的重要组成部分。好的议论文结尾当如豹尾，响亮有力，令人警醒，催人奋进。

知识链接 \\\\\

提高写作能力的根本途径是加强写作主体的写作素养。

素养通常指一个人通过综合的精神状态和行为方式所表现出的素养。写作素养就是作者围绕文章的选材、运思、表达等活动中表现出的素养，是写作主体思想意识、文化水平、价值观念、思维方式、生活积累的综合反映。写作主体的写作素养主要包括生活素养、学识修养、人格品位和审美理想4个方面。

一、写作主体的生活素养

生活素养是一个整体概念，包括生活材料的获得、生活经验的积累、生活的经历和体验、生活的见解和能力等多层含义。

1. 生活是写作的源泉

毛泽东说："人民生活中本来存在着文学艺术原料的矿藏，这是自然形态的东西，是粗糙的东西，但也是最生动、最丰富、最基本的东西；在这点上说，它们使一切文学艺术相形见绌，它们是一切文学艺术的取之不尽、用之不竭的唯一源泉。"

一切写作活动，无不来源于社会生活。人的精神、观念、情感等主体意识，都是客观的社会生活在人脑中的反映。违背生活常识的"作品"不能取信于人，如果不以丰厚的生活积累做支撑，写出的作品可能会内容干瘪失实，缺乏生活深度，或根本无法进行写作。

2. 写作反作用于社会生活

写作和生活的关系，是相互影响的关系。如果说文章是一把火炬，那么它的燃料来自生活，而它的光芒又能照亮生活。写作的价值，就在于对社会生活发挥积极影响。文章价值大小，同对社会生活积极影响的程度成正比。

怎样提高生活的素养：

（1）热情地投身生活、投身实践，在生活中去发现、去体验。

（2）扩大视野，丰富阅历，使感性认识和理性认识不断得以丰富和递增，信息贮存和材料积累越丰厚，写起文章来才会得心应手。

二、写作主体的学识修养

所谓学识，就是写作活动所需要的知识、学问、见识等。文章写作同作者的学识修养密不可分。写作的过程，实质上就是学识的组合和应用的过程。

写作是一种智能劳动，必然需要多方面的知识储备，这些知识从写作的角度来看，大致有这3大类：

1. 一般性知识

一般性知识是指普通的常见的各种知识。如有关的科学原理、科学命题、历史文化、成语、天文、地理、自然、人文方面等常见知识。平常说的广泛阅读，大多是指这些一般性知识的掌握。

2. 专业知识

专业知识是指一定范围内相对稳定的系统化的学科知识，像学术论文、科研报告，学术专著等属于专业写作。

3. 理论知识

理论知识是指概括性强、抽象性高的知识。理论知识中往往包含了一般知识和专业知识。人们将大量的一般知识经过归纳抽象，得出普遍性的结论，就会成为理论性知识。

理论修养高，就有整体的思维能力和敏锐的洞察力。如果没有相当的理论修养，往往只能就事论事，说理不透，更谈不上真知灼见了。

学识修养与写作的关系：

如果缺少了学识修养，文章信息量少，空洞无物，还会出现立意偏执、错误等情况。所以，必须尽可能多地用人类各方面的知识来武装我们的头脑。

如何培养学识修养：

博览群书、兴趣广泛、充满热忱、潜心钻研。

三、写作主体的人格品位

从一定的意义上讲，文章就是作者人格品位在书面语言中的回声。优秀的人格品位是人们从事一切文化活动的动力源泉。写作是一种富有个性化的精神劳动，作者的精神气质和人格品位必然对写作产生巨大影响。

作者应该不断提升自己的人格素养，只有不断提升自己，做一个健康、善良、美好的人，才能把自己人性中的真善美通过笔端展示出来，所以说要作文，先做人。

四、写作主体的审美素养

美的追求渗透在人类的一切文化生活之中。写作是一种精神文化创造行为，它比起衣食住行等物质文化的创造，更多地体现出美的特点和成分。因此，从事写作的人，必须具备一定的审美素养。

审美素养是指人所具备的审美经验、审美情趣、审美能力和审美理想的总和。

文章的审美通过内容和形式两方面表现出来。从写作内容看，许多文章都直接或间接地体现美的内涵或美的对象。文学作品是审美文体，无论是诗歌、散文，还是小说、戏剧，都是以形象美、情感美、意境美、理趣美为追求的目标。

从形式上看，文章也需要有美的形式。如标题清楚美观、结构的条理匀称；语言的通畅和谐；文字的大方清秀等。美的形式，是构成美的作品的一个重要组成部分。

文章从内容到形式的美感，是作者对写作对象进行审美观照和把握的结果。没有一定的审美素养，就不能观照和把握对象，也就写不出具有美感效应的文章。因此，从事写作光有思想等方面的素养是不够的，还得有审美素养。

项目 23　考 场 写 作

【考点说明】

教师资格考试综合素质中的写作，大纲要求考生掌握文体知识，能按照选定的文体进行写作，能够根据文章中心组织、剪裁材料，具备谋篇布局、安排文章结构的能力，同时语言表达流畅、鲜明、生动，能够运用多种修辞手法增强表达效果。

写作能力是教师职业活动的基本能力。记叙文、议论文是教师教学工作中需要重点掌握的文体。在仔细审题或研读所给材料之后，需明确文章立意，罗列提纲进行具体写作。之后涉及谋篇布局、构思段落等步骤。安排文章结构是写作的重要环节。对材料的剪裁加工主要包含取舍、详略、组织等基本环节，语言是写作的基础要素，在写作中不仅需要准确地运用语言，更需要利用多种修辞方法来增强表达效果，使语言生动、主旨鲜明。

写作在综合素质科目中所占分值比较高，满分150分中占50分。考生在备考过程中，应积极进行写作训练，并运用教育学、心理学的专业知识，理解材料、解读材料，以达到教师职业所要求的写作水平。

【写作概述】

一、考场作文的特点

考场作文与平时作文有很大的区别。平时作文的时间比较充裕，心态比较从容，可以充分构思、充分想象。老师评判时也会细细品味，然后判定作文的优劣。考场作文是在特定的时间和空间环境下写成的，而评卷老师也是在一种非常特殊的情况下对考场作文进行评判的。因此，我们所说的"考场作文"与平时我们所说的"作文能力"的提高还是有很大的不同。

要想得到一个满意的考场作文分数，我们必须先了解考场作文的写作特点和评卷者的评卷特点。考场作文的写作特点是什么呢？

1. 时间紧迫

一般来说，综合素质的考试总分是 150 分，考试时间是 120 分钟，作文分值是 50 分，占总分值的三分之一。因此至少要用三分之一的时间来写作文，即至少用 40 分钟。但我们也知道，作文是试卷的最后一题，经过了一个多小时的考试，考生既疲倦又紧张，而此时，已是此场考试的后半段了，大多数考生只有不到 40 分钟的时间来写作文了，有些考生甚至只剩下不到 30 分钟的时间。

2. 心里紧张

在如此紧张的状态下，考生要读完所给出的作文材料，分析话题，确定作文的主题，又要对作文进行整体构思、局部构思、细节构思等，再进行不少于 800 字的写作，需要在不到 40 分钟之内完成，同时由于作文是在考试的后半段进行的，越临近考试结束，学生心里越紧张，担心写不完，只能在紧张状态下匆匆审题、匆匆构思、匆匆写作。

在这种时间紧迫、心里又极为紧张的状态下，写什么样体裁的作文才是最好的呢？这要求我们在看到作文题的那一刻就必须立即决定。

二、考场作文的策略

1. 文体选择

考场作文一般是稳中求新，先求稳，然后再求新，最主要的是能够迅速构思、迅速写作。比较几种文体的写作特点不难发现，考场作文的最佳文体就是议论文。

现在的作文一般是不限体裁的，一般有几种文体可以选择：一是记叙文，二是议论文，三是散文，也可以写成戏剧之类。（一般不能写成诗歌）

一般来说，记叙文必须有一个完整的故事，有较为丰富的人物形象，在考场那样的紧张状态之下考生能否平心静气地构思和写作一个完整的故事？因此，除非考前曾写过类似的符合主题的故事，否则，临时构思一个完整的故事是不提倡的。散文则需要非常好的文笔，语言要美，感情要充沛。如果没有这种素养，也不提倡使用散文体裁。议论文则可以扬长避短。这首先在于，议论文可以在考前事先设计几种写作模式，在短时间内训练娴熟。这样的模式可以保证在紧张的临近考试结束的下半场仍然能保持思维的异常清晰，只要顺着套路写就可以，当然也要构思简单，写作迅速，甚至可以在不到 40 分钟的写作时间里，边想边写、边写边想。即使在写作的过程中发现某个材料与题意不是特别符合，也不影响大局，临时更换材料也来得及。记叙故事则不同，文章要求是一个整体，临时更换则会导致与原故事脱节。

只要比较一下这些文体的优劣，权衡一下其中的利弊，大多数同学都会选择议论文的，并且事先已经设定好某些模式的议论文。

如果作文要求必须写成记叙文，也要事先训练好几种，至少是一种记叙文的模式，只有这样才能在时间紧迫的状态下立于不败之地。

2. 作文立意

立意即确定文章的中心思想。纵观近几年全国教师资格证考试的真题，综合素质最后的写作题基本上都是材料作文题，即要求考生通过阅读一段材料，来写一篇作文。立意从题中所给的材料得出，即通过对材料的分析，来明确文章的中心思想。

常见的立意方法有两种：一种是关键词分析法，另一种是主体分析法。

关键词分析法，是通过在材料中找到关键词并引申出关键词的含义，来最终确定文章的中心思想的一种立意方法。在使用关键词分析法的时候，我们通常要四步走：第一步，找关键词，即通过阅读和分析材料内容找到材料中的关键词，关键词一般是材料中的名言警句或一些专有名词等；第二步，找关键词之间的逻辑关系；第三步，引申关键词，即引申出关键词的含义，也就是说，我们得理解关键词背后要表达什么含义；第四步，确定立意，即找出中心观点，写出分论点。

主体分析法，即从给定的材料中找出所涉及的人物或者动物，继而分析所蕴含的观点。这种分析方法适用于故事型的材料。其分析步骤是：找主体——找主体的做法——做法的共同目的/行为的结果——引申义即立意。

审题是立意的前提，立意好不好，关键在审题。尽管近几年写作题的要求保持未变，在作答时仍需先审文体、题型、字数要求等。在审材料的过程中，要反复阅读，抓住关键词、关键语句，明确材料的主要内容和主要事实，弄清材料中涉及事件的逻辑问题，把握问题形成的原因和条件，挖掘材料中所隐含的深刻含义。

知识链接

考场作文的十大技巧

如何在考试中使自己的作文取得高分呢？以下归纳考场作文的十个技巧：

考场作文技巧一：首先作文看字迹，得分要素是第一

任何形式的作文考试，阅卷老师第一眼，看的都是字迹。写作文必须要把字写好，保持卷面整洁、字体美观、标点正确。这不仅是教师写作能力的基本要求，也会给阅卷老师留下良好的印象。

考场作文技巧二：考试作文五六段，干净整齐看卷面

考试作文中，要注意分段，一般情况下，以五六个段落为好。卷面一定要整洁，考试作文每段的行数也要把握好，不宜太多。切忌一段八九行，写成"大肚子作文"。

考场作文技巧三：开头结尾要简练，最好首尾两行半

除了切忌"大肚子作文"外，"大头作文"也要不得。建议考生在写作文的时候，开头结尾占两行半的卷面。

考场作文技巧四：动笔之前要拟题，新颖恰当最适宜

考试作文中，一般都是由考生自拟题目，题目不宜太长和太短。拟题的办法有两个，一是掌握一些常见的拟题技巧，比如借用诗词法、修辞法、附加法、悬念法等；二是在考前翻阅一些优秀作文书，根据题材，选择比较精彩的标题背下来，考试的时候可参考。

考场作文技巧五：作文首尾要亮眼，丰富多彩出亮点

考试作文的开头方法很多：六要素开头法、引名句开头法、典故开头法、诗文引用开头法等。考生在平时应多看一些关于道德、学习、礼仪、美德等方面的典故、名人名言，增加写作素材，提升文化储备。

一般来说，结尾是总结全文，要扣准标题。在考场作文中，一个漂亮的开头和有力的结尾能给阅卷老师留下强烈深刻的印象，往往能得到高分。

考场作文技巧六：动笔之前不要慌，想了题目列提纲

列提纲时，开头结尾要写详，中间各段，穿插哪些精彩的话语或名言、诗词典故，要写准。列提纲，时间要掌握好，如果时间紧张，提纲就要简练些。

考场作文技巧七：想好主题和文体，非驴非马不可取

写作文，要么是记叙文，要么是议论文。一般来说，多是"总—分—总"结构。记叙文的结尾要注意抒情和总结哲理，议论文最好是"1—3—1"或者"1—4—1"结构，中间的3或4是分层解题。事先要想好写什么文体，并按相应文体的写法来写。

考场作文技巧八：考前备料攒信息，名人名言要牢记

考试前，建议考生翻阅范文，积累考试作文的结构。考试时，用别人的"筐"，装自己的东西。关于感情、爱国、人生之类的优美语言，可以背诵一些。关于国家大事、时事政治和要闻，也要搜集。譬如，2021年是建党100周年，还有抗击疫情的感人事迹等，都可以做考试作文的题材。

考场作文技巧九：篇幅争取要写满，多写一点是一点

建议考生，合理安排卷面，比较理想的篇幅是卷面写满到95%左右，留下一两行。

考场作文技巧十：心理素质最重要，充满信心很必要

笑对考试，充满信心。临场心理状态，直接关系到实力和水平的发挥，尤其是作文能力较弱的同学，有畏难情绪，带着包袱进考场，对考生作文能力的发挥以及在构思行文中造成心理压力，导致随意开头，快速行文，草草收尾。因此，考生应树立必胜的信心，拥有良好的心理素质也是教师职业的基本要求。

项目 24 议论文写作

【文体说明】

议论文是剖析事物、论述事理、发表意见、提出主张的文体。通过摆事实、讲道理、辨是非等方法，来确定观点的正确或错误，树立或否定某种主张。一篇好的议论文，应该观点明确、论据充分、语言精练、论证合理、有严密的逻辑性。

议论文的三要素：

1. 论点

论点是阐述作者观点的句子，一篇议论文应有且只有一个中心论点，可设多个分论点。论点要求正确、严谨、鲜明、新颖，不可以一个本身不正确甚至荒谬的观点作为论点，不可以模棱两可、含混不清的观点作为论点。观点应尽可能地深刻，超出他人见解，避免老生常谈。

论点的位置是灵活的，一般以标题体现或在开头写明。比如毛泽东的《反对党八股》，标题即表明了作者的论点，接下来文章主要论述了为什么要反对党八股。吴晗的《谈骨气》，论点即开篇第一句"我们国人是有骨气的"，接下来文章论述了中国人从古至今、各个阶层的人都是讲骨气的。

2. 论据

论据是支撑论点的材料，是作者用来证明论点的理由和根据，分为事实论据和理论论据两种。事实论据：事实在议论文中论据作用十分明显，分析事实，看出道理，检验它与文章观点在逻辑上是否一致。理论论据：作为论据的理论是读者比较熟悉的，或者是为社会普遍承认的，它们是对大量事实抽象、概括的结果。理论论据又包括名言警句、谚语以及作者的说理分析等。

3. 论证

论证是用论据来证明论点的过程。论证的目的在于揭示出论点和论据之间的内在逻辑关系。常用的论证方法有：

举例论证：列举确凿、充分、有代表性的事例证明论点。

道理论证：用经典著作中的精辟见解和古今中外名人的名言警句以及人们公认的定理、公式等来证明论点。

对比论证：拿正反两方面的论点或论据做对比，在对比中证明论点。

比喻论证：用人们熟知的事物做比喻来证明论点。

引用论证（引证法）：引用名人名言、格育警句、权威数据等来证明观点。

【基本要求】

一、议论文的拟题与开头

1. 拟好标题

好的标题可以传达文章主旨和内容，为文章画龙点睛，增添色彩，诱人阅读。议论文的标题，要求醒目舒畅，做到准确、鲜明、简洁。

从应试角度来说，好的标题能给阅卷者留下良好的第一印象，标题如果能提升阅卷者的阅读兴趣或令人有耳目一新之感为最佳。

诸如"读××有感""小议××""由××说开去"……都是不适合在考场上出现的标题。此外要注意一点，综合素质写作都有给定材料，标题一定要建立在准确的基础上，即准确理解所给材料内容。

【真题】给定材料：有一些话语，因为一些人或者一些事，变得温暖，让人感动。享有温暖，我们才能在苦寒的冬天孕育出春天的繁花似锦。

【拟题分析】材料的主题词是"话语"，"话语"产生的效果是"温暖、感动"，最终结果是"在苦寒中孕育出春天的繁花似锦"。厘清了这个逻辑，就可以提炼出材料的主题，即让人感动温暖和感动的话语。联系教师教学工作，可以围绕教师对幼儿的鼓励和赞赏，前辈教师在教学工作中对后辈的关怀与照顾等，进而可以拟定标题诸如"让赏识之花尽情绽放""妙手回春的赞赏"等。

引用名言警句、成语典故拟题。名言警句、成语典故具有语句凝练、含义深刻的特点，以之为题，可以使文题新颖生动。如谈知识重要性的文章，可拟题为"知识就是力量"；谈节俭与奢侈的文章，可拟为"由俭入奢易，由奢入俭难"；谈环境对人的影响的文章，可拟为"近墨者黑"等。

2. 写好开头

人们常用"凤头、猪肚、豹尾"来形容一篇好文章，意思是开头要漂亮、中间要充实、结尾要有力。其中"凤头"更是至关重要。从考试的角度来说，应该精心设计有亮点、精彩之笔，在文章开头展现出来，可营造强烈的视觉冲击，让阅卷者瞬间被吸引和打动。要避免絮絮叨叨、入题很慢的开头。文章开头要精彩，可多用比喻、类比、排比等修辞引入论点，还可引述名言、讲述寓言故事导入话题。议论文开头可以采用以下几种方法：

（1）引用名言，论点随后。

【示例】以"为他人喝彩"为题的议论文开头：

韩愈说："李杜文章在，光焰万丈长。"鲁迅说："史家之绝唱，无韵之离骚。"他们各自才华横溢，却不吝啬赞美他人。虽然与被赞美者不在同一时代，却毫无保留地为他人喝彩，展现的是人格修养和大家风范。人生，需要为他人喝彩。

（2）故事铺垫，引出观点。

【示例】以"良好行为习惯的起点"为题的议论文开头：

曾经有人问一位诺贝尔奖获得者："您在哪所大学、哪个实验室学到了您认为最主要的东西？"出人意料，这位白发苍苍的学者回答说："是在幼儿园。"这位学者的话说明一个道理：好的生活习惯需从小养成，良好的习惯将会影响一个人的一生。幼儿时期是人一生的启蒙时期，也是培养良好生活习惯的最佳时期。

（3）设问自答，观点出场。

【示例】以"人必须有正确的荣辱观"为题的议论文开头：

什么是光荣？什么是耻辱？对于这个问题，很多人并没有进行独立的思考。"八荣八耻"是对这个问题的最好回答，是对每一个人的要求。但在生活中，在一些人看来，考上大学光荣，考不上耻辱；受了表扬光荣，被批评了耻辱；成功了光荣，失败了耻辱……面对生活中荣与辱问题上的是与非，我们应该提高认识，正确对待。

（4）对比排比，精辟归纳。

【示例】以"相信自己，也要信任他人"为题的议论文开头：

有人说："当局者迷，旁观者清。"于是信任他人，让他人来决定自己的一切。有人说："只有自己才最了解自己。"于是闭目塞听，在错误的泥潭中越陷越深。相信自己和听取别人的意见看似是不可统一的矛盾双方，但二者正如我们的左膀右臂，缺一不可。我们既要相信自己，也要信任他人。

3. 写好中间段落

议论文的结构是否严谨，条理是否清楚，论证是否严密，论据是否典型，关键在中间段的写作。结构、条理、论证和论据等是议论文评分的重要细则，议论文写作要尽量符合这些标准。

常见的论述模式：每段首句为小论点或运用承上启下的过渡词句，中间围绕小论点，运用恰当的事实、理论论据，或针对现实生活中的某些现象，分析说理，最后结合论述内容写一两句小结的话语。其中首句和末句的写作最重要，它能直接勾勒文章的脉络，显示全文的论述思路。

另外，文章的整体论证结构常用正反对比式。许多道理只要从正反两面说了，就基本上可做到论述严密。在考场中熟练地运用这种作文模式，可迅速地展开写作，减少失误，节省时间。

二、议论文的结构模式

议论文的逻辑思路外在表现为一篇文章的结构布局。整体上有"总—分—总""总—分""分—总"结构，但应试最常写的是"总—分—总"式，按照"引论—本论—结论"（即"提出问题—分析问题—解决问题"）三个部分来写。引论部分提出中心论点，本论部分具体论证论点，结论部分总结全文。其中，本论部分是文章的主体，可以采用分论点形式或并列或递进，也可以是对照式，还可以是多个论据直接论证论点，等等。在基本结构的基础上，又有"五段三分式"结构，即一个总论点、三个分论点，分论点之间为并列或递进关系。常见的还有"正反对照式""起承转合式""引议联结式"等。

1. 基本结构式

根据议论文体的一般思维模式，议论文的一般结构模式应当是按"提出问题、分析问题、解决问题"（或"引论""本论""结论"）3 大块构成。

"提出问题"即在议论文开头一般要鲜明地提出中心论点。"分析问题"即在文章的中间要围绕中心论点展开分析论证。"解决问题"即在文章的后半部分，或者提出问题的解决方案，或者得出综合性结论，或者提出前瞻性希望等。

因此，当看到作文的话题时，首先要确定作文的中心论点，然后对着确定的中心论点连问三个问题：

（1）中心论点"是什么"？

（2）"为什么"需要这个中心论点？

（3）"怎么样"才能做好这个中心论点？

即：是什么（提出问题）—为什么（分析问题）—怎么办（解决问题）。

【结构模式】

P1：开头　　提出中心论点

P2：是什么　阐述中心观点

P3：为什么　论述中心论点的必要性、作用

P4：怎么办　论述应如何采取措施实施中心论点

P5：结尾　　总结全文

相关例文

谈坚持

人们都希望驻足金碧辉煌的"罗马宫城"，到达魂牵梦绕的"象牙之塔"，实现自己长久的梦想。如何实现这些梦想呢？有一些共同的特点，那就是需要不懈的努力，需要再努力一下的坚持。（提出中心观点）

坚持是对极限的挑战，是心血和汗水的慷慨挥洒，是对理想的执着，是不到长城不止步的豪迈。王军霞在汗水里争渡，在"苦海"里泛舟，最终登上奥运会冠军的宝座，是坚持；中国工农红军爬雪山、过草地，将二万五千里踩在脚下，这惊天地泣鬼神的壮举，还是坚持。（坚持是什么）

绳锯木断，水滴石穿，成功往往就诞生在再坚持一下的努力之中。爱迪生的风骨令人折服，他发明蓄电池历时10年，进行了大约5万次实验，才取得了成功。这就是坚持的力量。有一幅漫画，漫画上那位老兄挖了四口井没有见到水便扬长而去，其实有的井距水层只有一锹之遥，如果再坚持一下，胜利便属于他了，然而他放弃了，于是与成功失之交臂。丢弃恒久长远的坚持，捡起浅尝辄止的遗憾，当然摘不到金灿灿的苹果了。（为什么要坚持）

坚持需要七擒孟获的韧性，需要六出祁山的不坠之志，需要耐得住寂寞的孤独，更需要知其不可为而为之的大智大勇。张海迪从小便患了脊柱瘤，胸椎以下的肢体永远失去了知觉，然而她却以惊人的毅力自学了英语、日语和德语，甚至翻译创作了几十万字的小说。这就是坚持，坚持使她只有三分之一的躯体放射出灿烂的光彩，坚持使她终于托起了一轮不落的人生太阳。（坚持需要什么）

当然，坚持不是因循守旧，更不是画地为牢。试想，如果蔡伦在造纸多次失败之后，仍坚持原来的做法，而不是大胆地改进原料，那么我们引以为豪的"四大发明"恐怕就要改写成"三大发明"了。鲁迅若不是认清形势，弃医从文，中国现代史上恐怕就要多一个平凡的医生，而少一个文豪。那种只知在陈迹斑斑的老路上挥汗如雨，不撞南墙不回头的人，是莽夫，是懦夫，其结果，势必南辕北辙、头破血流。（辨明坚持，如何做到坚持）

远方的诱惑是我们之所以忙碌，之所以奋斗，之所以拼搏之所在。当我们遇到困难，遭受挫折，当我们汗流浃背，精疲力竭的时候，我们应该在心中默念一声：再坚持一下。（结尾：照应点题）

点评：

此文是严格按照"是什么—为什么—怎么办"这一思路来构思行文的，开头结尾照应点题，第二段写坚持是什么，第三段写为什么要坚持，第四、五段写坚持需要什么及坚持要注意什么，即怎样做到坚持。整篇文章思路清晰，层次分明。

议论文的最基本的结构模式就是"是什么（提出问题）—为什么（分析问题）—怎么办（解决问题）"，从这个思维脉络出发，可以如转魔球一样，转出许许多多的议论文模式出来。

2. 直指本质式

当一篇议论文的中心论点明确之后，采用分论点的方式进行论证，是写好考场议论文的一个非常重要的环节。

【结构模式】

P1：开头　　　　提出中心论点
P2：分论点1　　论据+分析论证
P3：分论点2　　论据+分析论证
P4：分论点3　　论据+分析论证
P5：结尾　　　　总结全文

　　议论文的一般结构是"三段论式"，就是"提出问题—分析问题—解决问题"，即"是什么—为什么—怎么样"。那么，设置分论点也可以从这三个角度来进行。一般情况下，一篇议论文中间的本论部分只要从这三个"向度"（即论述展开的方向）中选择一个或者两个展开即可。当然，无论是从哪个"向度"展开，其分论点之间都要形成一定的联系。

　　分论点的展开可从这3个角度进行构思：

　　分论点的角度1——是什么，主要是回答类别和性质方面的问题。

　　分论点的角度2——为什么，主要是回答原因和目的方面的问题，就是把中心论点作为结论去追溯这个结论产生的条件和原因。

　　分论点的角度3——怎么样，主要是回答解决问题的方法。

　　其中，按"是什么"的角度展开，也就是说，当中心论点确定之后，对着中心论点问：这个中心论点是什么？这个中心论点的内在性质是什么？于是，文章的几个分论点其实主要就是回答了中心论点是什么样的类别和性质。

　　从中心论点的类别和性质来展开思路，其实就是把中心论点分成几个判断句，然后以这些判断句为提纲，填充具体内容就可以演绎成篇了。

　　一般而言，对中心论点的分析可以从"外在的表现""内在的精神"和"智慧的标志"几方面去思考，而"外在的表现""内在的精神"和"智慧的标志"3方面又各有一些特性。这就给了我们一些启发，我们可以事先从这3大方面抽取一些关键词，构成一种"通用模式"。

【结构模式】

P1：开头　　　提出中心论点
P2：分论点1　中心论点是……（如坚强、力量、勇气等外在表现的品质）
P3：分论点2　中心论点是……（如信念、理想、自信等精神层面的品质）
P4：分论点3　中心论点是……（如潜能、创造、超越等智慧方面的特征）
　　　　　　　或：中心论点不是……
P5：结尾　　　总结全文

相关例文

三月陌上花自开

　　当鹅黄隐约时，当绿芽萌动时，当冰消雪融时，燕子带着春的讯息传遍大地。朔风于是收起了凛冽的寒刃，取而代之的是那温暖柔和的春风，吹过脸颊，拂过发梢，暖上心头。自然在四季轮回中昭示着：顺其自然，三月陌上花自开。

　　阳春三月，陌上花团锦簇，缀满乡间小路，阡陌间已然花香飘荡，沁人心脾，陌上花顺其自然成了一片锦绣前程，为人处世也需这般自然心态。

　　三月陌上花自开，是一种达观的人生态度。叶若遇秋则色变、凋零，苏东坡深知人事代谢的规律如自然轮回，受朝廷奸佞排斥如遇萧瑟之秋，他便如秋之黄叶从高处不胜寒的枝梢落下，自请外放，当碾作泥时遭遇了春之温暖，他便破土而出，蓬勃了一片文化之绿。

　　当苏子遭逢不适意，当陌上花遭遇小人摧折，他却以一种达观之心应对现状。处江湖之远，使他跳出三界外，使他看清了世态冷暖，洞悉了世事沧桑。面冷心热的他内心涌起了泪汩诗情，于是他尽情地挥洒了生命的锦绣华章，于是诗到三月逢春时，一展才华抱香归。

三月陌上花自开，是一种淡泊的人生观。"得之，我幸；不得，我命"，志摩之语似乎有些宿命的消极。但实则相反，志摩之语体现了他淡泊的价值观。"不汲汲于富贵，不戚戚于贫贱"，对身外之富贵名利他有一种淡泊与致远的心胸。便若"采菊东篱下，悠然见南山"的陶潜，又如"随意春芳歇，王孙自可留"的王维，还如"孤舟蓑笠翁，独钓寒江雪"的柳宗元，纵使偶尔生出"看得人生几清明"的不平之气，但他们却能在世事变化中顺乎自然而成就了各自的价值。

三月陌上花自开，更是一种从容的处事方式。阳光明媚，春风似剪，陌上花从容地舒展叶片，催开花蔓，吐露芬芳。苏子被贬黄州后的第三个春天，野外途中偶遇风雨，写下了"竹杖芒鞋轻胜马……"。那在山雨中从容缓步的老者更以"归去，也无风雨也无晴"的吟诵踱步历史的文化史册中。

达观、淡泊、从容，三月陌上花自开向人们昭示着大自然透露的玄机。

当春天的第一缕微风拂过原野，小草探出青色的脑袋，当春天的第一抹阳光普照时，冰雪消融，小溪潺潺，当第一声新雷响动时，三月陌上花自开。那是达观，是淡泊，是从容，是顺其自然的美妙花香。

点评：

作文原题是"春来草自青"，考生把"春来草自青"这个题目巧妙地转化为中心论点："顺其自然，三月陌上花自开"，然后从"是什么"的角度提出了3个分论点。分论点一"三月陌上花自开，是一种达观的人生态度"，可以理解为是从"外在表现的气质"的角度来写的；分论点二"三月陌上花自开，是一种淡泊的人生观"，可以理解为是从"精神层面的品质"的角度来考虑的；分论点三"三月陌上花自开，更是一种从容的处事方式"，则可以理解为是从"智慧方面的特征"的角度来构思的。

当然，这些体现"外在表现""精神层面""智慧方面"等的关键词，还有很多，你可以尽量收集一些，以备急时之用。这些分论点之间的关系看起来是"并列式"的，其实内涵是"递进式"的。

这种从"是什么"的角度来阐述中心论点的"内在本质"的思路，在作文中是很常见的。

3. 作用意义式

"作用意义展开法"其实就是论述中心论点的作用和意义，也就是中心论点的重要性和必要性。

每种观点给人带来的作用和意义是不同的，为了给考生一些思维指向，也可以从"外在表现""精神层面""智慧特征"几个维度去构思。当然，这几个维度只是思维时的方向，并不一定完全按这3个维度展开，前后顺序也可以调整。

【结构模式】

P1：开头　　　　提出中心论点
P2：分论点1　　中心论点能够带来……（如坚强、力量、勇气等外在表现的气质）
P3：分论点2　　中心论点能够带来……（如信念、理想、自信等精神层面的品质）
P4：分论点3　　中心论点能够带来……（如潜能、创造、超越等智慧方面的特征）
P5：结尾　　　　总结全文

相关例文 ▶▶▶

分　享

百灵啼声婉转，麻雀扑打着翅膀，鸟儿在同一片蓝天飞翔；小草青葱，树木成荫，草木在同一片土地呼吸；行人匆匆，游人闲适，人们在同一片土地生活。分享——一个具有魔力的词语，给我们以无尽的财富与收获。

分享能带给人们精神上的充实与快乐。分享是一种大智慧。懂得分享的人能收获高于常人几倍的快乐。比尔·盖茨曾说："每天清晨当我醒来，我便思索着如何与他人分享我的快乐，因为那会使我更快乐。"盖茨的确如其所言做到了分享：他与世人分享他最新的研发成果，他与社会分享自己的财富，他在分享中得到了人们的敬重，在敬重里获得了更多的快乐。不会分享的人只能在以自我为中心的小圈子中自以为"幸福"地度过每一天。没有分享，便不能开阔心胸，而心胸狭隘如何能有真正的快乐？分享就似一种催化剂，有了它便可以催生出更多的幸福与快乐。

分享能够提升人生的情趣与境界赢得人们的尊敬。竹林七贤徜徉在山水之间，在分享彼此的志趣之时升华了各自的情谊；苏轼与王安石虽然政见不同，却喜欢互相探讨诗词、分享两人的文学见解，因而他们的友情坚如磐石；居里夫妇毫不吝啬各自的一点一滴，无论是财富抑或是科研成果，他们都与世人分享，所以他们成了我们毕生爱戴尊敬的对象……因为分享，人与人之间的隔膜渐渐消失；因为分享，他们收获了双倍的幸福；因为分享，他们得到了世人的尊敬。

分享能使各种文化和谐相处，使国际关系更加融洽。世界是一个大家庭，各国灿烂的文化需要世人共享。回想中国古代闭关锁国的历史，我们不难发现，在一个封闭的环境中文化的趋同与单一会日益严重。再想想"二战"时期法西斯对于人、对于文化的肆意扼杀几乎将世界一步步推向衰败。现代社会需要和谐，我们应当学会分享。因为分享能让文化走向一个又一个新的高峰，分享能创造一个和谐宁静的国际大环境，分享将使世界这个大家庭更温暖！

让我们懂得分享，让我们试着分享，让我们充分发挥分享的魔力，让分享这个神奇的词语在生活中熠熠生辉！

点评：

人为什么要分享？或者说，人们分享有什么好处？本文就从分享能够带来的三个好处来论证，从人们的精神，到人生的情趣与境界，到各种文化的和谐相处，好处由小到大，层层递进。

4. 步步登高式

要证明一个论点有很多的"好处"，别人才会认为该论点确实是有作用和意义的，是值得提倡和推广的。如果某个观点能使个人、集体、国家或民族都得到"好处"，这个观点的作用和意义算不算大？值不值得提倡和推广？答案当然是肯定的。

【结构模式】

P1：开头　　　　　提出中心论点

P2：分论点 1　　　中心论点能够使"个人"获得利益

P3：分论点2　　　中心论点能够使"集体"得到发展

P4：分论点3　　　中心论点能够使"国家繁荣进步

P5：结尾　　　　　总结全文

这种结构模式是递进式的，主要是"中心论点"的"作用意义"的范围能够由"个人""集体"到"国家"，由小到大，层层递进。

相关例文

付出才能有回报

"虽然棉被给不了我们温暖，但可以保存我们的温暖。"棉被没法主动给予我们温暖，但当我们主动付出时，它却能将温暖回馈我们。妈妈与孩子关于棉被的讨论语言简单，但内涵丰富，它昭示了这个世界的深刻哲理——只有付出，才能得到回报。

对个人来说，只有付出才能成就事业。然而，最终却只有很少的人可以实现梦想。很多年轻人初入社会时，都满怀雄心，想要成就自己的事业。究其原因，便在于树立梦想容易，但实现梦想需要艰苦付出，却并非人人都能做到。清代后期，太平天国运动兴起，起义军声势滔天，而清军却无力抵抗。为此，咸丰皇帝下诏号召数十位在籍大臣组建团练，然而在这数十位大臣中只有曾国藩练成湘军，平息战乱。这一事业的成就，正源于曾国藩面对艰难险阻时，努力付出，历经多场惨败而决不放弃。他的成功事迹告诉世人，人生是公平的，努力付出便能成就自己的事业。

对企业来说，只有付出才能持续发展。在信息时代到来之前，钢笔曾是这个世界最重要的书写工具之一。很多钢笔品牌应运而生，在20世纪创造了骄人的业绩，我国的英雄钢笔便是其中的典型代表。在20世纪，它勇于创新，不断努力，曾一度与世界著名品牌派克钢笔并驾齐驱。然而进入新世纪，它却因努力不足，设计模仿，质控不严，最终市场份额被其他品牌瓜分。如今，派克雄风不减，凌美横空出世，万宝龙涅槃重生，而英雄却日薄西山。对比可见，企业的努力与业绩成正比，只有不断努力付出才能在这个竞争日趋激烈的时代获得持续的发展。

对政府来说，只有付出才能增强国力。清代的中国政府闭关锁国，经济上重农抑商，军事上拒绝创新，文化上打击异己，可以说在国家的发展中，政府缺乏付出。而最终收获的，便是列强的瓜分、国力的衰落。所幸百年沉沦后中华人民共和国成立，数届政府热情付出，带领全体国民艰苦努力，最终使得我国经济发展一路飞驰，文化事业百花齐放，综合国力日渐增强，百年复兴的梦想逐步实现。这一令人激动的事例，充分证明政府的努力付出，必然可以收获国力增强的硕果。

俗话说，一分耕耘一分收获。无论是个人、企业还是政府，都应抓紧时间，付出努力。相信如此一来，必然可以在这个飞速发展的时代中大幅提升实力，收获令人满意的成绩。

点评：

本文从材料出发，把人的身体和棉被比作付出和回报，立意准确合理，符合题干材料的内涵，从"个人、企业、政府"3个角度阐述付出和回报的辩证关系，层次分明，结构合理，论证充分，文章最后紧扣中心论点，把"付出，才能得到回报"大道理融会到各行各业当中，理论联系实际，是一篇比较优秀的议论文。

5. 多个领域式

沿着上述的思路散发开来，也可论证你所认为的观点在各个领域的重要性，即这个观点能带给各个领域（主要是 3 个领域）很多的"好处"或"作用"。

这种结构是并列式的，从不同的侧面横向展开分解中心论点。

【结构模式】

P1：开头 　　　提出中心论点
P2：分论点 1 　中心论点在（学习）领域是非常重要的
P3：分论点 2 　中心论点在（工作）领域是非常重要的
P4：分论点 3 　中心论点在（生活）领域是非常重要的
P5：结尾 　　　总结全文

这个模式中的"学习""工作""生活"等领域是可以替换的，还可以是"政治""军事""艺术"等领域，也可以是"亲情""友情""爱情"等领域。

相关例文

成功源于坚持的力量

微不足道的沙砾要经历过痛苦才能变成价值连城的珍珠，靠的是坚持的力量；展翅飞翔的雄鹰要经过多次的尝试才能在空中自由翱翔，靠的是坚持的力量；凌寒绽放的梅花要经过寒风的磨砺才能暗香浮动，靠的也是坚持的力量；平庸无闻的人要经历种种磨难才能成为一个成功、举世闻名的人，靠的又何尝不是坚持的力量呢？

学习上的成功源于对目标孜孜不倦的坚持，没有目标的学习就像一只在茫茫大海漫无目的行驶的轮船，会迷失行驶的方向。然而，追求学习的目标需要坚持的力量。童第周从小为自己设下要为中国的发展而努力读书的目标，从此，他发奋图强、废寝忘食地读书，常常三更半夜仍未眠。当宿舍里的灯被关掉时，他就拿着书到厕所附近的路灯下看。长大后，他从比利时留学归来，为中国生物学做出了巨大的贡献。童第周之所以发奋读书，源于他对目标孜孜不倦的坚持。所以说，在学习上要取得成功，就必须坚持为自己设下的目标毫不动摇。

工作上的成功源于对事业永不言弃的坚持。为什么有的人在同样的事业上能够取得辉煌的成就，而有的人半途而废、最终一辈子碌碌无为呢？我想，成功源于坚持。打开历史长卷，我们不难发现，名人的成功源于坚持：哥白尼的成功源于对科学真理的坚持，李白诗歌的成功源于他对文学创作的坚持，爱迪生的成功源于他对探究科学不懈的坚持，李时珍的成功源于他对医学研究的坚持。这些名人的成功告诉我们，坚持是他们成功的秘密武器。因此，面对事业的不顺利，只要我们永不言弃地坚持下去，最终会迎来成功的喜悦和累累硕果。

生活上的成功源于对美好向往的坚持，每个人难免经历生老病死，只有勇于坚持，对快乐总怀着美好向往的人，才是真正懂得生活的人。史铁生面对自己下半身瘫痪的悲惨状况，他并没有丧失生活下去的意志，每天推着自己的轮椅到地坛去感受大自然顽强的生命力，他告诉自己终有一天自己的生活也会像地坛里的生物般美好起来，坚持以快乐的心态去面对病魔的折磨，成功地写出《我与地坛》一文，鼓励千千万万的残疾人快乐生活。史铁生的故事告诉我们，在逆境中坚持，对快乐怀着美好向往，生活总会善待你的。

成功源于坚持的力量。无论面对学习、工作还是生活上的种种磨砺，坚持下去吧！因为坚持就会成功，坚持就是胜利！

点评：

本文的中心论点是"成功源于坚持的力量"。作者在论证时，从"学习上""工作上""生活上"三个领域论证成功都源于"坚持"这个观点。"学习""工作""生活"三个领域其实也涵盖了人生的主要领域，因此有着极强的说服力。

6. 问题解决式

之所以要论证某个观点，其最后的落脚点是要解决问题。在议论文的整体模式中，针对论证后的论点，要提出解决问题的办法，即应该"怎么办"，就是从"怎么办"的角度来展开。

一般来说，要解决什么问题，首先是心态方面的，如保持平静、平和的心态，宽广的胸怀，以及胸怀理想等；其次是通过学习掌握解决问题的技能方法，如教师的因材施教等教育教学技能；最后则是在实践中运用，并坚持到底等。

这样，就能形成一种从"怎么办"的角度来展开的结构模式。

【结构模式】

P1：开头　　　提出中心论点
P2：分论点1　要做好中心论点，需要人们……（如平静、胸襟、理想等心理方面的修养）
P3：分论点2　要做好中心论点，需要人们……（如学习、思考、运用某些技能方法等）
P4：分论点3　要做好中心论点，需要人们……（如实践、坚持、创新等）
P5：结尾　　　总结全文

相关例文

诗意地生活

海德格尔说："人应当诗意地栖居。"当飞鸟翔翔于天际，当鲜花盛开于大地，当人们脸上绽放出微笑，诗意便开始在生活中流淌。人应当诗意地生活。

诗意地生活，源自人们内心的和谐。季羡林曾说过："真正的和谐是人内心的和谐。"试想，一个内心浑浊不堪的人如何能够让生活充满诗意呢？一个人的生活态度往往是其内心的真实反映。故如水般澄澈地幽居在潇湘馆的林妹妹，能在那一丛青翠的绿竹下迎风洒泪、对月抒怀，吟出一句句清巧奇谲的诗。而浑身散发着酒肉臭的薛蟠却只懂得猜拳行令，信口开河胡诌些"一个蚊子哼哼哼"的荤段子。内心和谐、充溢着对万物的爱的人才可以诗意地生活。特蕾莎修女给每一个穷人带去关爱，爱让她的生活充满诗意；皮埃尔神父为无家可归者送去温暖，关怀让他的生活充满诗意；袁隆平院士为饥饿中的人们送去希望，爱让他的生活充满诗意。当人们内心和谐，带着对万物的爱去生活，人们才可以学会如何诗意地生活。

诗意地生活，需要人们从阅读中汲取养料。让阅读成为生活的一部分，生活才可以变得诗意。当人们从儒、道、墨、法的典籍中探究为人之道，当人们从司马迁的竹简中开启历史的明镜，当人们从唐宋八大家的作品里顿悟文章之法，智慧便开始滋润人们干涸的灵魂，给灵魂注入诗意。当人们从陶渊明的菊花中思索隐逸之士的情怀，当人们从史铁生的地坛中感念生与死的变迁，当人们从梭罗的瓦尔登湖畔拾获人生的宁静，思维便开始给心灵插上翅膀，让心灵翱翔于诗意的天空。从阅读中收获智慧，从阅读中学会思考，人们才能懂得诗意地生活。

诗意地生活，人们需要让自然抚慰自己浮躁的心灵。现代人的生活充斥着为了生计和未来的奔波，充斥嘈杂的汽笛声与喧闹声，充斥着人与人之间的冷漠与戒备。人们需要在清风的吹拂下，在小鸟啁啾中找回生活的诗意。莽莽苍苍的森林给诗意栖居的莎士比亚带来了浓郁忧伤的情怀，潺潺流动的多瑙河给施特劳斯家族带来了优美的音韵，古老沧桑的凤凰古城给诗意栖居的沈从文带来了历史的质朴与深刻。自然的灵动与纯净，让人们更加诗意地生活。

当人们内心和谐，带着爱心去生活，当人们从阅读中获取智慧与思绪，当人们到自然中寻找抚慰，人们才可以如刘禹锡在《陋室铭》中所写，诗意地生活。

点评：

当我们提出中心论点"人应当诗意地生活"时，有人就会接着问：人应当怎样"诗意地生活"呢？首先，"诗意地生活，源自人们内心的和谐"，也就是说，人们要想"诗意地生活"应当首先保持内心的和谐，即人们首先内心要宁静，要有爱心。其次，"诗意地生活，需要人们从阅读中汲取养料"，即人们应当从"阅读中"去寻找"诗意地生活"的方法和智慧。"诗意地生活"的第三种方法是"让自然抚慰自己浮躁的心灵"，也就是到大自然中去"诗意地生活"。总的来说，"诗意地生活"可以采取三种方法，即首先要保持内心和谐，其次要多多学习和阅读，再次是从大自然中获得"诗意地生活"的灵感。这样，就用三种方法来告诉我们应当"怎么样"去"诗意地生活"。

在这篇作文中，"诗意地生活"要保持"内心的和谐"是从心态层面，多多"阅读"是从学习层面，回到"自然"则可以归结为实践层面，这样就可以找到从哪几个方面来"怎么样"实现我们所主张的中心论点了。

当然，每个问题都有相应的解决办法，不一定都按这三种方法来做，只要提出的三种解决方法具有实际的功效和一定的逻辑性，能够让人们感觉确实能解决这个问题就可以。

7. 正反对照式

正反对照式是在中心论点提出之后，从正反两方面提出分论点或摆出正反两方面的论据，加以论证最后得出结论。它的特点是两种看法或论据之间为一正一反的关系，或通过正反对比明辨是非，或通过正反对比突出其中一个方面的正确性。这种结构方式能起到对比鲜明、突出深化观点的作用。

【结构模式】

引论：开头　　提出中心论点
本论：正面论证　论据（理论、事实）、小结
　　　反面论证　论据（理论、事实）、小结
　　　联系现实（社会、个人）
结论：评析照应

相关例文

位置变了，你也会跟着变

露珠在枫叶上便会红红地闪烁，在荷花上便会有着泪滴似的苍白的透明。露珠本就是透明无色的，可却因为位置的改变而时红时白。人也是一样，当你身处的位置或环境变了，你也会相应地转变。人生变幻无常，要想在茫茫人生路上不失去你的本色，就应该找准自己的位置，为自己定位。

给自己找准位置，人生就会活出真实的自我。为自己定位，其实就是给自己定下原则。有了原则，无论身处的环境如何都会坚守自我，不为诱惑所动。陶渊明在认清污浊的官场不适合自己时，毅然归隐山林，过着"采菊东篱下，悠然见南山"的闲适生活，田园山居便是他的位置。世界首富比尔·盖茨也为自己找准了位置，当他觉得大学的生活乏味时，他毅然离开大学去从事自己喜爱的事业，终于创立了微软公司而成为世界首富。如果陶渊明还在黑暗的官场，比尔·盖茨还在继续乏味的大学学习，今天他们也许就不会让世人敬仰了。

不能找准位置的人，则会失去自我。俗话说得好，"近朱者赤，近墨者黑"。找不准位置的人往往会动摇信念，到最后连自己都不认识自己。时下的许多官员往往是如此，他们不懂得见好就收，贪污受贿，最后落得不好的下场。如前几年被判死刑的成克杰、胡长清，近来的陈良宇等人，都因"越位"而丧失了自我。《欧也妮·葛朗台》中的葛朗台也一样，为了金钱的诱惑而断送了自己的女儿。可见，不能为自己找准位置会断送人的一生。

位置如此重要，我们应如何才能为自己找准位置，找到属于自己的位置呢？

首先要有明确的目标。目标定下了，位置自然就明确了。一个没有目标的人，就失去了自己的方向。人分不清东西，便会随波逐流。居里夫人明确了自己的目标，便为自己找准了位置——从事科学研究。贝多芬明确了自己的目标，便为自己找到了音乐这个位置。鲁迅也明确了自己的目标，因而弃医从文。目标就是找好位置最重要的一步。

位置变了，你也会跟着变，但倘若你给自己定位之后，你就不会变，你就会活出精彩的且真实的自我！

点评：

在第一段提出中心论点之后，在第二、三段中以"正反对比"的方式展开分论点。"给自己找准位置"，"不能找准位置的人，则会失去自我"，这是从"反面"论述"不能找准位置"的危害在于"会失去自我"。一正一反，对比鲜明。然后再简略地谈论"怎么样"去"找到属于自己的位置"，方法是"首先要有明确的目标"。

8. 引议联结式

引议联结式在"议"的部分更强调对材料和观点进行一种理性的分析和思辨，给你的观点一种理论的背景或者深度。因此，在这一部分，要注意加入一些有一定深度的理论，或生活哲学，或教育思想等，使文章更有说服力。

【结构模式】

引　　引述材料，提出中心论点

议　　针对材料和中心论点，做出必要的分析

联　　① 联系教育（社会）实际，展开分析论证

　　　② 联系社会（教育）实际，展开分析论证

结　　对全文的论证做总结，解决问题，总结全文

相关例文

材料：老师带领学生到建筑工地参加劳动，看到脚手架上悬挂着一幅标语："百年大计，质量第一。"老师问学生："这八个字有什么含义？我们从中得到什么启示？"

请就上述材料，联系生活实际，写一篇800字以上的文章。

百年大计，质量第一

建筑工地上，我们常常可以看到这么一则令人信心百倍的宣传标语："百年大计，质量第一。"这的确是一句睿智的口号！（引：因材料，亮观点）

毫无疑问，建筑理所当然是我们生存生活的最基本的物质条件之一；建筑的房子也理所当然应是关系到居民生活水平高低的大硬件之一；它们与人们的生活紧密相关，更应该是关乎百姓幸福生活的百年大计！因此，建筑工地上，决不允许偷工减料，粗制滥造，"豆腐渣"工程横行！必须坚持"百年大计，质量第一"。（议：分析材料）

由此，我们联想到，作为立国根本的教育事业又何尝不应是"百年大计，质量第一"呢？从这个意义上讲，这条标语有两层含义：其一，"十年树木，百年树人"。教师是人类灵魂的工程师，就应以"塑造人类灵魂"为己任，以"育人为本"的"思想教育"为重点，努力探索，积极实践，做到"质量第一"，努力培养出"思想先进，作风过硬"的适合当前现代化建设需要并与国际接轨的甘于奉献、乐于助人且"以天下为己任"的优秀人才。应把学生综合素质的提高作为主要的工作任务来抓，决不应只重数量不重质量地只管分数而不问素质质量如何。其二，作为学生，也应该以这条标语为座右铭，努力学习，提高自己的思想素质和文化素质从而做到"质量第一"。如果我们的教师和学生都不以"育人育本"的思想质量为主，不以"育人育本"的思想质量和教学质量为重，而只求分数上去了，其他则不管，那么，纵有再多的本科、硕士生、博士生、博士后也是枉然！这样不仅会使祖国兴旺发达的现代化建设成为泡影，而且和谐社会建设也必将成为一句空话！中国人民又将陷入贫穷落后的万丈深渊之中！赶欧超美也永远只能是"白日梦"！（联一：由建筑联想到教育——先教师后学生）

由此我们进一步联想到，无论干什么事业都需要强调"质量第一"。今天是经济全球化、一体化的时代，是高科技迅猛发展使地球成为小村落的时代。小而言之，一个企业只有讲究质量，才能在激烈的国际国内竞争中站稳脚跟；大而言之，我国各方面的规划和建设只有奉行"质量第一"的原则，才能真正占领市场，击败称雄于全球的强大竞争对手，从而赢得真正的胜利。三鹿集团因质量疏忽而宣告破产的沉痛教训，再一次告诉我们：质量是企业的生命，更是国家的生命。哪个国家拥有高质量的人才，拥有高效率的管理，拥有高水平的领导，那么，这个国家就一定处于世界领先地位！（联二：联系事业——先企业后国家）

总之，没有"百年大计，质量第一"的精神，建筑队无法生存，教育无法发展，国家无法昌盛。（总结全文，简洁有力）

点评：

这篇作文在"引—议"之后的"联"中，先是联系教育实际，再引申联系到社会实际。这种模式在运用过程中，也可以先联系社会实际，然后再联系教育实际，可根据文章的立意和论证的侧重点的不同而进行不同的安排。

9. 双剑合璧式

关系式命题的两个概念之间的关系有并列、对立、从属、因果和层进等，而这些关系中，都包含着矛盾的、辩证的关系。我们化繁为简，把这些关系概括为"对立统一关系"这一大类，这种结构模式即为"对立统一式"，也可称之为"双剑合璧式"。

【结构模式】

P1：开头　　　提出中心论点：我们既要做到×××（第一个概念），又做到×××（第二个概念），只有两者结合，才能获得成功

P2：分论点 1　只有做到第一个概念，我们才能……

P3：分论点 2　只有做到第二个概念，我们才能更好地……

P4：分论点 3　只有做到两者的辩证统一，我们才能取得人生事业的成功

P5：结尾　　　总结全文

相关例文

阅读下面的文字，根据要求作文。

诗人对宇宙人生，须入乎其内，又须出乎其外。入乎其内，故能写之。出乎其外，故能观之。入乎其内，故有生气。出乎其外，故有高致。

以上是王国维《人间词话》中的一则文字，论述了诗人观察和表现宇宙人生的态度和方法。其实，这则文字所含的思想，对我们为人处世以及观赏自然、认识社会，都有启发。

请根据你对这则文字的感悟，自定立意、自选文体、自拟标题，写一篇不少于800字的文章。

亲力亲为与运筹帷幄

随着人类社会的进步和发展，各行各业的竞争也日趋激烈。要想成为现代社会的领头羊或时代的弄潮儿，我们必须拥有过硬的本领和超人的眼光，只有这样，我们才能在各自的领域里闯出自己的新天地。

那么，如何才能拥有过硬的本领和超人的眼光？其实很简单，只需我们在面对人生和社会的时候，做到能入能出。入，则亲力亲为，置身其中；出，则运筹帷幄，全面掌控。如此，我们就能在自己的领域里得心应手、游刃有余，对各种细节了如指掌，百战不殆。面对未来的发展，洞若观火，高瞻远瞩。

亲力亲为，我们方能对自己的领域有一个清楚全面的认识。当今社会，任何行业都有其烦琐复杂的关系，因此，我们必须对各个要点做到深入了解，那纵横交织的网络关系才能清晰地浮现在我们的脑海中。自古以来，我们对"一屋不扫何以扫天下"的观点持肯定态度，这不正体现了亲力亲为的重要性吗？在学习上，一直以来我们都推崇课上认真学习、课后复

习巩固的学习方法。试想，如果我们不能亲力亲为，仅仅对各个知识点不求甚解，只留下个大致的印象，而不能通过反思学习来深入了解个中的道理，我们何能做到熟能生巧，从而有所成就呢？

运筹帷幄，我们才能拥有远见卓识，才能从宏观上对所从事的领域做到全面掌控。现代社会是英雄辈出的社会，倘若我们把目标直指新时代的佼佼者，那么我们就必须有英雄气概和运筹帷幄的指挥才能。古代，萧何不正是做到这一点才能辅助刘邦夺得天下的吗？在攻克项羽之后论功行赏时，他虽不曾奔赴前线，不曾浴血奋战，但却被封为头号功臣，这不正是体现了运筹帷幄的重要性吗？

因此，我们只有正确面对出入人生，才能实现自己的远大理想。入，则亲力亲为，置身其中；出，则运筹帷幄，全面掌控。能入能出，方显大智慧，我们才能在百卉含英的时代，成为最后的胜利者。

点评：

本文作者把"出"与"入"的关系转化为"亲力亲为"和"运筹帷幄"的关系，也就是视"出"和"入"为"想"和"做"的结合，先把中心论点化抽象为具体，变玄奥为浅易。然后再分别论述"亲力亲为"和"运筹帷幄"的作用意义，结尾自然提出只有正确面对人生的人才能实现自己的远大理想。这其实也是从"为什么"的角度展开论证的思维角度，只不过这里的"作用意义"是先分别阐述，再综合起来的。

知识链接

议论文论据素材摘抄

同学们在备考的时候，可以收集一些议论文论据素材，以应对考场上变幻莫测的题目，这样可以丰富文章的内容，提升文章思想的高度。以下是精心整理的议论文论据素材，欢迎大家阅读参考。

一、理想篇

1. 道理论据

志当存高远。　　　　　　　　　　　　　　　　　　　　　　　　——诸葛亮

一个人有了远大的理想，就是在最艰苦困难的时候，也会感到幸福。　　　——徐特立

一个人没有理想，生活就会没有重心，就缺少朝气。为自己建立一个正确的目标，朝向这个目标去努力追求，生活自然就会充实而有意义。　　　　　　　　　　——罗兰

2. 事实论据

燕雀安知鸿鹄之志。

周恩来为中华崛起而读书。新学期开始，沈阳东关模范学校魏校长问同学们读书是为了什么，有人回答说："是为了家父读书。"有人回答说："为明礼而读书。"也有人说："为光耀门楣而读书。"当魏校长点名要周恩来回答时，坐在后排的周恩来站起来，庄重地回答："为中华之崛起而读书。"

马克思的理想。1835秋天，马克思中学毕业，面临着职业选择。当时，在马克思的同学中对选择职业有种种考虑，许多人认为有虚荣心和追求名利是理所当然的事。但是马克思觉得，一个青年应当选择最能为人类服务、最能实现人类幸福的职业，马克思在他的毕业论文

结尾写道："我们选择职业所应遵循的主要指针，是人类的幸福……"

二、立志篇

1. 道理论据

一个人追求的目标越高，他的才力就发展得越快，对社会越有益。　　——高尔基

古之成大事者，不惟有超世之才，亦有坚忍不拔之志。　　——苏轼

有志不在年高，无志空活百岁。　　——石玉昆

2. 事实论据

许多科学家、发明家都是从小立志，美国科学家爱迪生29岁发明留声机，33岁发明白炽电灯泡。德国物理学家爱因斯坦26岁提出狭义相对论，37岁提出广义相对论。德国数学家高斯17岁就提出最小二乘法，24岁出版《算术研究》，开创近代数论，32岁提出行星轨道的计算方法。

三、谦虚篇

1. 道理论据

满招损，谦受益。　　——《尚书》

虚心使人进步，骄傲使人落后。　　——毛泽东

当我们是大为谦卑的时候，便是我们最近于伟大的时候。　　——泰戈尔

2. 事实论据

马克思厌恶别人歌颂自己。有一次，马克思的朋友库格曼称颂马克思为19世纪的智慧的思想家，《共产党宣言》和《资本论》是划时代的著作，马克思知道后很不满意，给库格曼回信说："过分的赞扬我的活动是十分令人厌恶的，一切总归有个限度。"

竺可桢是我国现代气象事业的奠基人。1974年1月23日，他逝世前两个星期，这天，有人来看望他，因他病情日重，竺夫人便把所有的亲朋好友留在房外。猛然间，竺可桢听到外孙女婿的声音，便迫不及待地叫他进去。竺可桢的外孙女婿是中国科学院高能物理研究所的研究人员，而竺可桢深感自己缺乏"基本粒子"这门新学科的知识，曾五次向晚辈求教。现在，他又抓住这个机会，要求"补课"了。竺老病重，听觉受到严重损伤，戴上助听器也听不清外孙女婿的讲话，只得要求把讲的写下来。竺夫人劝他休息，竺老缓慢而吃力地说："不成，我知道得太少了。"当他听完国外研究基本粒子的近况，以及杨振宁取得的新进展后，满意地笑了。

四、勤奋篇

1. 道理论据

只有坚持不懈地刻苦学习，是不必担心不能成材的。　　——华罗庚

伟大的成绩和辛勤的劳动是成正比例的，有一分劳动就有一分收获，日积月累，从少到多，奇迹可以创造出来。　　——鲁迅

人生在勤，不索何获。　　——范晔

2. 事实论据

高尔基小时候是在每天十几小时繁重劳动和鞭打责骂下度过的。但即使过着这样的生活，他也总是抓住每一分钟空闲时间读书。店老板不许他读书，他千方百计地弄到书，躲到阁楼上、储藏室里阅读。夜晚借月光或自制的小灯盏读书，没有蜡烛，他就把老的烛盘上的蜡油收集起来，装在一只罐头盒里，再注入一些灯油，用棉线卷一根灯芯照着读书。在面包

房当工人时，他用零碎的木棒在揉面的台子上架起一个临时的书架，一面揉面团，一面读书。有一次，老板走进去看他在读书，想把书拿走扔到火里去，高尔基抓住老板的胳膊愤怒地叫喊："你敢烧掉那本书！"吼退了老板。监视、威吓没能阻止高尔基读书，反而使他自学的信念更坚定了。

五、积累篇

1. 道理论据

积薄而厚，聚少而为多。 ——《战国策》

只有经过长时间完成其发展的艰苦工作，并长期埋头沉浸于其中的任务，方可望有所成就。 ——黑格尔

美是到处都有的，对于我们的眼睛，不是缺少美，而是缺少发现。 ——罗丹

2. 事实论据

唐代大诗人白居易为了积累诗作素材，准备了许多陶罐，并分门别类贴着标签，整齐地放在一个七层的架子上，他平时收集到了资料，按不同门类投到各自的陶罐中。

契诃夫的创作题材。有一天，几个青年问俄国作家契诃夫："怎样才能获得创作题材？"契诃夫顺手拿出一本厚厚的日记说："这里有 100 个题材。"这几个文学青年看着这珍贵的日记本入了迷，日记中所记的每一个材料都生动感人。有个青年说："真想买几个回去，这些材料太好了。"契诃夫笑着说："题材是无法用金钱买到的，每个题材都是作者本人深入生活积累的结果。"

项目 25　其他文体写作

一、记叙文

1. 定义

记叙文是以记人、叙事、写景、状物为主，以写人物的经历和事物发展变化为主要内容的一种文体形式。

2. 要素

记叙文的要素：人物、时间、地点、事件（起因、经过、结果），在有的情况下六要素不一定都要出现，某些要素是可以省略的。

3. 记叙顺序

顺叙：按事情发展的时间先后、空间顺序记叙。
倒叙：先写结局，再追述事情的经过。
插叙：暂时中断中心事件的叙述，插入相关的另一事件的叙述。

4. 表达方法

记叙文主要采用叙述、描写、抒情、夹叙夹议、说明 5 种表达方法。

（1）叙述。

叙述是对人物的经历、事物的发展过程做介绍、说明、交代。叙述是写作中最基本、最常见的表达方式。如冰心的《小橘灯》，开篇就采用了典型的叙述手法，"在一个春节前一天的下午，我到重庆郊外去看一位朋友。她住在那个乡村的乡公所楼上。走上一段阴暗的仄仄的楼梯，进到一间有一张方桌和几张竹凳、墙上装着一架电话的屋子，再进去就是我的朋友的房间，和外间只隔一幅布帘。她不在家，窗前桌上留着一张条子，说是她临时有事出去，叫我等着她。"

（2）描写。

描写是对人、事、物、景做具体形象的刻画。如《小橘灯》中描写小姑娘做小橘灯的过程栩栩如生："她没有作声，只伸手拿过一个最大的橘子来，用小刀削去上面的一段皮，又用两只手把底下的一大半轻轻地揉捏着。……炉火的微光，渐渐地暗了下去，外面更黑了。我站起来要走，她拉住我，一面极其敏捷地拿过穿着麻线的大针，把那小橘碗四周相对地穿起来，像一个小筐似的，用一根小竹棍挑着，又从窗台上拿了一段短短的洋蜡头，放在里面点起来，递给我说：'天黑了，路滑，这盏小橘灯照你上山吧！'"

（3）抒情。

抒情是感受和感情的抒发、表达。如郭敬明语录："谁是谁生命中的过客，谁是谁生命的转轮，前世的尘，今世的风，无穷无尽的哀伤的精魂。我回过头去看自己成长的道路，一天一天地观望，我站在路边上，双手插在风衣的兜里看到无数的人群从我身边面无表情地走过，偶尔有人停下来对我微笑，灿若桃花。我知道这些停留下来的人终究会成为我生命中的温暖，看到他们，我会想起不离不弃。"这样的文字给人一种唯美的享受。

（4）夹叙夹议。

夹叙夹议是作者对某个议论对象发表见解，以表明自己的观点和态度。它的作用在于使文章鲜明、深刻、具有较强的哲理性和理论深度。在议论文中，它是主要表达方式，在一般记叙文、说明文或文艺作品中，也常被当作辅助表达手段。如《白杨礼赞》结尾："白杨不是平凡的树。它在西北极普遍，不被人重视，就跟北方农民相似；它有极强的生命力，磨折不了，压迫不倒，也跟北方的农民相似。我赞美白杨树，就因为它不但象征了北方的农民，尤其象征了今天我们民族解放斗争中所不可缺的朴质、坚强，以及力求上进的精神。让那些看不起民众，贱视民众，顽固的倒退的人们去赞美那贵族化的楠木（那也是直干秀顾的），去鄙视这极常见，极易生长的白杨树罢，但是我要高声赞美白杨树！"叙述对白杨树的赞美之情，进而阐明作者的观点——白杨树是坚强、质朴的，"我"赞美白杨树。

（5）说明。

说明是用简明扼要的文字，把事物的形状、性质、特征、成因、关系、功用等解说清楚的表达方式。被解说的对象，有的是实体的事物，如山川、江河、花草、树木、建筑、器物等；有的是抽象的道理，如思想、意识、修养、观点、概念、原理、技术等。如茅以升的《中国石拱桥》中对赵州桥的说明："赵州桥横跨在洨河上，是世界著名的古代石拱桥，也是造成后一直使用到现在的最古的石桥。这座桥修建于公元 605 年左右，到现在（1962）已经 1 300 多年了，还保持着原来的雄姿。到解放的时候，桥身有些残损了，在人民政府的领导下，经过彻底整修，这座古桥又恢复了青春。赵州桥非常雄伟，全长 50.82 米，两端宽 9.6 米，中部略窄，宽 9 米。桥的设计完全合乎科学原理，施工技术更是巧妙绝伦。"

二、散文

1. 定义

散文是一种作者写自己经历、见闻中的真情实感，表达方式较为灵活的文学体裁。

2. 特点

（1）形散神聚。

"形散"主要是说散文取材十分广泛自由，不受时间和空间的限制，表现手法不拘一格：可以叙述事件的发展，可以描写人物形象，可以托物抒情，可以发表议论，而且作者可以根据内容需要自由调整、随意变化。"神聚"既指中心集中，又指有贯穿全文的线索。散文写人写事都只是表面现象，从根本上说写的是情感体验。情感体验就是"不散的神"，而人与事则是"散"的可有可无、可多可少的"形"。

（2）意境深邃。

注重表现作者的生活感受，抒情性强，情感真挚。借助想象与联想，由此及彼、由浅入深、由实而虚地依次写来，可以融情于景、寄情于事、寓情于物、托物言志，表达作者的真情实感，实现物我的统一，表现出更深远的思想，使读者领会更深的道理。

（3）语言优美凝练。

语言清新明丽，生动活泼，富于音乐感。行文如涓涓流水，叮咚有声，娓娓而谈，情真意切。所谓凝练，是说散文的语言简洁质朴、自然流畅，寥寥数语就可以描绘出生动的形象，勾勒出动人的场景，显示出深远的意境。散文力求写景如在眼前，写情沁人心脾。散文素有"美文"之称，它除了有精神的见解、优美的意境外，还有或清新隽永或质朴无华的文采。

三、考场记叙文（散文）最佳写作模式

在前文论述考场作文的特点时，我们不主张在考场上临时构思和写作一篇有着完整故事情节的记叙文，而如果命题有利于写作记叙文和散文时，则可以采取"片段组接式"（蒙太奇式）的结构模式，进行构思和写作。围绕一个共同的主题，选择一个个意蕴深刻、意境优美的画面，将其组接起来，使其成为一篇优美的文章，这种构思的方法叫作"片段组接"法，它是电影"蒙太奇"手法在作文中的运用。

（1）一定要围绕一个中心组接片段，也就是文章的"神"。一定要能统摄各个片段，选择的每一个片段都是为表现一个共同的主题服务。

（2）片段描写要生动形象，否则失去优势。

（3）文章结尾部分最好写一段能焊接各个组成部分的表现主题的片段，也就是提炼出各个片段共同反映的主题。

（4）写作片段最好是 3 个或 3 个以上，因为两个片段总觉得文章仍在一个平面上，3 个或 3 个以上的片段，文章就成为一个"立体"了。

相关例文

根据以下材料，选取角度，自拟题目，写一篇不少于 800 字的文章，文体不限，诗歌

除外。

生活中离不开车。车，种类繁多，形态各异。车来车往，见证着时代的发展，承载了世间的真情；车来车往，折射出观念的变迁，蕴含着人生的哲理。

人生如路，快上车吧

总有人说，人生如路，或宽广，或幽闭，或平坦，或崎岖，或荒芜，或满路风景。既然人生是一条通往未知旅途的路，那么承载我们走过这漫漫人生路的，不过是那些各种各样的"人生之车"。

童年：妈妈手中的踏板车

记得小时候，家里比较困难，我没有和其他小朋友一样的小汽车，没有成群结队的芭比娃娃。陪伴我的，只有一辆手推踏板车，左后方的轮子还是歪歪扭扭的。虽然没有和其他小朋友一样丰富的玩具，但童年时最开心的回忆，就是妈妈推着它，载着我走遍了镇子的角角落落。后来，我学会了自己骑着它到处跑，在那辆踏板车的背后，总有一个跟跟跄跄追着我跑，生怕我摔倒的身影。

转眼过去了快20年，我已经成人，母亲也不再健壮，那辆踏板车现在还在阁楼放着，虽然堆了灰，关节也生了锈，但它陪我走过的生命最初的柔软欢乐的时光，是我永远不会忘记的。

这辆车，叫作母爱。

少年：青涩的单车

12岁之后，我们就可以骑单车上路啦。

那些年的日子，每天似乎都离不开单车：每天早晨和傍晚，要骑单车往返学校；每个大课间，班级会安排专门的值日生去将单车摆摆整齐；每天和朋友讨论最多的话题就是："我们晚上一起骑车回家吧！"

开始朦朦胧胧有了喜欢的人，心底慢慢地生出一朵小花。每次上学路上，我都会在他家的小区门口张望好久，盼望着他骑着那辆蓝色的山地车出来，然后假装偶遇，一起上学。

就算遇不到，偷偷把自己和他的单车摆放在一起，也成了一天中最大的幸福。

甚至有一次，我的单车坏掉了，他骑车载我回家。一路上，我都激动得快要哭出来了。

虽然毕业后我们就再也没有见过面，而且在我记忆里他的眉眼也慢慢模糊了，但我很感谢那个男生，曾在我最兵荒马乱的年纪，载过我一程单薄的想念。

这辆车，叫作青春。

中年：拼搏的汽车

曾经有一个拜金女说过这样一句话："我宁愿坐在宝马里哭，也不愿坐在自行车上笑。"确实，在现如今这个物欲横流的花花世界，纯真的东西往往廉价，不被人所看重，而虚伪的东西往往高价，却让所有人趋之若鹜。钱要赚得越来越多，腰包要越来越鼓，房子要换得越来越大、越来越豪华，车子也要换得越来越贵、越来越名牌。可钱赚得再多，不过吃喝拉撒，房子换得再大，只有一方软塌能栖息，车子换得再豪华，也只是代步工具。

中年人之所以辛苦，就在于总是不满足。他们住着豪宅，开着豪车，却忘了如何诗意地生活，想想也挺可悲的。车子、房子不是生活的全部，如果内心腐朽，即使坐在百万豪车中奔驰，生命也不会得到丝毫的升华。是时候该停下来，好好看看生命中的风景了。

这辆车，叫作欲望。

老年：恬淡的手推车

当你老了，头发白了，在炉火旁打盹时，也许正坐在一辆轮椅上。

这时，你也许孑然一身，也许子孙成群，但这时候，也是你真正独自操纵生活这辆车的时候了。

你也许会独自驾驶着这辆车，在床边看花开花落、云卷云舒；你也许会呆坐在这辆车上，或后悔或欣喜地回忆着自己的一生；你也许会在这辆车上哭，在这辆车上笑，甚至会在这辆车上走完这辈子。

那时候，你应该是最勇敢，也最淡定的你。

因为经历了人生的大起大落后，什么都打不倒你，什么都摧不毁你。

这辆车，叫作智慧。

正是这些不同的车，承载我们走过了漫漫人生路。无论哪一辆，我们都要好好珍惜。

因为每个人的每段旅程，都是独一无二的。

点评：

本文作者角度新颖，结合自己的生活经历和情感体验，以"车"为载体，展现了人生在童年、少年、中年、老年不同阶段的生命状态和情感体悟。语言清新流畅，片段描写形象动人，感情真挚。文中以"车"为核心，统摄人生各个阶段，承载了人生成长过程中的情感，表现出深远的思想。结尾部分总结提炼共同主题，做到了形散神聚。

知识链接

以下是精心整理的相关素材，欢迎大家阅读参考。

1. 教书育人

学然后知不足，教然后知困。知不足，然后能自反也。知困，然后能自强也。故曰：教学相长也。
——《礼记》

教师进行劳动和创造劳动的时间好比一条大河，要靠许多小的溪流来滋养它，教师要时常读书，平时积累的知识越多，上课就越轻松。——苏霍姆林斯基

要想学生好学，必须先生好学。惟有学而不厌的先生才能教出学而不厌的学生。
——陶行知

为别人照亮道路，自己必须放出光芒——这就是人的最大幸福。——捷尔任斯基

使学生对教师尊敬的唯一源泉在于教师的德和才。——爱因斯坦

佐藤学教授认为："21世纪的学校是学习共同体的学校。"所谓学习共同体的学校是指不仅学生们相互学习、成长，作为教育专家的教师也相互学习、提高，家长和市民也参与学习，共同发展。教学的艺术不在于传授的本领，而在于激励、唤醒、鼓舞。——第斯多惠

教师个人的范例，对于青年人的心灵，是任何东西都不可能代替的最有用的阳光。
——乌申斯基

先生不应该专教书，他的责任是教人做人；学生不应该专读书，他的责任是学习人生之道。
——陶行知

学校的目标应当是培养有独立行动和独立思考的个人，不过他们要把为社会服务看作是自己人生的最高目标。
——爱因斯坦

因为道德是做人的根本。根本一坏，纵使你有一些学问和本领，也无甚用处。

——陶行知

师也者，教之以事而喻诸德也。　　　　　　　　　　　　——《礼记》

在教师手里操着幼年人的命运，便操着民族和人类的命运。　　——陶行知

我确实相信：在我们的教育中，往往只是为着实用和实际的目的，过分强调单纯智育的态度，已经直接导致对伦理教育的损害。　　　　　　　　　　——爱因斯坦

学校的目标始终应当是青年人在离开学校时，是作为一个和谐的人，而不是作为一个专家。

——爱因斯坦

2. 因材施教

教育人和种花木一样，首先要认识花木的特点，区别不同情况给以施肥、浇水和培养。

——陶行知

人像树木一样，要使他们尽量长上去，不能勉强都长得一样高，应当是：立脚点上求平等，于出头处谋自由。　　　　　　　　　　　　　　　　　　——陶行知

当教师把每一个学生都理解为他是一个具有个人特点的，具有自己的志向、自己的智慧和性格结构的人的时候，这样的理解才能有助于教师去热爱儿童和尊重儿童。　——赞科夫

从我手里经过的学生成千上万，奇怪的是，留给我印象最深的并不是无可挑剔的模范生，而是别具特点、与众不同的孩子。　　　　　　　　　　　　——苏霍姆林斯基

世界上没有才能的人是没有的。问题在于教育者要去发现每一位学生的禀赋、兴趣、爱好和特长，为他们的表现和发展提供充分的条件和正确引导。　　——苏霍姆林斯基

一模一样的花海会让人觉得单调，唯有万紫千红的花朵才能让我们感受到春天的绚丽；千篇一律的样板戏只能麻木人的灵魂，唯有各显神通的大舞台才能愉悦人的心灵。学校不是工厂，教师也不是工人，学生是具有独立思维的人，不是需要组合安装的部件，腔调统一的回答只会让我们的教育失去应有的意义，只有尊重学生不同的个性，才会让我们的教学异彩纷呈。

世界上没有相同的两片叶子，所以你难以判断哪一片叶子是最美的。成功没有统一的标准，正如你不能要求美丽的花朵都长得一样。情人眼里出西施，对于我们的学生也一样，不妨让我们用情人的眼光戴上欣赏的眼镜去看待我们的每一个学生以及他们的每一个举动。

3. 倾听

要学会倾听孩子们的每一个问题，每一句话语，善于捕捉每一个孩子身上的思维火花。

——叶澜

耐心是一种品德。　　　　　　　　　　　　　　　　　　——兰本达

己所不欲，勿施于人。　　　　　　　　　　　　　　　　——孔子

耳朵是通向心灵的路。　　　　　　　　　　　　　　　　——伏尔泰

兼听则明，偏听则暗。　　　　　　　　　　　　——《新唐书·魏征传》

倾听，是一种平等而开放的交流。　　　　　　　　　　　　——佚名

倾听的耳朵是虔诚的，倾听的心灵是敏感的。有了倾听的耳朵和愿意倾听的心，你才会拥有忠实的朋友。　　　　　　　　　　　　　　　　　　　——佚名

倾听就像海绵一样，汲取别人的经验与教训，使你在人生道路上少走曲折的弯路，经过你有目标的艰苦奋斗，使你能顺利地到达理想目的地。　　　　　　——佚名

倾听是人的本能，通过倾听来接受外界的信息，倾听是你了解认识这个世界的重要途径。婴幼儿就是在倾听中渐渐地成长起来的。　　　　　　　　　　　　　　　——佚名

倾听着年轻姑娘的歌声，老人的心也变得年轻。　　　　　　　　　　——普希金

人在年轻的时候应该浪迹天涯，用心身去领略异国的风土人情，去倾听子夜的钟乐。
　　　　　　　　　　　　　　　　　　　　　　　　　　　　——斯蒂文森

认真倾听别人的倾诉虽是细枝末节，但却体现了你谦逊的教养，能展现你的素质。
　　　　　　　　　　　　　　　　　　　　　　　　　　　　　——佚名

所谓的"耳聪"，也就是"倾听"的意思。　　　　——拉尔夫·沃尔多·爱默生

我打破沉默的方法就是忘记自己，去倾听他人心底的沉默。　　　——柴静

我倾听每个人讲话并一一记录，特别是对业务人员。因为，他们一直最接近人群。
　　　　　　　　　　　　　　　　　　　　　　　　　　　　——李奥贝纳

学会倾听是你人生的必修课；学会倾听你才能去伪存真；学会倾听你能给人留下虚怀若谷的印象；学会倾听，有益的知识将盛满你的智慧储藏室。　　　　——佚名

要做一个善于辞令的人，只有一种办法，就是学会听人家说话。　——莫里斯

只愿说而不愿听，是贪婪的一种形式。　　　　　　　——德谟克利特

智慧就在于说出真理，按照自然行事，倾听自然的话。　　——赫拉克利特

4. 爱、责任与奉献

"师爱"是教师必备的人格内容，是教师最基本的心理品质，是教育永恒的主题。

孔子有"君子学道则爱人"之语，孟子以"仁爱"治天下。

苏联教育家苏霍姆林斯基说，他一生中最可贵的东西就是热爱儿童。

尊师如父母，爱生如子女。

真诚的爱像春风，能够吹尽寒冬的冰冷，更何况是学生纯洁的心灵？它往往有着不可估量的价值。

热爱学生是教师必备的情感品质，是教师的神圣天职，是教师施展教育才能的前提条件。

用一颗真诚的爱心去构筑师生之间的"桥梁"。

动之以情，晓之以理，循循善诱，滋润学生的心田。

把爱洒向每一个被遗忘的角落，用一双温暖的手去抚慰那些不被注意的心灵。

像爱护小树苗一样关爱每位学生的成长。

若要得到学生的尊重，必先用我们敞开的心扉去关怀、尊重他们。

当我们爱别人的时候，我们也希望别人爱我们。　　　　　　——卢梭

责人之心责己，恕己之心恕人。　　　　　　　　　　　——《增广贤文》

我们每个人都是平等的，你只有用爱来交换爱，用信任来交换信任。——马克思

己所不欲，勿施于人。　　　　　　　　　　　　　　　——《论语》

奉劝年轻的教师和少先队辅导员：不要急于处罚学生，要好好想一想，是什么促使他犯这种或那种过失的。要是设身处地为孩子们想一想，那么就可相信他们会通过自身的努力来改正错误的。　　　　　　　　　　　　　　　　　　——苏霍姆林斯基

捧着一颗心来，不带半根草去。　　　　　　　　　　　——陶行知

一个人对社会的价值，首先取决于他的感情、思想和行动对增进人类利益有多大作用。
　　　　　　　　　　　　　　　　　　　　　　　　　　　　——爱因斯坦

如果一个人仅仅想到自己，那么他一生里，伤心的事情一定比快乐的事情来得多。

——马明·西比利亚克

真正的学者真正了不起的地方，是暗暗做了许多伟大的工作而生前并不因此出名。

——巴尔扎克

对人来说，最大的欢乐，最大的幸福是把自己的精神力量奉献给他人。

——苏霍姆林斯基

我要做的只是以我微薄的绵力来为真理和正义服务。　　——爱因斯坦

竭力履行你的义务，你应该就会知道，你到底有多大价值。　　——列夫·托尔斯泰

为了国家的利益，使自己的一生变为有用的一生，纵然只能效绵薄之力，我也会热血沸腾。　　　　　　　　　　　　　　　　　　　　　　　　　　　——果戈理

一个人若是没有热情，他将一事无成，而热情的基点正是责任心。

——列夫·托尔斯泰

责任感与机遇成正比。　　　　　　　　　　　　　　　　　　　——威尔逊

每一个人都应该有这样的信心：人所能负的责任，我必能负；人所不能负的责任，我亦能负。如此，你才能磨炼自己，求得更高的知识而进入更高的境界。　　——林青

责任就是对自己要求去做的事情有一种爱。　　　　　　　　　　　——歌德

一个人若是没有热情，他将一事无成，而热情的基点正是责任心。

——列夫·托尔斯泰

5. 创新

教育是知识创新、传播和应用的主要基地，也是培育创新精神和创新人才的摇篮。

——江泽民

我们发现了儿童有创造力，认识了儿童有创造力，就须进一步把儿童的创造力解放出来。

——陶行知

中国教育之通病是教用脑的人不用手，不教用手的人用脑，所以一无所能。中国教育革命的对策是手脑联盟，结果是手与脑的力量都可以大到不可思议。　　——陶行知

毫无疑问，创造力是最重要的人力资源。没有创造力，就没有进步，我们就会永远重复同样的模式。　　　　　　　　　　　　　　　　　　　　　　——爱德华·波诺

一个新的想法是非常脆弱的，他可能被一声耻笑或一个呵欠扼杀，可能被一句嘲讽刺中身亡，或者因某位权威人士皱一下眉便郁郁而终。　　　　　——查尔斯·布劳尔

画家告诉我，没有人能在树未成形时画出一棵树；只凭孩子初期轮廓，没有人能画出这个小孩。……但是观察一段时间孩子的动作，画家就能了解他的特性，画出他的每分神态。

——拉尔夫·沃尔多·爱默生

创造力就是发明、做实验、成长、冒险、破坏规则、犯错误以及娱乐。

——玛丽·库克

项目 26　真 题 范 文

（1）【2020 年下半年综合素质（幼儿园）真题】阅读下面的材料，按要求作文。

黑人司机载了一对白人母子去往目的地。白人的孩子问他的妈妈："妈妈，为什么司机伯

伯的皮肤跟我们的不一样？"母亲说："孩子呀，上帝为了让世界色彩缤纷创造了不同颜色的人呐！"到达了目的地之后，司机坚持不收钱。白人妈妈说："为什么你不收钱？"这个黑人流着眼泪说："小时候我也问过我的母亲同样的问题，母亲告诉我说我们是黑人呐，我们这辈子注定要低人一等。如果我母亲能像你这样回答我，今天我一定有不同的成就啊！"

综合上述材料所引发的思考和感悟，写一篇论说文。

要求：

用规范的现代汉语写作；角度自选，立意自定，标题自拟；不少于800字。

【参考范文】

人人都当生而自信

黑人司机在小时候被母亲告知黑人注定这辈子要低人一等，母亲的话在他幼小的心灵中种下了自卑的种子。长大后，当他听到同样的问题的答案是"上帝为了让世界色彩缤纷创造了不同颜色的人"时，他感叹如果他小时候听到的是这个答案，自己一定会有与今天不一样的成就。的确，自信可以产生巨大的动力，人人都当生而自信。

自信可以产生巨大的动力。自信是泥泞中开出的花，即使生长在无人问津的悬崖，也能花香弥漫，馥郁着心灵的整个春天；自信是锋利的宝剑，即使前路有千难万险，也能斩断荆棘，开辟出通往成功的道路；自信是人心中的灯火，即使面对质疑和流言，也能冲破迷雾，折射出生命的点点星光。逆流而上的鲤鱼，因为相信自己，才会在不断的尝试中越过龙门，成为翱翔九天的应龙。面对众人的反驳，爱因斯坦不屑一顾，坚信自己一定会取得胜利，坚持研究，最终使相对论成了20世纪伟大的理论。如今，中国人民坚定"四个自信"不动摇，各项事业蓬勃发展，人民生活水平稳步提高。中国人民在面对从未有过的新型冠状病毒肺炎疫情时，按照"中国模式"智慧应对，为全世界交上了一份令人美慕的答卷。

人生需要自信，自信的人生才精彩。拿破仑曾经说过："自信是人类运用和驾驭宇宙无穷大智的唯一管道，是所有奇迹的根基，是所有科学法则无法分析的玄妙神迹的发源地。"的确，人只有相信自己，才能有挑战一切不可能的勇气，才会爆发出巨大的潜能和力量，从而开创精彩的人生。正因为有"自信人生二百年，会当水击三千里"的自信坦然，毛泽东才能在经历了革命的艰难时期后，仍然有指点江山、激扬文字的豪迈情怀。自信的人往往敢于挑战，勇于创造，他们的人生自然更加精彩。我们应随手撒下鼓励的种子，让人生与自信相伴。我们的社会中，会有冷眼、误解、排挤和不尊重，面对伤害，有的人选择将自己缩进自卑的壳中，但有的人却选择以自信的铠甲武装自己，并以强大的内心世界不断去影响别人，带给人坚定和温暖。黑人司机在听到白人母亲对孩子说的充满平等性的话语时流下了眼泪，可见，鼓励他人，帮助他人建立自信是多么重要。我们要学会做一只自信的蝴蝶，努力地从自卑中破茧而出，用鼓励的眼神、暖心的话语去滋养别人的心灵，在生活中随手播撒鼓励的种子，让自信悄悄发芽，开出鲜花遍野，使自己的人生旅途，始终与美好同行。

在人生的道路上，拥有了自信，便有了执着追求的精神和勇往直前的勇气。我们要始终怀着自信的态度，在风雨的洗礼中砥砺前行。

点评：

材料中的故事从不同的角度分析，可以得出不同的立意。从白人母亲的角度出发，可以得出"尊重差异，平等待人，以身作则给孩子传递积极的价值观"。从黑人的角度出发，可以得出"自信改变人生"的立意。黑人母亲的话体现了自卑与消极的心态，而这也直接影响了黑人司机的价值观。由此可以联想到自信、积极的心态能改变人生。另外，从黑人母亲与白人母亲的对比上，也可得出"家庭教育的重要性"的立意。本文从"自信改变人生"的角度立意，能言之成理即可。

本文采用引议联结式，在"引—议—联"中，先是引述材料，提出中心论点，再做出分析，联系古今事例、社会实践，展开分析论证，最后对全文的论证做总结，简洁有力。

（2）【2019年下半年综合素质（幼儿园）真题】阅读下面的材料，按要求作文。

某一布鞋品牌老板的经营模式很简单，每卖出一双鞋子就捐赠一双给贫困地区的孩子，让没有鞋穿的孩子拥有一双自己的鞋。可是生意却不见起色。半年后，一家报社报道了"卖一双，捐一双"的故事，立刻引起了轰动。

人们为他的事迹所感动。一天之内他接到2 200多双鞋子的订单。到目前为止，他已经卖出了3 800万双。这意味着非洲、拉丁美洲、亚洲等贫困地区的3 800万双小脚丫有了鞋子的保护。

综合上述材料所引发的思考和感悟，写一篇论说文。

要求：

用规范的现代汉语写作；角度自选，立意自定，标题自拟；不少于800字。

【参考范文】

做大善良的工程

每卖出一双鞋子就捐赠一双给贫困地区的孩子，让没有鞋穿的孩子拥有一双自己的鞋。卖鞋老板将卖鞋的生意做成了善良的工程。然而初心虽好，却鲜为人知，每年能得到帮助的孩子也非常有限。当"卖一双，捐一双"的善行被报社报道之后，善良的人们为之感动，纷纷加入，越来越多的孩子得到了帮助，善良的工程越做越大。

做大善良的工程，要时刻保持利他的初心，坚守纯善本质。善良是为人的基石，是安身立命之本，在复杂的人性所构成的社会的灰暗之中，善良就是希望。保持善良、坚守初心能够让我们在处境艰难的时候仍然有坚持下去的动力，能够让我们在前途未知的情况下仍然能获得强大的力量，能够让我们在不理解的质疑声中仍然能拥有满腔的热情。保持初心是一种精神力量，能够让我们在感到力量微薄的时候有一份冷静和自持，让我们知道自己是为了什么而奋斗，使人不至于在物欲横流中，在前途未知的道路上，在质疑声中迷失自己。

做大善良的工程，要合理弘扬善举，凝聚更多善良的力量。也许善良无法用量化的方式去衡量，但要想让善良发挥更大的作用，让善意触达更多的地方，也需要掌握一定的方法。有时，善举往往需要被"弘扬"和"关注"才能发挥更大的能量。我国著名企业家陈光标选择"高调"地做慈善，如此剑走偏锋虽然引人质疑，但不可否认的是，他的身份和影响力也推动了人们对慈善事业的关注，引起了社会对"人人参与慈善""全民慈善"的重视。正是因为他重视方法，才使得正能量有了更多的传递渠道，才使得善良的种子从一棵树成长为一整片森林。

我们既要"仰望星空"，重视精神的力量，不忘善良的初心，同时也要"脚踏实地"，尝试使用好的方法，给善良更多发挥作用的渠道和平台。做善举应该明确地知道自己的初衷，并在过程中注重方法，若失去了善良的本质，再好的方法也没有了支撑和落脚之处，只是一个内里虚无的空架子；而若是没有好的方法，善良也只不过是黑夜里的一盏烛火，能够发挥的作用十分微弱。因此，我们要坚守善良的初心，同时也要讲求做事的方法，将善良的光芒由微弱的烛火点亮，化为漫天的星光。

做大善良的工程，只要我们坚守住初心，保持脚踏实地的态度，选择有效的方法，即使是风雨兼程，也可以无所畏惧，将善意传递得更远，让炽热的心发挥更强的光和热。

点评：

这则材料中，描述了两个结果截然不同的现象。同样的目的都是做慈善，但是由于做事的方式不同，取得的是截然不同的效果。由此我们可以发现选择做事方法的重要性。选择正确的方法能够事半功倍，效率更高。

从故事引发的思考，可以进行立意：做事的方法以及途径，是一个影响结果的重要因素。正确的途径，能够让我们的工作事半功倍；而盲目的老办法，也许并不可取，收效甚微。

当然，关于低调慈善和高调慈善，关于做事的方法导致效果的差异这些立意，也是我们可以选择的角度。这是一个开放性的话题，只要能自圆其说、言之成理即可。

（3）【2019 年上半年综合素质（幼儿园）真题】阅读下面的材料，按要求作文。

美国演员莱昂纳多凭借电影《荒野猎人》中的格拉斯一角获得奥斯卡金像奖，引发社交媒体上的"狂欢"，也让相关图书搭上了一趟顺风车，就如诺贝尔文学奖、茅盾文学奖等奖项所引发的阅读热潮一样，带来了一股"奥斯卡阅读热"。

综合上述材料所引发的思考和感悟，写一篇论说文。

要求：

用规范的现代汉语写作；角度自选，立意自定，标题自拟；不少于 800 字。

【参考范文】

让阅读成为"悦"读

"国际安徒生奖"获得者曹文轩将阅读比作一条鸿沟，"阅读的这边是草长莺飞，不阅读的那边是令人窒息的荒原寂寥"。阅读不仅使人思辨、明智、善辩，更使人涵养身心、愉悦生活、熏染人生。但随着生活节奏的加快，阅读成了一种奢侈的享受。品一盏茶，捧一卷书，与作者交流，与自我对话，已经成为难事。阅读不仅仅是"阅"读，还应该成为"悦"读。那么，如何让阅读成为一种"悦"读呢？

阅读品质化，阅读才能成为"悦"读。信息时代，海量信息喷涌而出，加之社交网络的即时化推送，阅读越来越碎片化，"快餐式阅读"也接踵而至。过去，一本《红楼梦》品读几十遍都不为过，现在，人们希望阅读一本书就能快速提高自我。阅读正变得低俗化、简短化、功利化。文学市场中，打着励志情感旗帜的短文汇编，实则是微信毒鸡汤文的另一种呈现形式；人物传记大多是"小作坊"复制粘贴的几日之作。读者迷失在图书畅销榜单中，迷失在信息化时代。图书获奖是权威人士对图书内容的一种肯定，这种评选作为"把关者"，为读者提供了一种阅读的参考标准，使读者的阅读更加高水平、高标准。莫言获得诺贝尔文学奖之后，其作品被广大读者不断挖掘，人们开始重新审视中国的文学，阅读更具有深刻内涵的文学作品。2019年春节档《流浪地球》的热映，使荣获"雨果文学奖"的刘慈欣的《三体》《流浪地球》等科幻文学作品成为新秀，开启了国人科幻之旅，使读者享受到了科幻文学的饕餮盛宴。获奖图书推动了文学的发展，提高了读者阅读品位，使阅读成为高品质化的"悦"读。

阅读立体化，阅读才能成为"悦"读。阅读不应该是一个读完即止的过程，而应该是故事情节延续发展的过程，是人物形象逐渐饱满的过程，是想象再创造的过程，更应该是读者不断得到启发思考的过程。影视同名书籍的畅销，丰富了阅读的形式，视、听、读一体化调动了读者的阅读兴趣，使阅读立体化，教师的教学亦是如此。教师在课堂上"满堂灌"，滔滔不绝地为学生讲解一篇名家名作，不如多媒体化、趣味生动的教学情境更能深得学生心，使学生爱上阅读，快乐"悦"读。《小猪佩奇》从影视作品改编为图书，从"看""听"延伸到"读"，阅读过程使文本的形式更加多样。《经典咏流传》将文学作品以唱演的形式呈现，观众与文本之间产生的情感共鸣使文字内容重新焕发生命力。阅读内容使用不同形式传播，丰富了读者感受，使阅读成为立体化的"悦"读。

阅读常态化，阅读才能成为"悦"读。阅读不应该是一种从众的行为，更不应该"狂欢化"，获奖或者影视的热播造成众人对某书趋之若鹜，背离阅读的初心。阅读应该是常态化的，而且是遵从自己内心的精神愉悦活动。获奖之书实属万里挑一，未获奖的书却是多数，但未必没有精品，从成功的影视作品中改编来的书也不一定都是"好"书，我们不能一时兴起读一本所谓的畅销书。中国古代的诗词作品不计其数，流传千古，世人争相咏诵。那是因为阅读古代文学经典，是不需要说辞的，它已经内化为中国人生活的一部分，是内心的自我选择。以色列，世界上最爱读书的国家之一，人均读书量居全球第一，阅读已成为他们生活的一部分。阅读时，他们的姿态是放松的，神情是怡然的。我们的阅读也应该如此。书籍不应该是朋友圈的晒物，不应该是置于书架的装饰品，也不应该是社交媒体中的一种谈资，更不是一时兴起的快速消化"食粮"。书籍应该成为生活的必备品，在每一刻每一地细细品味，我们应该使阅读成为常态化的"悦"读。

阅读是一趟心灵之旅，能使我们沉浸在作者描绘的精彩纷呈的大千世界之中，陶醉于作者思辨性的哲理之中，与理想的精神世界完美契合。我们应该体味高品质的文本内容，追求立体化的阅读形式，在常态化的阅读中熏染身心，这样才能使阅读成为"悦"读。

点评：

电影引起了人们对于原著阅读的兴趣。这个社会的人们不是不阅读，而是信息时代图书太多，人们不知道阅读什么。人的精力和时间是有限的，需要选择性阅读，而作品获奖其实是一种专家对其作品的认同，这就引导了人们去选择这些得到了社会认同的作品，因此就产生了相应的阅读潮。同时，电影这种形式，又使得原著的内容得以传播更广泛，也可引发形式与内容的思考。

从获奖引发的阅读潮现象，可以分析其产生的原因，然后从正面提出"阅读需要社会正确的引导"等观点，也可进一步提出"构建正确的价值观需要社会的引导"。从电影形式引发阅读可提出"良好的表现形式可以促进内容的推广""形式与内容的关系"等观点。

（4）【2018年下半年综合素质（幼儿园）真题】阅读下面的材料，按要求作文。

管仲随齐桓公攻打孤竹，春天出征，凯旋时已是冬天，迷了路。管仲说："老马的智慧是可以利用的。"于是放开老马，人跟随着它们，终于找到了回去的路。

北京大学一位老教授，在海淀区住了将近半个世纪，自认为蒙着眼睛也能找回家，可谓地道的"老马"。然而，有一次他走了一条新路，一走出去，是一条大马路，车如流水马如龙，竟一时找不到归路，幸而看见马路上驶过的332路公交车，才得以安全回到家。

综合上述材料所引发的思考和感悟，写一篇论说文。

要求：

用规范的现代汉语写作；角度自选，立意自定，标题自拟；不少于800字。

【参考范文】

扬弃老经验，适应新要求

管仲放开老马，老马可以根据经验，让人们跟随其找到回去的路；而自认为可以"蒙眼识路"的北京大学教授却不能根据经验找到回家的路。古有老马识途，而今却有"老马"迷路。老经验是实践与智慧的结晶，却在与现实与时代的碰撞中"失灵"，如何实现对老经验的扬弃，使之在新时代中闪光，正是我们要思考的问题。

扬弃老经验，适应新要求，要求我们实事求是，不被老经验束缚。"以人为镜可以明得失，以史为鉴可以知兴替"，在新的时代，我们依旧可以从前人那里吸取智慧。但是，《刻舟求剑》的寓言也曾告诫我们，思维僵化、不知变通就会闹笑话。只有从实际出发，不断扬弃老经验，才能适应时代的新要求。前车之覆，后车之鉴，从实际出发，运用老经验，既是现实的要求，也是文明绵延不断的智慧所在。《三字经》《弟子规》虽是蒙学儿童的经典读物，其中却也有不符合时代的思想，儒家经典一直被世人奉为行为操守的指南，却也有不符合实际的糟粕。正如国学班出现的"裹脚"现象使社会为之哗然，这说明对老经验的选择与运用必须符合时代要求，不能不加选择地全部拿来。如果对老经验全盘接受，只能沦为笑柄。

扬弃老经验，适应新要求，要求我们不断学习，增强创造力。朱熹曾说："无一事而不学，无一时而不学，无一处而不学。"学习贯穿人的一生。不想落后于时代的著名经济学家于光远不断学习，充实自己，84岁开始学习使用电脑，并随之建立了自己的网站。虽头顶"著名经济学家"桂冠，但他晚年又开始攀登文学高峰，散文出手不凡。90岁之前，于老出版了75部著作。只有不断学习新生事物，紧随时代步伐，在实践中不断别除老经验不合时代要求之处，我们才能不被新时代的浪潮抛弃，才能避免陷入"老马迷途"的尴尬境地。只有不断学习，才能创造性地使用老经验。习近平在"丝绸之路"商贸文化交流的历史经验基础上提出了"一带一路"倡议，让前人的智慧在新的形势下展现出创造性的光辉。不断增强创造力，可以促使人们改造老经验，创造新经验，不断获得新发展。

扬弃老经验，适应新要求，要求我们勇于实践。陶行知曾说，"行是知之始，知是行之成"。实践是开始也是归宿。为了完成《本草纲目》的著述，李时珍远出旅行考察，上山采药，亲力亲为，通过实践确定了各种药材的功效，推翻了错误的经验，确立了新的认识。当今，经济飞速发展，科技日新月异，我们必须投身于实践之中，紧跟时代。过去齐桓公必须靠老马才能识途，而今天我们有卫星定位，如果老教授会用手机导航，别说是在海淀区住了半个世纪，就是初来乍到，也能轻车熟路。望远镜华丽转身，"天眼"领跑世界天文；租赁业务引入互联网，"共享"便捷最后一公里。我们只有投身于实践之中，才能切实判断哪些老经验依旧有它们的"闪光点"，哪些老经验应像历史的灰尘一样被抛弃。

泱泱中华，5 000年的文明，一味接受老经验只会让我们停滞不前，适应社会和时代的发展前行才是永恒不变的真理。我们该如何站在前人的肩膀上，让前人的经验适应新形势，进而成为我们解决问题的智库，而不是束缚思想的桎梏，这才是我们应关注的焦点。这就需要我们立足实际，不断充实自己，将老经验置于时代的背景下，完成对老经验的扬弃，才能让"老经验"在"新形势"下熠熠闪光。

点评：

"老马识途"和北大的老教授的"蒙眼识路"都是关于经验的问题，但时代的发展，已经让"老经验"失去了作用，因此，可以从适应时代的发展的角度去立意。

在审题时，采用由果推因的办法就能推出结论来，结果就是"老教授"不能按照经验回家了，这是因为时代发展了，不能按照老经验去办事了。因此，应该从适应社会发展的角度进行审题立意。

然后从"是什么—为什么—怎么办"的思维进行构思，选择议论文结构模式中的一种进行构思，就能很顺利地写下来了。

（5）【2018年上半年综合素质（幼儿园）真题】阅读下面的材料，按要求作文。

近日，某市地铁运营公司发布检修数据，发现95%的自动扶梯右侧梯级链磨损严重。这再次引发了公众对于自动扶梯"右立左行"规则的反思。

有人认为：安全重于效率，为了安全应该改变"右立左行"的规则。

有人认为：在效率至上的时代，高效就是一切。磨损严重就要加强检修，别把问题甩给大众。

有人认为：没有哪一法律允许在高速路拥挤时，废除应急车道来提高效率。规则的存在是有道理的。

综合上述材料所引发的联想和感悟，写一篇论说文。

要求：

用规范的现代汉语写作；角度自选，立意自定，标题自拟；字数不少于800字。

【参考范文】

安全是社会文明的基础

乘坐电梯时"右立左行"的行为，曾在很长一段时间里被视为"高素质""讲礼仪"的文明行为。但工作人员在对电梯进行例行检修时发现，"右立左行"导致电梯右侧梯级链磨损严重，从而导致电梯存在很大的安全隐患。一部分人认为应该出于安全考虑，改变"右立左行"的规则；也有一部分人认为应该坚持"右立左行"，其安全隐患应由地铁公司"买单"。电梯"右立左行"规则的争议本质上是关于"安全、效率、规则、礼仪"的讨论，可谓见仁见智。我认为在生活中，规则的制定首先要考虑的因素是安全，因为安全是社会文明的基础。

安全是社会文明的基础，是生命意识的显现。从生命的存在上来讲，生命只有一次。诺贝尔曾说："生命，那是自然送给人类去雕琢的宝石。"每个人的生命都是自然赋予你的珍宝，它给予你雕琢、打磨它的权利，之所以把生命称为宝石，也有让人类珍视它的意思。简言之，我们要珍爱生命。确保生命安全，是从事生命活动的重要前提。安全为个人生产和实践活动提供保障。重视个人安全是一种责任态度的体现；重视个人安全是一种生命尊严的表达；重视个人安全是一种生命意识的外显。以安全作为个人发展的基础，将安全意识提升到一种生命意识的高度，确保生命安全，方能进行社会文明建设。

安全是社会文明的基础，是社会进步的要求。从社会发展上来讲，安全这一要求推动了社会文明各个方面的发展。安全技术要靠科学技术的进步、靠文化教育的发展、靠经济基础的建设，即安全技术的提高要靠社会的进步以及人的素质的提高。对安全的重视成就了文明程度的提高。安全意识越高，文明程度越高，生产、生活水平越好；反之，安全意识越低，文明程度越低，生产、生活水平越低。习近平总书记在十九大报告中指出，"树立安全发展理念，弘扬生命至上、安全第一的思想，健全公共安全体系，完善安全生产责任制，坚决遏制重特大安全事故，提升防灾减灾救灾能力"。这表明，安全是社会文明的基础，更是社会进步的要求。时时讲安全、处处为安全、人人想安全，方能促进社会更好地发展。

安全是社会文明的基础，是文化先进性的体现。"重视安全，尊重生命"是社会文明的题中之义，是先进文化的体现。对于个人而言，漠视安全会导致生命尊严的丧失；对于企业而言，漠视安全会造成发展的停滞；对于国家而言，漠视安全会阻碍文化的建设。文化是一个社会、一个国家、一个民族、一个时代普遍认同并追求的价值观和行为准则。一块安全标识牌、一种安全责任制度、一条安全法律规则等无不是在文化建设中强调安全这一根本。重视生命安全方能促进文化的高度发展。

安全是社会文明的基础，只有时时关注安全，事事为了安全，并持之以恒、常抓不懈，才能强化生命意识、促进社会发展、建设先进文化，从而促进社会文明的发展。

点评：

这篇文章的立意较好，方向明确。先对材料进行整合，并将生命安全置于效率之上，体现了对生命的尊重和珍视。紧密结合时代热点，与国家倡导的价值相一致，点题，然后表述自己的观点，接下来分论点清晰，采用了"总—分—总"式展开论述，结合时政热点，强调论点，从生命意识到社会进步，到文化先进性再到文明的基础，最后总结论点回到题目。

（6）【2017年下半年综合素质（幼儿园）真题】阅读下面的材料，根据要求作文。

20世纪30年代，梅兰芳先生初到上海，虽然他唱功绝佳，誉满京华，但要在大上海一下子出名也难。当时想在报纸上登广告，但广告怎么写，才能引起人们的注意呢？经过一番筹划，戏班子决定在报纸上只印3个字——梅兰芳。当时上海的市民并不知道梅兰芳是谁，因为好奇，都在互相打听，连登了一周之后，报纸上登出了一个详细的广告："梅兰芳京剧名旦，今晚在上海茶戏园登台献艺。欢迎观看。"就这样，先生在上海一唱走红。

综合上述材料所引发的思考和感悟，写一篇论说文。

要求：

用规范的现代汉语写作；角度自选，立意自定，标题自拟；不少于800字。

【参考范文】

创新塑造未来

著名的喜剧演员卓别林曾经说过："对于一个艺术家来说，如果能够打破常规，完全自由进行创作，其成绩往往会是惊人的。"宣传亦是如此，梅兰芳初到上海并不为人所知，但他在宣传方面可以做到别出心裁，成功地起到了宣传的作用。

不仅在艺术领域，在日常生活、科学技术、民族振兴方面，创新也同样重要。因此，要想"水击三千里"，就必须学会革故鼎新，摒弃本本主义，突破自我，勇于创新。

创新是丰富生活的手段。如果没有创新，世界上第一盏电灯就不能诞生，我们还要在煤油灯暗淡的光下生活一辈子；如果没有创新，第一架飞机就不能出现，人们要经过几个月乃至几十年的工夫历经艰辛、长途跋涉才能到达目的地；如果没有创新，社会便不会如此现代化，人们之间的联系也不会如此紧密。

创新是科学技术进步的阶梯。伽利略打破传统宗教以地球为宇宙中心的理念，促进了科学进步，从而万古流芳。比尔·盖茨放弃哈佛学位，致力于当时并不吃香的电脑行业，成为世界首富。因为创新，电灯取代了蜡烛，楼房取代了平房，空调取代了风扇。因为创新，科技日益进步。

创新是民族振兴的动力。发展中国家为何落后？因为它们守旧。发达国家为何发达？因为它们敢于创新，善于创新。在科学技术日新月异的今天，世界上各个国家都在争相创新。不创新就会落伍，不创新就会滞后。我国的现实状况要求我们要想求生存，要想使我们的国家屹立于世界民族之林，就更要加快创新的脚步，要使创新落实到社会每个行业、遍布每个角落。教育要创新，改革要创新，科技要创新。我们应当大胆实践，勇于探索，克服前进道路上的种种困难和挫折，向创新这个方向迈进。

伟大的剧作家莎士比亚曾说过："美是生活，美是创新。"这一至理名言告诉我们，我们应该用自己勤劳的双手去创造、去装饰我们的生活。古之人尚知创造，我们又哪里能抛弃创造、抛弃创新呢？古语云："穷则变，变则通，通则达。"此乃创新的真正要义，所以，我们要毫不犹豫地选择创新，拥有善于发现创新的眼光，敢于创新的勇气，这样才能迎接未来、塑造未来、拥有未来！

点评：

材料中的梅兰芳打破常规思维，标新立异，取得良好效果，所以文章立意应该围绕"创新"来展开，角度要围绕立意来写，这篇作文分为5段，用"总—分—分—分—总"式来写，总体是统领性的内容，引用名人名言，引出创新的立意，点明主旨。

接下来分3段从不同角度和维度论证观点，分别从创新对生活、科学进步、民族振兴的影响来论述。最后一段总结，首尾呼应，升华情感，扣住题目，最后一句不仅扣题，而且用了一个总括句扣住了题目"创新塑造未来"。

（7）【2017年上半年综合素质（幼儿园）真题】阅读下面的材料，根据要求作文。

一个小女孩的玩具车碰倒了一位老人，老人坐在地上与孩子家长理论，有人录下现场视频即传至网上，不少人认为是碰瓷。老人被送医院检查后，确诊桡骨骨折。事实是，老人并非碰瓷，还婉拒了女孩家人更多的赔偿和照顾。

综合上述材料所引发的思考和感悟，写一篇论说文。

要求：

用规范的现代汉语写作；角度自选，立意自定，标题自拟；不少于800字。

【参考范文】

请带着信任上路

老人被确诊骨折，可最终也未曾向孩子家长再多索求半分。然而，回顾整个事件，为什么彼时老人被碰倒，孩子家长非但不送老人去医院，反而怀疑老人并与其理论。为什么之后此事传到网上，不少网友非但不同情老人，反而武断地认定老人实为碰瓷？事件虽小，其所反映的社会问题——人与人之间已经出现了信任危机却大。而要解决这一问题，身为社会人的我们，不妨带着信任上路，大步前行。

带着信任上路，人情将更加温暖，社会将更加安定，世界也将更加和谐。

苏联教育家马卡连柯在《教育诗》中描述，他曾请一位有过盗窃行为记录的学生去较远的地方取一大笔钱，而马卡连柯的这份信任给了学生莫大的感动与鼓舞。最终学生不仅忠实地完成了这一任务，由此也成长为一个非常值得信赖的人。正是这份充满热度的信任，使得曾遭受过无数偏见的冰封之心，重新变得坚定而热忱。

带着信任上路，信任的热度温暖人心，拉近社会人情；信任的厚度则稳固人心，扎实社会根基。

纵观古今中外，不乏得民"信"而后实现伟大宏图的人，春秋战国时期的商鞅便是一例。商鞅立木为信，按照之前的约定重赏移木者，这使得百姓信任政府、人心稳固的同时，变法措施也得以迅速推行，直接加速了秦国的强大进而一统六国的进程。试想，倘若商鞅不先立信，百姓不先"信"人，商鞅又怎能推行变法，又怎会名垂青史呢？彼时秦国又如何能人心齐聚、社会安定，为以后的发展奠定坚实基础呢？

反观老人被碰倒摔骨折事件，孩子家长与部分网友的反应，全程与"信任"二字无关。倘若当时孩子家长能与老人少些无谓的争执，部分网友能对老人多些信任与贴心的关怀，齐心合力地迅速将老人送至医院，这又将是怎样一种和谐的社会景象啊！

带上信任上路，温暖、安定、和谐必将与我们比肩而行；卸下信任上路，冷漠、浮躁、矛盾亦必会与我们如影随形。老人受伤倒地，管还是不管？在传统道德的观念里，原本不应是一个问题。然而，在当今社会，受个别案件的负面影响，我们的社会却正经历着信任危机。这种信任危机疏远了人与人之间的关系，使人心变得躁动不安，将一些可以"化小"的问题加倍放大，直接影响了社会的安定与和谐发展。

身为社会一员，我们不妨重新将信任收纳于心，用信任的温暖与光芒，驱散信任危机给人与人、人与社会之间带来的阴霾，迎着精彩的世界，大步前行！

点评：

这道作文题的写作文体是论说文，论说文是议论文的一种特殊形式，是要对相关题材进行论说的一种文体，写作形式比较开放。这个题目的作文属于"任务驱动型"作文，这类作文在考场上迅速成文往往采用"六步成文法"，即"引、点、析、议、联、结"法。首先，简单引述材料，引出问题。其次，选准角度，导出论点，进而结合案例进行分析和议论，然后将信任危机联系到人际关系和社会安危，最后一步论证总结。

（8）【2016年下半年综合素质（幼儿园）真题】阅读下面材料，按要求作文。

妈妈问孩子：“棉被放在床上一直是冰冷的，可是人一躺进去就变得暖和了，你说是棉被把人暖热了，还是人把棉被暖热了？”孩子一听笑了：“妈妈你真糊涂呀，棉被怎么可能把人暖热了，是人把棉被暖热了。”妈妈又问：“既然棉被给不了我们温暖，反而要靠我们去暖它，那么我们还盖棉被做什么？”孩子想了想说：“虽然棉被给不了我们温暖，却可以保存我们的温暖，让我们在被窝里睡得舒服呀！”

综合上述材料所引发的思考和感悟，写一篇议论文。

要求：

用规范的现代汉语写作，角度自选，立意自定，标题自拟；不少于800字。

【参考范文】

给予学生温暖，收获温暖的教育

在妈妈和孩子充满温情的对话中，说明了一个朴实和深刻的道理——温暖别人的火，最终会温暖自己。对待棉被，我们用自己的体温去温暖它，最终棉被保存了我们的温暖，让我们收获了持久的温暖。对待他人，我们应该用我们的真心和真情去温暖他人，最终也将获得别人的温暖，收获生活的幸福和快乐。在教育教学过程中，更要学会用真心去对待学生，用真情去帮助学生。

“养鱼重在养水，养花重在养土，教育重在温暖人心。”在与学生朝夕相处的过程中，教师只有不断让学生感受到学习的温暖，感受到生活的温暖，体悟到人性的温暖，才能体会到学习和生活的乐趣，认识到人性的光辉，做一个健康向上的人。相反，如果冷漠地对待自己的学生，必定造成学生对老师敬而远之，老师将不能真正了解每一个学生身心发展的情况，不能及时发现学生学习和生活上的困难，不能有效帮助学生形成良好的行为习惯。这样的教育显然不是我们所希望看到的。于是有人便说：冷漠是当代教育的最大敌人。

给予学生温暖，以农夫的心态去做教师，无论风霜雨雪，都要去田间地头认真看看庄稼。认真观察每一株苗子的生长情况，有没有缺少什么营养，有没有出现什么病虫，有没有什么新的生长。当学生犯错的时候，多鼓励他们，帮助他们改正错误；当学生取得进步的时候，由衷地赞美他们，和他们一起分享快乐；当学生生活上遭遇困难的时候，及时地帮助他们，解决他们的所需。总之，始终用积极的状态和饱满的情感去感染他们，让学生的心灵充满温暖和阳光。如此，我们便可以真正走进学生的心灵，真正做到帮助学生成长。学生在收获一个又一个进步，感到一个又一个快乐的时候，一定会在老师生病不在的时候，温暖地给老师打个电话：“老师，我们想你，你好些了吗？”

声音柔和了，更容易渗透到辽远的空间；目光柔和了，更容易卷起心灵的窗纱；面庞柔和了，就更能传达温暖的诚意。诚然，社会的发展必然滋生功利主义，教育也难免不受到影响。作为一名教师，一定要坚守最纯粹的教育，用自己的言行温暖学生的心灵，让学生在心中收获温暖。这种温暖，在坚守中，在陪伴中，在鼓励中……

点评：

材料中妈妈和孩子温情的对话中蕴含了深刻的哲理——棉被虽然是冷的，但是人在暖热棉被的同时，棉被也在帮助我们保存温暖。首先，我们可以用关键词分析法，去分析立意。将棉被与人的关系延伸到教育中，在教师资格证考试中，确定立意时最好站在教师的身份和角度。在教育教学过程中，教师给予学生温暖，也会收获温暖的教育。作文采用了"总—分—总"的模式，开头亮明观点，温暖别人的火，最终会温暖自己，在教育教学的情境中，去立意书写。中间论述，进行分论点的介绍，提出教育重在温暖人心，并进行正反论证的方式。最后总结论证，可以选择符合主题的名言警句，采取引用式的结尾方式进行全文的总结。

（9）【2016 年上半年综合素质（幼儿园）真题】阅读下面材料，根据要求作文。

常言道："上山容易，下山难。"这句话是说：上山虽然费力，但不容易发生危险。下山虽然省力，但容易失足跌下山。其实，这句简单的话语蕴含着丰富的人生哲理。

要求：

用规范的现代汉语写作；自定立意，自拟题目，自选文体；不少于 800 字。

【参考范文】

居安思危与时俱进

教师是一个相对稳定的职业，但是正由于其具有稳定性，在一些地区，很多人将它当作"铁饭碗"，自认有此"一'碗'在手"，就不必再多烦忧，因而逐渐出现了少数教师不再思索进取之路，不再紧抓教育质量，不再对学生负起应有的责任的情况。基于此，2016 年开始全国大部分省、区、市取消了教师资格职业终身制，希望教师体制内能够拥有充沛的源头活水，将个别不符合要求的"死水"教师清除出去。时代在进步，教师也需要与时俱进，因此，新一代的教师必须时刻居安思危，与时俱进。

教师需要居安思危。相对稳定的职业并不意味着不存在危机。各种教育竞争的存在，令人丝毫不敢放松对教育质量的追求。新课程理念的涌现及其在教学活动中的实施，尤其令"老"教师们感受到了职业"危机"。居安思危，意味着教师不能再满足于以往的知识，不能再躺在曾经的"功劳簿"上，而是要不断学习，终身学习。苏联教育家苏霍姆林斯基虽然学识渊博，但仍旧孜孜不倦，坚持研究各国教育理论并运用于教育实践，最终成为世界级教育大家。我国教育名家魏书生，青年时期即获得"全国十大杰出青年"的称号，但他依旧勤勤恳恳，毫不放松，坚持教育方面的学习和研究，最终创造了奇迹般的教育业绩。教师的居安思危，能敦促教师不安于现状，不断学习，终身努力，培养出一代代的优秀人才。

教师需要与时俱进。时代的发展，促使教育理论始终处于不断变化发展的过程之中。孔子顺应时代变化，打破"学在官府"的传统，开创私学，促进了中国文化的发展。夸美纽斯针对社会对大量人才的需求，提出"班级授课制"，超越了中世纪以私人教育为主的贵族教育，满足了工业化时代来临时的教育需求。陶行知联系中国社会的实际，变杜威的教育思想为"生活教育"理论，极大地提高了中国的教育水准。韩愈说："师者，所以传道、受业、解惑也。"而如今，信息时代，知识更新速度越来越快，如果教师还是固守老课本，不注重知识的更新，就很难解答信息时代的诸多问题。也就很难达到"传道、受业、解惑"的教师标准了。

问渠那得清如许，为有源头活水来。作为新时代的教师，我们必须居安思危，不断修炼自我品格。必须与时俱进，不断更新教育观念。只有这样，我们才能督促自己逐渐成长为一个专业知识水平不断提升的老师，一个能紧跟时代步伐的老师，一个愈加受学生欢迎的老师，真正实现自我价值。

点评：

本文能联系社会实际，紧密围绕教书育人的背景，从"教师要坚持不懈地做好本职工作""居安思危""与时俱进"等角度立意，中心切合"教师要居安思危"题意，中心突出，内容充实，情真意切，结构严谨，文体明确，引经据典，能结合教师职业素养，站在教育事业发展的维度书写。然后采用"总—分—总"的结构进行书写，引论部分提出中心论点，本论部分具体论证论点，结论部分总结全文。

（10）【2015年下半年综合素质（幼儿园）真题】阅读下面材料，根据要求作文。

著名教育家张伯苓十分注意对学生进行文明礼貌教育，并且身体力行，为人师表。一次，他发现有个学生手指被香烟熏黄了，便严肃地劝告那个学生："烟对身体有害，要戒掉它。"没想到那个学生有点不服气，俏皮地说："那您吸烟就对身体没有害处吗？"张伯苓面对学生的责难，歉意地笑了笑，立即叫工友将自己所有的烟取来，当众销毁，还打断了自己用了多年的心爱的烟袋杆，诚恳地说："从此以后，我与诸同学共同戒烟。"果然，打那以后，他再也不吸烟了。

要求：

请用规范的现代汉语写作；自定立意，自拟题目，自选文体；不少于800字。

【参考范文】

教书育人，以身立教

常言道：教书育人，为人师表，当言传身教。言传，即通过语言来教育学生，引导学生明白事理；身教，即以行为举止来影响学生，引导学生用榜样的力量来约束自己。材料中，张伯苓先生为了教育学生戒烟，除了以言晓之，还以身作则，毅然决定"与诸同学共同戒烟"，其教书育人的认真态度与以身立教的职业素养，当是我们新一代教育工作者用心学习的。

以身立教是为人师表的准则。古时有语云："学高为师，身正为范。"今日有言曰："学为人师，行为世范。"不论是"身正为范"，还是"行为世范"，其强调的都是教师以身立教于学生、于教育的重要性。教师要为人师表，必须做到正己之身。俄罗斯著名教育学家乌申斯基曾说："教师个人的范例，对于青年人的心灵，是任何东西都不可能代替的最有用的阳光。"我国教育家陶行知先生也曾提出："要学生做的事，教职员躬亲共做；要学生学的知识，教职员躬亲共学；要学生守的规则，教职员躬亲共守。"在我们的实际教学中，教师的一言一行都被学生看在眼里，记在心里，并且学生的模仿能力强，教师的一切言行都会成为学生模仿的内容。从这方面来说，教师的身教重于言传，学生会在教师无声的"身教"里感受到教师心灵的呼唤，从而改变人生的轨迹。

以身立教是构筑榜样的力量。孔子周游列国，"厄于陈蔡之间"，而"弦歌不辍"，以自身行为向弟子们示范了如何在艰难困苦之中，不怨不怒，沉着冷静，充满信心。孔子成为"万世师表"，不仅仅是因为他学识渊博，更是因为他树立了教师以身立教的传统。北宋著名教育家胡瑗在苏州、湖州执教的20年间，注意言传身教，并规定师生之间的礼节，自己常常"以身先之"，其弟子"皆循循雅饬""衣冠容止，往往相类"，外人一看就知道是胡瑗的弟子。而张伯苓同样以身立教，戒掉多年的烟瘾，让学生明白良好生活习惯的重要性以及教师"行为世范"的力量。教师只有以身立教，才能让学生以之为榜样，人人以"行为世范"为目标，展现出教育的力量与魅力。

俗话说："喊破嗓子不如做出样子。"著名教育家加里宁也说过："教师的世界、他的品行、他的生活、他对每一现象的态度，都这样或那样地影响着学生。"教师是学生成长的引路人，教师教育学生，仅靠口头上的说教是不够的，还需要以为人师表的身教来感化和熏陶学生。让我们以身立教，共同开创教育的新时代。

点评：

本题自定立意，自拟题目，自选文体。首先分析材料，确定立意。材料中是一个教育类的故事，通过分析可以得出教书育人、言传身教、以身作则等立意。拟题简明易懂，突出主题。采用议论文文体，确定结构，引用名人素材，用事例来论证分论点，补充道理论证，最后总结论证。

（11）【2015年上半年综合素质（幼儿园）真题】阅读下面材料，根据要求作文。

当下，流行着这样一种观点：能力很重要，但有一样东西比能力更重要，那就是人品。人品，是一个人真正的最高"学历"。

要求：请用规范的现代汉语写作；自定立意，自拟题目，自选文体；不少于800字。

【参考范文】

人品教育是最好的教育

人品，是人能力施展的基础，是当今社会稀缺而珍贵的品质标签。人品和能力，如同左手和右手，单有能力，没有人品，人将残缺不全。能力是一把双刃剑：如果掌握在品德高尚的人手中，它将会给社会创出无数的价值；相反，如果掌握在品德低下的人手中，它将有可能成为组织与社会前进的羁绊。因此，为人师表，重视对学生的品格塑造格外重要。

人品是最高的"学历"，品德是一个人的灵魂。对教育而言，培养出的学生有德有才是正品，有德无才是次品，无德无才是废品，有才无德是危险品。当今，由清华女学生朱令被投毒案，再到复旦研究生黄洋被投毒案……追根溯源，这几起校园案件的"凶手"都是病态人格。这些学生无一不是成绩非常优秀，却"不明真相"地去谋害另一位非常优秀的同学。年轻的生命却因为另一颗年轻黑暗的心，终止于他最灿烂之时。人们不禁追问：究竟是什么样的"深仇大恨"、怎样扭曲的心态，才会令一个所谓的优等生做出对室友投毒之举？

究其原因，是当前的学校教育一味注重功利性、技能性知识的大剂量灌输，忽视人文教育的做法所致。当前教育的理念，分数是衡量孩子的唯一指挥棒，除了关注孩子的学习成绩之外，教师忽略了德育，少而又少的思想品德课经常被"主课"老师占用。由于片面追求升学率的影响，重智轻德，一些升学无望的学生，产生了自暴自弃、破罐子破摔的心理。部分教师教育方法不当，只教书不育人，有的教师不尊重学生人格，对学生讽刺挖苦、体罚或变相体罚，使学生产生逆反心理。所以，导致部分学生有才无德，走上了扭曲之路。

重视对学生的人品教育，教师一方面要重视德育，一方面要以身作则。著名教育家陶行知认为："先生不应该专教书，他的责任是教人做人；学生不应当专读书，他的责任是学习人生之道。"教师要加强对学生的思想品德教育，打破唯分数论，将品格和人性的培养与传授知识放在同样重要的位置，关注孩子的个性和兴趣发展，以培养孩子们完善健康的人格。此外，"其身正，不令而行；其身不正，虽令不从"。教师对学生的影响不是一蹴而就而是润物无声的过程，试问：范跑跑这样的教师，能培养出德才兼备的学生吗？所以，教师要严格规范自己，做好学生品德上的引路人。

一个心智健全、人格高尚的人，对于社会的作用，恐怕是大于那些学富五车却不惜为了自己而损害他人利益的人。人才是德才兼备、对社会贡献较大的有智慧之人，而德与才的统一才是真正的智慧、真正的人才。因此，人品培养是教师的首要任务，人品教育才是最好的教育。

点评：

对材料进行分析，可以看出关键词是"人品"。结合这次考试是教师资格证的考试，所以考生应该首先从教师的角度和立场去确定文章立意。

此文首段，直接表明论点，并从正反两方面进行阐述。为人师表，重视学生的品格塑造格外重要。第二段论证人品是最高"学历"，品德是一个人的灵魂。并从教育方面说明忽视品德教育确实是非常危险的，举出了相关案例展开论证。第三段分析为什么会出现这样的情况，从教育理念、教师教育方法不当来分析出学生品德教育的缺失。第四段提出教师在开展德育教育中，应该怎么样做，并举出了著名教育家陶行知先生的话，教师只有以身作则，才能做学生品德上的引路人。最后进行总结，扣题。

文章采用议论文基本结构式。按照"提出问题，分析问题，解决问题"的模式，围绕中心论点展开分析论证，最后总结全文。

（12）【2014年下半年综合素质（幼儿园）真题】阅读下面材料，根据要求作文。

一位主持人问一名立志做飞行员的小朋友："假如有一天，你驾着飞机飞到太平洋上空时，熄火了，你会怎么办？"小朋友想了想说；"我会先让大家绑好安全带，然后我乘着降落伞跳出去。"有观众问他："你为什么一个人逃生，丢下大家不管？"小孩满含眼泪，显得很委屈。主持人又问："为什么你要这么做？"小孩急切地说："我要去拿燃料，我还要回来！"

要求：用规范的现代汉语写作；自定立意，自拟题目，自选文体；不少于800字。

【参考范文】

做一个善于倾听的教师

教师在教育学生的过程中要善于倾听学生的观点。叶澜教授说："要学会倾听孩子们的每一个问题、每句话语，善于捕捉每一个孩子身上的思维火花。"因为善于倾听，才可以发现学生的闪光点；善于倾听，才能帮助学生解决问题。

善于倾听要有耐心。兰本达说："耐心是一种品德。"著名教育家苏霍姆林斯基看见小女孩摘学校花园里的花的时候，没有立刻训斥她，而是耐心蹲下来听孩子的解释。最后得知摘的花是为了生病的奶奶，并且还会把花还回来，立刻感受到孩子的爱心。孩子虽然年幼，但是有自己的想法。苏霍姆林斯基耐心地听完孩子的话，体会到孩子的孝心，没有立刻制止孩子摘花。这种耐心给予教育极大的帮助，避免不了解情况而伤害学生幼小的心灵。

善于倾听要有同理心。孔子说："己所不欲，勿施于人。"自己不愿意的不要强加给他人。心理学家发现，无论在人际交往中发现什么问题，只要你坚持设身处地、将心比心，尽量了解并重视他人的想法，就比较容易找到解决问题的方法。其实这就是同理心的表现。在倾听中具有同理心，可以更加深入地感受到对方的处境和观点。在教育中具有这一品质，可以更好地了解学生的观点和行为的意义，促进彼此的沟通，实现良好的沟通效果。

善于倾听不能加入自身主观臆断。在教学中，当学生出现这样或者那样的观点时，教师总会主观评论学生的对错。其实学生的做法有学生自己的想法和理由，教师在倾听的过程中要少些自身的主观判断。题目中的小朋友本来要去拿燃料救飞机上剩下的人，但却被大人误认为自己先逃跑，因而十分委屈。别人的误解会让学生蒙上心灵的阴影，所以在倾听过程中要准确理解学生的本来意思。

古诗曰："风流不在谈锋健，袖手无言味正长。"倾听本身是一种教育，即使你没给学生什么指点或帮助，但有了倾听，便在心灵上给予了学生十分丰厚的精神馈赠。所以作为一名教师，只有多倾听学生对话，多倾听学生的表白，倾听学生的坦然吐纳，倾听他们的心声，才能真正走进学生的心灵，解读孩子的所思所想所为，成为孩子的良师益友。

点评：

首先进行审题并确定立意。联系到教育，那么中心论点是"做一个善于倾听的老师"，那么"善于倾听"到底应该怎样做呢？首先，"善于倾听要有耐心"，也就是在与学生的沟通过程中，要给孩子表达和发言的机会。其次，"善于倾听要有同理心"，深入地感受到对方的处境和观点，可以更好地了解学生的观点和行为的意义，实现良好的沟通效果。最后，"善于倾听不能加入自身主观臆断"，误解会让学生蒙上心灵的阴影，倾听过程中要准确理解学生的本来意思。这3个层面层层递进，来告诉我们怎样进行倾听。

当然，只要提出的解决方法具有实际的功效和一定的逻辑性，能够让人们感觉确实能解决问题就可以。

（13）【2014年上半年综合素质（幼儿园）真题】阅读下面材料，根据要求作文。

博览群书总还是要的，读书人喜欢说"腹有诗书气自华"，但仔细想想，在人身上真正起作用的，一定是真正读懂、读通、读化了的那几部书。

要求：用规范的现代汉语写作；自定立意，自拟题目，自选文本；不少于800字。

【参考范文】

注重阅读方法　增加知识储备

高尔基说："书籍是青年人不可分离的生命伴侣和导师。"读书是和高尚的人在交谈。人需要博览群书，但是真正在人身上起作用的，一定是真正读懂、读通、读化的那几部书。对一个教师而言，更需要好读书、读好书，在掌握阅读方法基础上，不断增加知识储备。

教师需养成良好的读书习惯。阅读书籍并不是多多益善，因为过多的阅读反而抓不住重点，教师需要明确自己阅读的重点和掌握一定的方法。毛泽东在读书的时候非常反对只图快而不讲效果的读书方法。对于一些文集，他都仔细钻研，反复诵读。这种读书方法也可以指导教师日常的阅读，在书籍中抓重点，努力吸收取其精华。如果一味地贪多、贪快，不要说能够全部吸收，可能连读得懂和读得通都难以达到。

教师需增加知识储备，丰富阅读内容。一直以来人们头脑中都有误区，认为语文老师只需要仔细研读语文书本，物理老师只需要关注物理教科书，生物老师只需要专注生物教材。殊不知不同学科的老师跨学科阅读，增长不同学科的学科知识，可以更好地增加授课内容。如果各个学科老师的专业知识过于单一，不仅造成思维局限，而且授课内容过于单一，不利于学生发散性思维的培养。

教师需将书本知识转化为教学实践。如果书本的知识没有经过实践，它永远是教条的、死板的、没有生气的。亚克敦一生读书多达7万卷，但却一篇像样的文章都没有问世。一位学者这样评价："就像沙漠吸收流水，虽然喝了一江春水，最后却连一泓清泉也没有喷涌到地面上。"对于一名教师而言，这样的做法极不可取，书本的知识永远是刻板的，如何将书本刻板的知识转换为对现实行动的指导，是教师需要认真思考的问题。否则，教导出的学生永远不会有创新。

一名优秀的教师需要养成良好的读书习惯，需要增加知识储备，丰富阅读内容，需要将书本知识转化为教学实践。只有不断增加阅读数量，才可以不断提高自身理论素养，只有不断增加阅读质量，才可以真正做到学高为师；只有将阅读知识转化为实践，才可以为学生树立真正的榜样。

点评：

作为一名教师，为什么要好读书、读好书，此文从3个方面来论证。首先，教师要养成良好的读书习惯，明确阅读的重点和掌握阅读的方法，不能贪多、贪快，要精读、细读。其次，增加知识储备，丰富阅读内容。最后，将理论知识转化为教学实践。3个方面，层层递进，从养成良好阅读习惯到增加知识储备，最后作用于实践，改进教学。

【练一练】

阅读下面的材料，按要求作文。

（1）田野里、山坡上、道路旁、花园中，我们经常能够看到一朵朵鲜艳的花，不管脚下的土地是否肥沃，也不管是否有人停下来观赏，它们总是那么自信、那么骄傲地悄然绽放。其实，身为教师，从这些绽放的花儿身上，我们能得到很多生活的启迪。

综合上述材料所引发的思考和感悟，写一篇不少于800字的论说文。

要求：用规范的现代汉语写作；角度自选，立意自定，标题自拟。

（2）叶圣陶先生曾言："千教万教，教人求真；千学万学，学做真人。"教师的职责是教学生"求真"，但又不仅限于此；更为重要的是让学生形成良好的道德品质，学会做"真人"，教师良好的道德品质与职业操守在学生这一"学做真人"的过程中扮演着极为重要的角色。

根据材料所引发的思考和感悟，写一篇不少于800字的论说文。

要求：用规范的现代汉语写作；角度自选，立意自定，标题自拟。

（3）当教师把每一个学生都理解为一个具有个人特点的，具有自己的志向、自己的智慧和性格结构的人的时候，这样的理解才能有助于教师去热爱儿童和尊重儿童。从我手里经过的学生成千上万，奇怪的是，留给我印象最深刻的并不是无可挑剔的模范生，而是别具特点、与众不同的孩子。——苏霍姆林斯基

根据材料所引发的思考和感悟，写一篇不少于800字的论说文。

要求：用规范的现代汉语写作；角度自选，立意自定，标题自拟。

（4）电影《邮差》里，寂寞小岛上的邮差，在他的诗人朋友离去后，以朝圣的姿态，跑遍整个岛屿，在海岸线，在星空下，在悬崖边，在渔港……录下了种种声音，那是整个影片中最触动人心的部分：海湾轻轻的海浪声，掠过悬崖滑过灌木丛的瑟瑟风声，忧愁的渔网声，还有孩子的心跳声。

根据材料所引发的思考和感悟，写一篇论说文。

要求：用规范的现代汉语写作；角度自选，立意自定，标题自拟。

（5）古代有位禅师，一日看见墙角边有一张椅子，想是哪位出家人违犯寺规越出墙去溜达了。老禅师也不声张，走到墙边，移开椅子，就地而蹲。少顷，果真有一和尚翻墙而入，黑暗中踩着老禅师的脊背跳进了院子。当他发觉刚才踏的不是椅子，而是自己的师父时，惊慌失措，张口结舌。但师父并没有严厉地责备他，只是以平静的语调说："夜深天凉，快去多加一件衣服。"

根据上述材料，从教育角度立意，写一篇不少于800字的文章。

要求：用规范的现代汉语写作；角度自选，立意自定，标题自拟。

（6）法国人文主义作家蒙田说："我们的生命，像世界的协奏曲，由各种各样的声调组成，美妙的和刺耳的，尖锐的和平展的，活泼的和庄严的。"在漫长的人生旅程中，人的生命如同奏出的乐曲，有高潮也有低谷，有高音也有低音，然而人生的意义就在于把生命的低音推向高潮。

根据材料所引发的思考和感悟，写一篇论说文。

要求：用规范的现代汉语写作；角度自选，立意自定，标题自拟。

（7）美国心理学家罗森塔尔和助手们来到一所小学，罗森塔尔以赞许的口吻将一份"最有发展前途者"的名单交给了校长和相关老师，并叮嘱他们务必要保密，以免影响实验的正确性。8个月后，罗森塔尔和助手们对那名单中的学生进行复试，结果奇迹出现了：凡是上了名单的学生个个成绩有了较大的进步，且性格活泼开朗，自信心强，求知欲旺盛，更乐于和别人打交道。

根据材料所引发的思考和感悟，写一篇论说文。

要求：用规范的现代汉语写作；角度自选，立意自定，标题自拟。

（8）著名的教育家夏丏尊说过："教育没有情感，没有爱，如同池塘没有水一样。没有水，就不能称其为池塘；没有情感，没有爱，也就没有教育。"在教学实际中，教师对优生的感情几乎是不需要培养的，因为他们有较强的知识接受能力，学习成绩优异，各方面的工作能力突出，可以成为老师的助手。但是那些不守纪律，成绩"拖后腿"，上课不认真，总不交作业的学生，老师"爱"起来，就有些困难。

根据材料所引发的思考和感悟，写一篇论说文。

要求：用规范的现代汉语写作；角度自选，立意自定，标题自拟。

（9）电视里的一个谈话节目，主持人谈及一个幽默。他说联合国某组织在全国各大洲的儿童中搞了一个调查——"请谈一谈对其他国家粮食短缺问题的独特看法。"结果是各大洲的儿童居然都因为无法理解这个问题而不能回答。欧洲的孩子不能回答是因为不知道什么是"短缺"，非洲的孩子不能回答是因为不知道什么叫"粮食"，美国的孩子不能回答是因为不知道什么叫"其他国家"，而中国孩子不能回答是因为不知道什么叫"独特看法"……主持人话落，满座笑起。

根据材料所引发的思考和感悟，写一篇论说文。

要求：用规范的现代汉语写作；角度自选，立意自定，标题自拟。

（10）教师是知识的传播者和创造者，要想给学生一杯水，自己必须先有一桶水。但是，面对日新月异的变化，一些教学经验丰富的老师也许对现代的多媒体、远程教学的方式感到陌生，学生接受信息的途径变得多样化，有时候提出的问题让教师无所适从……这种种现象都表明，教师的"一桶水"已经不能满足教学的需要了。这就要求教师要有"长流水"，不断更新和活化自身的知识，变成一桶活水。这就需要教师不断学习和成长。终身学习是教师成长过程中的新命题。

请围绕教师终身学习这一主题，写一篇文章。

要求：用规范的现代汉语写作；角度自选，立意自定，标题自拟。

知识链接

材料作文要求从材料中提取作文的中心，文章的主题来自材料，很容易造成审题不准，导致偏题，甚至跑题。下面，介绍一些材料作文的审题方法。

一、提炼中心法

这是写材料作文最为常见且最为稳妥的审题立意方法。写材料作文时，如果能准确地提炼出材料的中心，并以其作为文章的主旨，一定会使所写文章既切题又有深度。所以，写材料作文时应尽量采用这种方法来立意。

二、抓关键句法

关键句常常有暗示材料中心的作用。所以，有些材料作文的材料中的关键性语句可以作为选择立意角度的突破口。在材料作文的材料中，关键句常常是命题者或材料中的人物的评议性语句。

三、由果溯因法

事物都是互相联系的，比如，有很多事物就是以因果关系的联系形式存在的。写材料作文，审题时如果能由材料中列举的现象或结果推究出造成所列现象或结果的本质原因，往往能找到最佳的立意。

四、由物及人法

写材料作文时，有寓意的材料或叙述"物"的材料，需要学生采用"由物及人"的横向联想法进行立意，即由材料中的物联想到人，进而联想到与材料内容相类似的人生哲理、社会现象等，从而提炼出写作的观点。

五、明确褒贬法

有些材料作文，材料中的语句常常蕴含着命题者的褒贬情感，审题时学生必须充分捕捉这些语言信息，细致体会命题者的感情色彩，这样才能根据命题者的感情倾向确立最佳的立意角度。

六、多向辐射法

有些材料作文的材料比较散，常常会出现许多人和事，好像根本就没有一个明确的中心。对于这样的材料，审题时学生可以采用多向辐射的思维方法围绕材料展开多角度立意。比如，既可以着眼于甲事物立意，又可以着眼于乙事物立意，还可以着眼于甲乙两事物的关系立意；既可以联系事物（对象）的正面立意，还可以联系其侧面和反面立意。

七、舍次求主法

有些材料作文的材料往往会牵涉许多人和事。因此，审题时学生要明确哪些是材料的主要人物或事件，哪些是材料的次要人物或事件，并舍弃次要人物或事件，从主要人物或事件的角度审题立意。

参考答案（部分）

模块一　事务类文体写作

项目1　通　知

【练一练】

通知

亲爱的家长：

　　您好！

　　我园于9月16日晚上7:00—9:00在操场内举办中秋游园晚会，欢迎您和您的孩子一同参加。（注：请在6:30以前入场。）

×××幼儿园
2020年9月11日

项目2　启　事

【练一练】

广播站招聘启事

　　广播站是同学们发挥口才特长的理想部门，也是同学们为学校服务的重要机构。现招聘普通话播音员9名。

　　要求：普通话流畅，操行优良，有合作精神，愿为学校做贡献。

　　需要面试。

　　请有意加入广播站的同学准备1分钟的诗歌或故事朗诵（脱稿），于9月7日下午4:30到学校团委办公室集中面试。

学校广播站
2020年9月4日

项目3　计　划

【练一练】

　　这份暑假工作计划没有写"开端部分"，而是把暑假单列一项。如果把"暑假"放在开端部分讲，下边第一项应当是"假期规定"，即分别说明该园对不同人员的假期规定。第二项应是关于假期加班的安排。因此第三项应当是暑假要求，凡是暑假中应当怎样做的都要分别写在这一项里面，包括对值班、加班人员的要求。总之，此文如果分开头部分、假期时间规定、值班和加班的安排、几点要求等几项来写，内容就明确了，结构也就完整了。

项目4 总 结

【练一练】

这份总结有几个明显的缺点。一是经验不突出；二是议论少；三是比较像记流水账。修改时注意使用客观的叙述，少用描写和抒情。

项目5 评 语

【练一练】

1. 提示：此评语态度过于生硬，违背了写评语的要求。详细列出了王××的不足之处，过分指出其缺点，缺少发现闪光点，不仅影响幼儿及家长的情绪，而且可能会引起他们的反感，达不到鼓励教育的作用。

2. 略。

项目6 家园联系册

【练一练】

亲爱的小洁妈妈：

近来，小洁与同伴间的交流还是比较多的。录像中，小洁的表现不是不合群，而是她对摄像机感兴趣。在后来的角色游戏中，她还用废旧材料拼搭了一架摄像机，给其他小朋友"拍录像"呢。老师绝对不会忽略任何一个孩子，尤其像小洁这样比较敏感的孩子。

对小洁来说，她与同伴交往缺少的是语言表达能力。在老师的引导下，小洁正在进步中，我们都不宜操之过急，要多给她一些时间，让她多多练习。在幼儿园里，小洁与老师和同伴沟通的机会挺多的，由于她正处在小班年龄段，"自我为中心"的特点还比较明显，所以，我们会鼓励小洁在角色游戏中多与同伴一起交流。请家长放心，我们一定会努力帮助小洁克服这个困难的。

小洁的老师
20××年11月1日

项目8 请 假 条

【练一练】

提示：可以从以下方面考虑：一是请假条要写清楚请假的原因；二是要写明请假的起止时间。

项目9 申 请 书

【练一练】

转专业申请

尊敬的学校领导：

本人王莹，现就读于我校文秘专业一年级（1）班，自幼喜爱与幼儿打交道，进入本校学习后，看到幼教专业学生的学习情况，深感那才是我向往的专业。所以，现申请转到幼教专业一年级。

请领导和老师慎重考虑我的请求，允许我向自己梦想的道路发展。如能批准我的申请，将万分感谢。

　　此致

敬礼

申请人：文一（1）班王莹

2020 年 9 月 23 日

模块二　礼仪类文体写作

项目 11　邀　请　信

【练一练】

1.

××幼儿园第一届趣味双语运动会邀请函

　　我园将在 11 月 20 日星期天上午 9:00 举办第一届趣味双语运动会,如不下雨将如期举行,要是下雨将推迟到下个星期天。欢迎各位家长能将宝宝带来参加我园的活动。您和您的宝宝都可以参加。幼儿园为小朋友准备了精美的奖品。

××幼儿园全体师生敬邀

2020 年 11 月 10 日

2.

邀请函

尊敬的家长朋友们：

　　您好！快乐的"六一"国际儿童节即将来临，让我们共同走进孩子们的世界，和孩子一起尽情欢呼跳跃吧！××幼儿园诚挚邀请您和孩子于 2020 年 6 月 1 日（星期四）上午 9：00—11：00 来参加我们的"家园同乐"亲子游园会。相信一定会给您带来惊喜, 敬请准时参加！

　　附注：

　　（1）开幕式演出（下雨取消）；

　　（2）庆"六一"家园同乐亲子游园活动；

　　（3）请为宝宝穿上黄色园服及便于运动的鞋子（天气热，可戴帽子）；

　　（4）请执活动表到各活动点参加活动，每参加完一个活动由该活动负责教师盖章；

　　（5）参加完所有活动后，执活动单到园长办公室领取"六一"礼物；

　　（6）因活动当天老师要准备活动，所以幼儿园不派车接送，并请幼儿在家吃完早餐来园，不便之处敬请谅解；

　　（7）6 月 1 日下午放假半天。

××幼儿园全体师生敬邀

2020 年 5 月 25 日

3.

　　（1）C

　　（2）"拜访"改为"光临"

（3）示例：家长您好，学校1月18日下午13:30分举行家长开放周活动，地点在我们班教室。记得不要开车，要乘公共交通工具来学校，要带好邀请函，否则进不了学校，我明天会把邀请函带给您。辛苦您了！

项目12 感 谢 信

【练一练】

感谢信

戴君家长：

　　您好！

　　上周六（10月26日）我们幼儿园组织了一次别开生面的秋游活动，带领小朋友参观了长隆野生动物世界。在活动中，您为我们提供了相机，给孩子们拍了许多漂亮的照片。在活动结束后，您还为全班每个小朋友冲洗了集体照以作留念。在此我代表幼儿园全体教师及小朋友感谢您对我们工作的支持和配合。

　　此致

敬礼

中二班班主任：刘××

20××年10月29日

项目16 求 职 信

【练一练】

1. 提示：这封求职信结构单一，全文只有一段，个人材料过于简略，没有具体的阐述。信内详细写了个人的计算机能力和干部经历，但缺少个人专业能力的描写。

2. 略。

模块四 教师资格国考写作

项目26 真题范文

【练一练】

参考范文1

绽放

　　春风轻盈，野花绽放，于是有了"黄四娘家花满蹊，千朵万朵压枝低"。夏雨清凉，莲花绽放，于是有了"香远益清，亭亭净植"；秋风萧瑟，菊花绽放，于是有了"龙须虎头芊芊在，花蕊枝头淡淡香"；冬雪凝霜，梅花绽放，于是有了"梅须逊雪三分白，雪却输梅一段香"。

　　每一朵花的绽放点缀了一个季节。亲爱的人民教师，你呢？也许你还在羞羞答答，含苞待放。绽放吧！释放青春的激情。

　　绽放吧！也许只是转瞬即逝。丁香花固然美丽，但花期不长；夜来香虽有扑鼻清香却也是"昙花一现"。但是人们记住了它们的美丽，虽然那种美是一种悲壮与苍凉之美，却在瞬间绽放了永恒。

绽放吧！也许只是默默无闻。也许你只是山间小溪旁的那一朵小野花，但你也要尽情地绽放，因为你的装饰，大地更加美丽，蓝天更加耀眼。也许你会埋怨为什么不能在世人瞩目中盛开，却平淡无奇孤独地绽放。想想梅花吧！"凌寒独自开"！不需要过于温暖与舒适的条件，却于寒冷中带来了阵阵梅香。尽情地绽放吧，风中有了你的气息，虽无人瞧见，也能感受到你的芳香。

绽放吧！要开得炽烈，开得旺盛。生命本身赋予了我们太多的意义，炽烈的生命需要喷发，青春的激情需要绽放。让美丽在那一刻永恒地抒写，让美丽在那一刻永恒地停驻。所有伟大的人物，没有一个不是意气风发、慷慨激昂的。如毛泽东"指点江山，激扬文字……问苍茫大地，谁主沉浮"，李白的"仰天大笑出门去，我辈岂是蓬蒿人……长风破浪会有时，直挂云帆济沧海"。亲爱的人民教师，我们需要张扬，需要绽放。

也许你还要在孤寂中徘徊等待，也许你还在怨天尤人，也许你还在等待群芳争艳。绽放吧，我的朋友，教学的天空任你飞翔，班级的学生需要你的精心教导，激情四射的我们需要在教学梦想飞翔的时刻尽情绽放，去取得属于教师独有的希望。

绽放青春激情，不必再犹豫；绽放青春美丽，不必再徘徊；绽放青春张扬，不必再等待；你就是那枝春色满园内的孤傲的杏花；你就是那枝清纯的荷花；你就是那枝"宁可枝头抱香死"的菊花；你就是那枝"凌寒独自开"的梅花。绽放吧！

一花一世界，一叶一菩提。一朵花的绽放，点亮整个春天，一位教师的绽放，点亮整个明天！

参考范文2

师德潜入教　润生细无声

有人说，师德像是一颗遥示北方的北极星，为暗夜中不辨方向的学生明确了人生的地理位置；有人说，师德像是一盏暖意融融的油灯，给茫然不知归路的学生照亮了回家的道路；也有人说，师德像那个巨大而灿烂的太阳，让度过漫漫长夜的学生感受到爱的温度与希望的光芒。这些比喻都是如此准确地契合着教师这一职业，契合着师德在教学活动中的作用。然而，我仍觉得，师德更像是初春绵绵细细、柔和得像酥油般的新雨，虽柔细，却绵密，更深透，在无声之中让暖意随血液流淌过学生的全身，浸润着学生的心灵，让学生的成长与发展在潜移默化中发生。

师德，首先是热爱学生。学生在老师的眼中，始终是一株需要呵护、施肥、修剪的幼苗。而教师在育苗过程中对这些幼苗的热爱，不仅仅体现于表面上不侮辱、谩骂、歧视、体罚他们，更重要的是要发自内心地去关心他们，能够尊重他们的人格，平等、公正地对待他们，遇到突发事件时能舍身去保护他们。学生在向教师寻求帮助时，教师能够竭尽全力去开导、引导他们，激发并使之保持学习的热情。教师将对学生的爱融入教师教学与学生学习的点滴之中，学生目观耳闻心明身行，必然能在感受到教师这份暖意积极奋发的同时，于无形之中学会尊重他人、关爱他人、帮助他人。

师德，其次是不断提高完善个人素质。教师和学生一样，是不断发展中的人。教师作为学生学习的榜样，更应该在道德素质方面严格要求自己。工作中，兢兢业业，廉洁从教，对于自己负责的事情，绝不推诿；对于自己力所能及的事情，绝不回避；对于能够帮助学生的事情，绝不忽视。生活中，严于律己，宽以待人，为人师表，举止文明，以谦谦风度、文质彬彬对待学生，感染他人，为集体创造和谐的工作氛围与学习环境。教师将个人素质通过点滴小事体现出来，学生目观耳闻心明身行，必然能在良好的学习生活环境中保持积极乐观的心态的同时，于无形之中学到淡然从容的气度、知礼有节的风度与积极向上的态度。

师德，再次是学无止境，终身学习。人，终其一生都无法彻底窥探清楚这个世界，只能无限向这个目标趋近，达到一个一个的阶段目标。教师虽然身为人师，但并非"万知万能"，只有不断更新知识内容，向纵深方向扩展知识储备，努力学习和掌握现代教育技术，谦虚听取学生、同事的意见，认真总结经验与方法，掌握实际的教育规律，才能提高自己的教学水平。教师将通过虚心学习进而达到自身阶段目标的成果，通过教育教学自然展现在课堂之中时，收获的不仅是学生的敬仰与崇拜，学生目观耳闻心明身行，必然能在体会到知识的魅力与学习的重要性的同时，于无形之中调动起学习的积极性，形成良好的学习态度与学习意识。

师德是一场初春细雨，飘飘洒洒，于无声之中浸润至深，于无形之中影响着学生人生观、价值观与世界观的形成，影响着学生道德品质的茂盛生长，影响着学生学习之心的扎根发芽。它使学生不仅仅是一个学习知识的工具，而且得以成长为一个全面发展、有血有肉、有理想有抱负、立志美好未来的"真人"。

参考范文 3

因材施教　方成精英

在知识储备方面，有些人追求横向领域或面积的拓展，虽浅却广，而有些人则更倾向于对某一领域，甚至某一点知识的纵向探究，虽窄然深。针对不同人不同情况而言，这两类人在知识内容的追求上，各有各的好，各有各的用处。譬如，工作以对外交际为主的人，广阔的知识面能为其与他人交际往来增加更多话题，减去不少阻力，促使合作项目更大概率获得成功，久而久之，必然能成为部门主力。而工作以技术研究为主的人，精深的领域研究知识使他们能站在同比更高的基础上去探寻更深层次的专业问题，突破高精尖技术，找到盲点，解决难点，日积月累，亦必是科研精英。只要他们的上级管理者能因材分工，便能塑造出冉冉升起的商业之星与科研之星。

同理，不同的学生拥有不同的才能，教师除了要能主动发掘学生的才能，还应根据学生的才能因材施教，而不是一味地要求全班学生在固定得死死的一条路上"走到黑"，打压学生多元化发展的积极性，进而导致学生原有才能被埋没。要知道，因材施教，方能培育出精英。

我曾读过这样一则寓言故事：鸭子老师开门授课，不教别的，只教他与生俱来最为擅长的游泳课。而不善游泳的小公鸡、小兔与小狗，无论多么认真地按照鸭子老师所说的技巧去学习，都无法学会游泳。最终，小公鸡、小兔什么都没学会，而小狗只悟出了一招"狗刨式"游泳法。看到这里，我们不禁要问：鸭子老师到底错在什么地方呢？可能鸭子老师也很委屈：我已经把我所知道的技巧全盘托出了，他们还学不会，这是因为他们学得不够认真，练习得不够勤奋。但我想说的是，鸭子老师错就错在不懂得因材施教，不知道应该根据学生的生理条件和兴趣爱好展开教学。如果让小公鸡学打鸣，日后他必能一鸣惊人；让小兔学跑步，或许以后他就是长跑冠军；让小狗学护院，之后必然会成长为一名优秀的护院管家。可见因材施教对学生成才是多么的重要！

高中学生时期的我，有幸遇到过这样一位懂得因材施教、合理引导学生培养兴趣爱好的良师。这位班主任老师在班级学生水平参差不齐的情况下，积极了解全班同学的具体情况，课下逐一找他们谈话，共同分析学生各自的兴趣、爱好与优势，与学生一起设定高考目标，做好阶段规划。对于文化课程学习较差的学生，他推荐他们发展兴趣爱好，在尽最大努力学习文化课的基础上，提高特长技能，以特长生的资格参加高考；而对于文化课程学习较好的学生，他则根据学生学习情况以及各科任课教师的意见对学生进行指导。比如，他会鼓励部分英语听力较差的学生多看英语原声电影，并通过每周小组活动自主总结，最后再由他推荐下一周的英语原声电影。班主任所教的我们那一届的学生多元发展，如今散布在世界各地，为各自的理想而奋斗着。有人说，是班主任老师慧眼识珠，但我却认为他是慧眼辨才，并且不放弃任何一个人。他有着自己的耐心、方法与能力去因材施教，因此他所教的学生，大都成长为良材。

因材施教，需要教师有一双善于发现的眼睛；因材施教，需要教师有一个聪慧灵敏的大脑；因材施教，更需要教师有一颗充满爱的心。先发现学生之才，再思发展学生才能之策，最后辅之以仁爱之心，是谓教师的因材施教，做到这一点，学生方成精英。

参考范文 4

倾听孩子的心声

倾听，倾下身，用心听。这是长久以来我对"倾听"这个词的理解。倾听不仅仅说的是听的动作，更强调的是听的态度——谦虚、认真、用心。教师在面对孩子时便应当如此。教师不仅要倾听孩子的心声，更要谦虚、认真、用心地倾听孩子的心声。因为只有用心听了，听明白了，才能做到因材施教，向成为一名合格教师的目标迈进。

然而，并不是所有的孩子都是善于自我表达的小天使。由于生理或心理等多方面的影响，有些孩子不善言谈，不爱与人交流，常常将自己封闭起来，即便是最亲密的家人，都难以走进他的心扉，无法了解他的所知所想、所欲所求，所以就更不要提使他敞开心扉，让他在美丽的阳光下自由生长了。遇到这样的情况，教师所能做的，便是谦虚、认真、用心地倾听。

大人的世界经过岁月的琢磨与世事的雕刻，往往变得精细而自我，常常会以自己的想法去规划孩子的世界。所以他们总会忽略孩子的表达，或是无法真切地听到来自孩子内心深处的声音。但是，有些孩子只是不善于表达，而非拒绝表达。教师的用心倾听便是接近孩子、观察孩子，从孩子表现的细微之处见其心声真意。这种细微之处，可以是孩子看似不经意的眼神，比如其他孩子在玩"过家家"的游戏时他羡慕而又怯怯的目光；可以是孩子看似无意的动作，比如始终轮不到她为芭比娃娃穿新衣时无奈而又留恋的抚摸；可以是孩子看似随意的话语，比如一直沉默不语直到他看到新奇的小木马时小声而又激动的吸气声……

倾听，可以使你听到孩子需要自由的心声。曾经长期的应试教育，将孩子们困在了小小的学习的一方天地，这一小片空间常常将他们局限得喘不过气来。细细倾听他们，你会发现他们渴望外面世界蓝天、碧水、花香、鸟鸣的期盼眼神，发现他们是多么想要飞奔到洒满阳光的草坪上大声歌唱。

倾听，可以使你听到孩子需要鼓励的心声。孩子们在面对一次次失败时情绪的小低落，或是勇敢面对一次次失败或挫折后成功向前踏进一小步的小雀跃，或许并不起眼，但细细倾听他们，你会发现他们期盼他们心中的权威者、崇拜者能够对他们小小地夸奖一番，而不是

"你为什么又做错了……这有什么可高兴的"之类的声声责问。

唯有倾听，教师才能在与学生长久的接触中明白学生的所知所想、所欲所求。也唯有倾听，教师才能在探知学生的心声之后学会因材施教，学着去成为学生学业上的人生导师。用心倾听吧，倾听我们的孩子的心声！

参考范文 5

宽以待生　奏响和谐的乐曲

俗话说："爱之深，责之切。"对于这句话我深表怀疑。所谓金无足赤，人无完人，成人都经常犯错，更何况是身心俱不成熟的孩子？面对孩子所犯的错误，我们是应该声嘶力竭地责骂，还是喋喋不休地数落？我认为都不是，孩子需要的是宽容。教育需要温度，宽容赋予了教育所需的温度，也带给孩子心底的温暖。

宽容是一种教育的智慧。我国著名教育家陶行知先生"四块糖"的故事，恰恰体现了宽容的智慧。面对与别人打架的学生，陶行知先生并未出言责备，而是始终怀抱一颗宽容之心，用一块块甘甜的糖果赞赏学生每一个小小的闪光点，在褒奖与赞扬中凸显出宽容的力量和教育的智慧。孩子是发展中的人，因此，在处理学生问题时，应摒弃"恨铁不成钢"的心理，避免简单粗暴的教育方式，转而采取机智的教育手段，将宽容作为师生之间的润滑剂，只有这样，才能感化学生，取得事半功倍的教育成效。

宽容是化解矛盾的钥匙。对于任何人来讲，做人应该宽容、大度、礼让，大事不糊涂、小事不计较。这是做人做事的美德。同样，作为人民教师，更应该对学生的缺点错误多一分理解、多一分包容。尤其是近年来师生经常会产生一些大大小小的矛盾，甚至有过激的伤害学生的行为，酿成惨剧。其实，随着学生年龄的增长，他们有自己的见解和主张，更有自己的自尊，所以，教师不能把自己的观点强加在学生头上，更不能对他们加以呵斥和责骂，而应该是尝试在沟通和鼓励中以宽容的态度化解矛盾，以构建和谐的师生关系。

宽容也要讲求原则。宽容是一种境界、一种美德，但更要讲求原则。教师应善于宽容学生的过错，用宽容之心感化学生，使其改过。古人云："海纳百川，有容乃大；壁立千仞，无欲则刚。"教师应该有大海一样博大的胸怀。

但是，过度的宽容便是一种纵容，甚至有可能为孩子的成长埋下定时炸弹。比如说，失足少年李××，出身于"红色家庭"，集所有优秀资源于一身，但家庭教育的溺爱，家长、教师的过度宽容使他无法无天，最终致使他触犯法律，遭到法律的制裁，人生最美好的阶段都埋葬在牢笼里。

教师的胸怀应是最博大的，因为心中承载着满满的爱。因为爱，所以宽容，因为宽容，所以博爱。宽容是一种教育的智慧，是化解矛盾的钥匙，但宽容也要讲原则。让我们少一分责备，多一分宽容，用宽容的魅力照亮孩子幼小的心灵，成就他们非凡的人生！

参考范文 6

用爱奏响生命之歌

伟大的教育家苏霍姆林斯基说过："在每个孩子心中最隐秘的一角，都有一根独特的琴弦，拨动它就会发出特有的音响，要使孩子的心同我讲的话发生共鸣，我自身就需要同孩子的心弦对准音调。"人的一生有高潮也有低谷，有高音也有低音，然而教师的工作就在于从低音推向高潮，用爱奏响生命之歌。

关爱学生需要了解学生。了解学生的学习习惯、生活习惯、性格、爱好，家庭成员组成、工作及个人信息，学生与父母之间的关系等。多与学生接触，了解他们的品行。这样对学生的教育才能有针对性、有切入点，才能做到有的放矢。教书育人是教师的天职，而育人应该是班主任的首要天职。如何育人？爱学生是教师教育学生的起点和基础。爱学生，就需要教师尊重学生的人格、兴趣、爱好，了解学生习惯以及为人处世的态度、方式等，然后对症下药，帮助学生树立健全、完善的人格。

规范是严的表现也是爱的体现。爱不是溺爱，不是放松管理，而是严格管理，建立严格的班规，树立良好的班风学风，如设立班规：严谨、向上、健康、文明，以此为宗旨指导学生日常的一切活动。课堂上积极思考问题，不做与学习无关的事；作业要认真完成；值日生要使窗台、地面、室外清洁区一天保持整洁；卫生工具、自行车摆放整齐；集会、上操等在校期间的活动均要按班规执行；具体事务责任到人。"没有规矩不成方圆"，有了规范才能让学生养成良好的责任意识，为今后的生活学习奠定良好的习惯基础。

关爱、呵护每一位学生，对学生一视同仁。学生来自不同的家庭，认知能力、学习习惯存在差异，生活条件也存在差异。关爱每一位学生，使他们在爱的雨露中成长。"十年寒窗无人问，一朝成名天下知"，这句诗道尽寒窗之苦，说破世态炎凉。传统印象中，孩子一生的压力从入学的第一天便开始了，这让我们沉重。尤其是一些特困生，他们十分敏感，老师的一个眼神、说话的语气都可能使他们受到伤害。苏霍姆林斯基说过："儿童对教师的关怀很敏感，能感觉出来，并以好心还好心，这种情况在教育上的重要性，是怎么估计也不过分的。"把每个学生当成自己的孩子来爱护，让每个孩子在充满爱心的环境下成长，让他们拥有爱的能力。这就是爱的力量，它让施爱者和被爱者都得到了快乐。

既然投身教育，就要对学生的人生负责。教育者可能会影响到学生最初甚至是最终的人生旅程。大诗人泰戈尔说："花的事业是尊贵的，果实的事业是甜美的，让我们做叶的事业吧，因为叶的事业是平凡而谦逊的。"用爱奏响生命之歌，只要花开，做奉献的绿叶又何妨！

参考范文 7

发挥期望效应　促进学生成长

教师不仅要对学生充满殷切的期望，而且要将期望信息有效地传递给学生。这样不仅学生会在教师的积极期望中形成良好的行为表现，而且教师也会从学生积极的变化中获得教育成就感。如此循环往复，必然会进入一个由期望引起的良性循环之中，有助于师生的共同成长。

建立期望教育观，提高教师效能感。一个合格的教师应树立"没有教不好的学生，只有不会教的老师"的观念，相信每个学生都有成功的潜能，真正贯彻素质教育"面向全体学生"的思想，彻底摒弃嫌弃差生、排斥差生的思想和行为。有些学生基础差，但动手能力强，很有创造性，思维活跃，教师对他们要多关心、多鼓励，不断以切合实际的期望引导他们，用爱和信心去支持学生的进步，使他们也能体验到成功的喜悦。"没有爱，就没有教育"，教师应该让希望的阳光照亮每一个学生的心灵，从他们身上发现积极向上的因素，充分相信学生发展的愿望和可能性。

全面地了解学生，客观地评价学生。教师应以"一分为二"和发展的观点看待学生，不要先入为主，要控制自己的消极评论，多给予积极评价，宽容地对待学生的缺点和错误，多对学生进行纵向比较。每个学生都具有在某方面或多个方面的发展潜能，只要为他们提供合适的教育和训练，每个学生都能成功。人本主义心理学家马斯洛把人的需要从低到高分为五个层次：生理的需要、安全的需要、归属和爱的需要、自尊的需要、自我实现的需要。对于当前的学生，对后三种高级需要更迫切。作为教师应在教学中创造条件，尽可能满足学生的这些需要，培养学生的自信和自我认同感。

建立合理的期望，及时调整期望。教师在具体利用和设置期望目标时，不仅要使期望目标与学生的需要有机结合起来，而且要根据学生的需要层次设置远近不同的期望目标。对每个学生寄予高期望的同时，对不同的学生提出不同的学习目标，使其强项发展为特长，弱项的发展得到激励，保证每个学生在自己原有的基础上取得进步。教师要及时了解学生的自我期望，根据实际情况将教师期望做出相应的调整或改变。如果教师发现学生有不切实际的自我期望时，应帮助学生调整自我期望，以发挥学生的自我期望与教师期望的积极效应，形成"共振"效果。

以人为本，关注每一位学生的健康成长，这是素质教育的核心，也是新课程体系的价值取向和目标取向。教师期望是一种无形的、巨大的教育力量，与教学效果之间存在着明显的正相关。广大教师要转变教育观念，提高教师期望技能，使教师期望效应朝着最优化的方向循环发展，从而促进学生进步，促进教学改革新理念的实施。

参考范文 8

平等的爱

师爱是师德的灵魂。爱与教育本是不可分割的两个内容，没有爱就没有教育。学生是成长中的花朵，教师要给予他们平等的关心和照顾。这种平等的爱、公正的关切，是教师应该做到的，也是学生，特别是没有享受到师爱的后进生所迫切希望的。给学生平等的爱，需要教师不断努力。

首先，教师要摆正观念：每一个学生都是可爱的。在实际的教育工作中，教师往往爱那些"先进生"，对他们笑脸相迎、悉心指导，而面对"不太可爱"的"后进生"，往往恶语相向、态度恶劣，在几次教育没有效果后，甚至会对其采取放任自流的态度。作为教育工作者，热爱学生是做好教书育人工作的前提。爱学生就要爱护全体学生。学生来自不同的环境，有不同的成长经历，自身有不同的爱好、兴趣、学习基础以及个性特征，教师作为学生的引导者和促进者，应该充分尊重学生的差异，发现学生的"闪光点"，用鼓励影响学生，以教师的期待塑造学生，用教师博大的爱感染学生，促进学生的成长和进步。

其次，教师要尊重学生的差异，选择合适的教育方法。对于"先进生"的教育，教师要对其严格要求，防止他们因为取得一点成绩而骄傲自满。他们一般自尊心强，在学习中遇到的挫折较少，因此，在面对一些挫折和困难时，可能缺乏相应的心理准备。这时，教师要激励他们，并引导其正确面对挫折。"先进生"具有的优点，教师要学会引导，发挥他们的优势，促进全班学生的进步。一个班级中也会有"后进生"，这些学生一般具有不适度的自尊心，学习动机不强，意志力薄弱，是非观念模糊。对于"后进生"的教育，教师首先要关心爱护他们，尊重他们的人格，让学生感受到教师无差别的爱。在学习上，教师要注意培养和激发他们的学习动机，改变他们不良的学习习惯，为他们树立一些优秀的榜样，让他们有努力的方向。同时，教师也应该充分挖掘他们身上的"闪光点"，在集体活动和特长展示时，充分发挥其优势，以增强其自信心和集体荣誉感。

最后，给学生平等的爱，是对教师职业道德的要求。教师要做到关爱学生，就要关心爱护全体学生，尊重学生人格，平等公正对待学生。教师在教育实践中，要践行职业道德要求，对教育事业和学生都付出最大的爱。

陶行知先生曾说："捧着一颗心来，不带半根草去。"教师的职业意味着奉献，用知识和爱心浇灌每一株成长的幼苗，给予他们一样的水分、土壤和肥料，把爱给每一个学生，让学生都充满个性地、健康地成长。

参考范文 9

珍视学生的独特性　培养学生的创造力

每个学生都是独立的生命个体，都有独特的思想，这种独特性是值得珍视和保护的，这些独特的思考是学生创造力的源泉，是学生个性化的重要体现。要培养具有独立个性的人也是我国的教育目的基本精神之一。因此，作为一名教师，要珍视学生的独特性，培养学生的创造力。

一方面，我们要保护学生思想的独特性。一枝独放不是春，百花齐放春满园。每个学生的独特性都是一朵娇艳的思想之花，教育的意义不是用所谓的"标准答案"来束缚学生的思想，甚至把他们打造成相似的"模型"。教育要充分发挥学生的个性，并促进其有更好的发展。首先，学生的独特想法可能来源于其独特的经验，教师在教学中，应该给学生创造一个较为宽松的心理环境。对学生的不同观点能够包容和引导，解除学生对答错问题的恐惧心理。学生感到自己的意见是被珍视的，不仅能够激发其学习的积极性和主动性，也有利于形成良好的师生关系，促进教与学之间的良性互动。其次，教师要给学生留有充分选择的余地。在可能的条件下，应给学生一定的权利和机会，让有创造性的学生有时间、有机会干自己想干的事，为创造性行为的产生提供机会。再次，要改变以往应试教育的积弊，不以"标准答案"去衡量学生的所有想法，要注意教学中的预设与生成的关系。

另一方面，教师要主动培养学生的创造性。首先，要鼓励学生的独立性和创新精神。教师应重视培养学生独立解决问题的能力，重视学生与众不同的见解、观点，并尽量支持学生以不同的方式来理解事物。对平常问题的处理能提出超常见解者，教师应给予鼓励。其次，教师应鼓励学生大胆猜测，进行丰富的想象，不必拘泥于常规的答案。再次，教师可以适当提供具有创造性的榜样。如阅读文学家、艺术家或科学家的传记，或带领其参观各类创造性展览，与有创造性的人直接交流。通过创造性的榜样，学生可以受到创造者优良品质潜移默化的影响，激发创造动机，开阔思路。最后，教师可以在教学中，渗透创造性思维策略。例如，对某一问题进行头脑风暴，以集思广益的形式，在一定时间内采用极迅速的联想方法，大量产生各种主意。这时学生可以畅所欲言，激发其创造性灵感。

世界上没有两片相同的叶子，同样，没有两个想法完全一样的学生。学生的独特性是教师应该倍加珍视的品质，培养学生的创造性依然任重而道远。

参考范文10

树立终身学习理念，让一桶水变成"长流水"

面对科学知识的加速增长和应对人的持续发展要求，当代国际社会中出现了影响最大、传播最广、最具生命力的一种教育思潮——终身教育。诚然，活到老，学到老，终身学习是我们适应信息化社会的必然选择，这也是对教师的基本要求。

《中小学教师职业道德规范》把"终身学习"作为基本的要求明确提出，并认为这是教师专业发展不竭的动力。《中学教师专业标准（试行）》在基本理念中也指出，师德为先、学生为本、能力为重、终身学习。因此，终身学习不仅是教师自身成长的需要，也是教育教学工作对教师提出的明确要求。要做到终身学习，教师需要从各个方面做出努力。

首先，教师要崇尚终身学习精神，树立终身学习理念。思想指引行动，教师首先要认同终身教育的理念，才能够身体力行地提升自己。当前部分教师思想固化：有一些有资历的教师认为"师道尊严"，教师无须顾虑学生的"怪问题"，把课上好了就行，自己已经按部就班上了十几年的课，教的内容都很熟悉了，还需要学什么？另一些刚步入教师岗位的教师觉得自己是一名大学生，甚至是研究生、博士生，对于小学或是初中的学生会教不好吗？……因此，树立终身学习的理念至关重要，教师要改变自己"权威"的固定看法，而是作为学生学习的促进者，甚至是与学生共同学习、教学相长。

其次，拓宽知识视野，更新知识结构。教师要做到终身学习，就要通过多种途径更新自身的知识结构。例如：向优秀教师学习教学经验，提高教学能力；通过网络、书籍等学习专业知识，深化专业知识；通过实践和探究扩展文化知识、丰富知识结构；通过接触新兴事物拓展思路，做新时代的教师。

再次，潜心钻研业务，不断提高专业素养和教育教学水平。教师可以通过教学反思、学习优秀教学案例、进修培训等方式提高业务能力，也可以在教学实践中扮演研究者的角色，不断学习教育理论，做优秀的教育研究者，积累实践经验，提高专业素养。

最后，勇于探索创新。教师终身学习并不是学习刻板僵化的知识，而是要保存自己的思考，勇于探索和创新。教师的创造也要基于先进的教育理念和深厚的专业素养。

其身正，不令而行；其身不正，虽令不从。教师对学生来说，是生动的榜样。教师在教导学生学无止境时，自己首先要身体力行，做一个终身学习者，让自己的"一桶水"不断更新，给学生更为新鲜的知识，成为"长流水"。这样的教育活水，才能浇灌出知识饱满、思维活跃、不断进步的生命之花。

参 考 文 献

［1］谢韶晖. 幼师应用文写作与训练［M］. 北京：高等教育出版社，2009.

［2］中公教育教师资格考试研究院. 国家教师资格证考试（综合素质）［M］. 北京：世界图书出版公司，2012.

［3］中公教育教师资格考试研究院. 国家教师资格证考试（综合素质）［M］. 北京：世界图书出版公司，2016.

［4］赵惠岩. 应用文写作［M］. 北京：北京理工大学出版社，2012.

［5］卡罗尔·德韦克. 终身成长［M］. 南昌：江西人民出版社，2017.

［6］许颖. "学习故事"评价的内涵与策略［J］. 教育与教学研究，2019，33（3）：28-36.

［7］刘占兰. 让儿童观察记录更客观真实［J］. 学前教育，2014（12）：3-5.

［8］陈思. 浅议讲课、说课的区别与联系［J］. 佳木斯职业学院学报，2015（12）：237.